animalidade

animalidade

Descobertas Surpreendentes sobre
os Animais e Maneiras Incríveis
de Sermos Gentis com Eles

INGRID NEWKIRK e
GENE STONE

Rio de Janeiro, 2022

Animalidade

Copyright © 2022 da Starlin Alta Editora e Consultoria Eireli.
ISBN: 978-65-5520-197-0

Translated from original Animalkind. Copyright © 2020 by Ingrid Newkirk and Gene Stone. ISBN 978-1-5011-9854-0. This translation is published and sold by permission of Simon & Schuster, the owner of all rights to publish and sell the same. PORTUGUESE language edition published by Starlin Alta Editora e Consultoria Eireli, Copyright © 2022 by Starlin Alta Editora e Consultoria Eireli.

Impresso no Brasil — 1ª Edição, 2022 — Edição revisada conforme o Acordo Ortográfico da Língua Portuguesa de 2009.

Todos os direitos estão reservados e protegidos por Lei. Nenhuma parte deste livro, sem autorização prévia por escrito da editora, poderá ser reproduzida ou transmitida. A violação dos Direitos Autorais é crime estabelecido na Lei nº 9.610/98 e com punição de acordo com o artigo 184 do Código Penal.

A editora não se responsabiliza pelo conteúdo da obra, formulada exclusivamente pelo(s) autor(es).

Marcas Registradas: Todos os termos mencionados e reconhecidos como Marca Registrada e/ou Comercial são de responsabilidade de seus proprietários. A editora informa não estar associada a nenhum produto e/ou fornecedor apresentado no livro.

Erratas e arquivos de apoio: No site da editora relatamos, com a devida correção, qualquer erro encontrado em nossos livros, bem como disponibilizamos arquivos de apoio se aplicáveis à obra em questão.

Acesse o site www.altabooks.com.br e procure pelo título do livro desejado para ter acesso às erratas, aos arquivos de apoio e/ou a outros conteúdos aplicáveis à obra.

Suporte Técnico: A obra é comercializada na forma em que está, sem direito a suporte técnico ou orientação pessoal/exclusiva ao leitor.

A editora não se responsabiliza pela manutenção, atualização e idioma dos sites referidos pelos autores nesta obra.

Dados Internacionais de Catalogação na Publicação (CIP) de acordo com ISBD

N548a   Newkirk, Ingrid
          Animalidade: descobertas surpreendentes sobre os animais e maneiras incríveis de sermos gentis com eles / Ingrid Newkirk, Gene Stone ; traduzido por Nathalia Rondán. - Rio de Janeiro : Alta Books, 2022.
          288 p. ; 16cm x 23cm.

          Inclui índice.
          Tradução de: Animalkind
          ISBN: 978-65-5520-197-0

          1. Comportamento animal. 2. Relações homem-animal. 3. Bem-estar animal. 4. Direitos dos animais. I. Stone, Gene. II. Rondán, Nathalia. III. Título.

2021-4590   CDD 173.9
                                                      CDU 591.5

Elaborado por Odilio Hilario Moreira Junior - CRB-8/9949

Produção Editorial
Editora Alta Books

Diretor Editorial
Anderson Vieira
anderson.vieira@altabooks.com.br

Editor
José Ruggeri
j.ruggeri@altabooks.com.br

Gerência Comercial
Claudio Lima
claudio@altabooks.com.br

Gerência Marketing
Andrea Guatiello
marketing@altabooks.com.br

Coordenação Comercial
Thiago Biaggi

Coordenação de Eventos
Viviane Paiva
comercial@altabooks.com.br

Coordenação ADM/Finc.
Solange Souza

Direitos Autorais
Raquel Porto
rights@altabooks.com.br

Produtora Editorial
Maria de Lourdes Borges

Produtores Editoriais
Illysabelle Trajano
Larissa Lima
Paulo Gomes
Thales Silva
Thiê Alves

Equipe Comercial
Adriana Baricelli
Daiana Costa
Fillipe Amorim
Heber Garcia
Kaique Luiz
Maira Conceição
Victor Hugo Morais

Equipe Editorial
Beatriz de Assis
Brenda Rodrigues
Caroline David
Gabriela Paiva
Henrique Waldez
Marcelli Ferreira
Mariana Portugal

Marketing Editorial
Jessica Nogueira
Livia Carvalho
Marcelo Santos
Pedro Guimarães
Thiago Brito

Atuaram na edição desta obra:

Tradução
Nathalia Rondán

Copidesque
Edite Siegert

Revisão Gramatical
Daniel Salgado
Thaís Pol

Diagramação
Cátia Soderi

Capa
Rita Motta

Editora afiliada à: ASSOCIADO

Rua Viúva Cláudio, 291 — Bairro Industrial do Jacaré
CEP: 20.970-031 — Rio de Janeiro (RJ)
Tels.: (21) 3278-8069 / 3278-8419
www.altabooks.com.br — altabooks@altabooks.com.br
Ouvidoria: ouvidoria@altabooks.com.br

Para Nanci Alexander, responsável pelo bem-estar de tantos animais que é impossível contá-los, e em memória de Gurudev Chitrabhanuji, falecido mestre jainista, que pediu a nós que considerássemos irmãos e irmãs todos os seres vivos.

Agradecimentos

Ingrid: a todos os animais que enriqueceram minha vida e aumentaram minha compreensão a seu respeito, mesmo de passagem; e a todos que se mexeram, disseram algo, tomaram uma atitude, fizeram uma doação ou ajudaram de outras formas os animais que precisavam de alguém para cuidar deles; e à equipe e voluntários da PETA cujas contribuições encontraram um modo de se encaixar neste livro.

Gene: meus agradecimentos vão para os amigos de quatro patas, especialmente Toby, Julia e Gus; e aos amigos de duas pernas, sobretudo Nick Bromley, e também a Miranda Spencer, Andy Kifer e Jaime Mishkin.

Ambos somos gratos pelo empenho solidário de nossos agentes, John Maas, da Park & Fine Literary and Media, e a equipe da Simon and Schuster, especialmente nosso editor, Jonathan Cox.

Sumário

Introdução   *11*

SEÇÃO I

Os Mistérios da Orientação Geológica   25
Os Canais de Comunicação   47
As Complexidades do Amor   71
A Alegria da Brincadeira   97

SEÇÃO II

Pesquisa Científica   129
Vestuário   165
Entretenimento   191
Alimentação   215

Posfácio   *249*
Fontes Selecionadas   *251*
Notas   *273*
Índice   *281*

Introdução

O cachorro que pula de alegria quando você chega em casa. O pinguim-imperador que protege o filhote em meio a uma nevasca abaixo de zero. O golfinho que sorri para nós de dentro da água. O ronronar de contentamento do gato dorminhoco. O complexo balé aquático da arraia-jamanta. O canto refinado da cotovia. Os animais encantam, fascinam e enriquecem a vida e os pensamentos dos seres humanos todos os dias do ano.

Por meio da ciência, observação e, às vezes, por mera sorte, estamos constantemente descobrindo mais sobre nossos coabitantes na Terra. Sabemos que foi um albatroz, e não um marinheiro, o primeiro ser vivo a dar a volta ao mundo. Descobrimos que chimpanzés conseguem derrotar estudantes universitários em jogos de computador. Notamos que um pequeno rato do deserto sabe como coletar água potável colocando uma pedra do lado de fora de sua toca para beber o orvalho da manhã que nela se acumula em um dia escaldante.

Aparentemente, nunca nos cansamos de nossos amigos animais e suas singularidades. Assistimos a documentários que revelam a vida secreta dos cães de rua, de lontras e de formigas que atravessam rios em barcos feitos de folhas, ou formando pontes com os próprios corpos. Visitamos parques naturais, alimentamos esquilos, observamos baleias e filmamos safáris na África. Ser veterinário(a) está no topo da lista de escolhas profissionais entre os jovens, ter um animal em casa é considerado a coisa mais gostosa do mundo, e gastar nosso dinheiro suado com petiscos caninos, arranhadores para gatos e camas macias para nossos bichos amados passou a ser normal.

Todos os dias lemos notícias cheias de histórias com animais, das fofas e engraçadinhas às sérias e sublimes. Repassamos vídeos de animais salvando outros animais, inclusive seres humanos, de tempestades, incêndios e outros perigos — e vídeos de bombeiros e outros heróis do dia a dia retribuindo o favor. Recentemente, o Museu da Imagem em Movimento de Nova York apresentou uma exposição incrivelmente popular intitulada "Como os Gatos Tomaram Conta da Internet". Alguns vídeos de gatos foram visualizados 100 milhões de vezes. Mas não somente de gatos — pouco tempo atrás, o Bat World Sanctuary [Santuário Mundial dos Morcegos, em tradução livre] postou um vídeo curto de um adorável morcego órfão sendo alimentado com um cotonete — tanta gente assistiu ao vídeo (milhões de pessoas) que o site do santuário caiu por conta de todas as visualizações.

Ficamos maravilhados com as habilidades peculiares dos animais e, conforme fomos aprendendo mais nos últimos anos, também acabamos ficando maravilhados com todas as coisas que os bichos podem fazer que, no passado, pensávamos estar reservadas apenas aos humanos. Por exemplo, animais sabem contar: galinhas e ursos, pelo menos até cinco; ovelhas conseguem reconhecer pelo menos sessenta outras ovelhas, e são capazes de distinguir um ser humano do outro ao verem fotografias. O arqui-inimigo das ovelhas, um *border collie* chamado Chaser, aprendeu os nomes de mais de 1.000 brinquedos. O famoso cientista Neil deGrasse Tyson testou Chaser em rede nacional. O desempenho do cão foi espetacular.

Quanto mais aprendemos sobre os outros animais e quanto mais entendemos suas habilidades, mais começamos a questionar nossa relação com eles. Talvez você se lembre daquela perguntinha que alguém pode lhe ter feito na infância: "Se você fosse um animal, qual gostaria de ser?" Qual seria sua resposta hoje? Um pássaro? Um lobo? Um elefante?

Se alguém fizesse essa pergunta séculos atrás, não teria sido fácil responder porque, na maioria das vezes, os animais eram considerados bons apenas por serem úteis aos seres humanos, de canários enviados a minas de carvão a cavalos usados na guerra. Os cães tinham "donos" naquela época, não tutores. Quando foi que você ouviu *essa* palavra pela última vez?

É claro que, mesmo naquele tempo, muitas pessoas amavam seus cães, mas até certo ponto. Cães vadios tirados das ruas de Nova

York eram afogados no Hudson; nossas lamparinas eram iluminadas por gordura de baleia e os ossos desse animal eram transformados em espartilhos femininos; frango era apenas *uma coisa* comestível, não uma ave apadrinhada em um viveiro de animais; um coelho era "sacrificado" em todos os testes de gravidez, e meninos se tornavam homens ao serem levados pelos pais para caçar. Você pode imaginar de que outras maneiras os animais eram usados. As escolhas eram restritas quando se tratava de responder à pergunta "Que animal você gostaria de ser?". Isso porque, na maior parte das vezes, animais que tinham contato com humanos levavam vidas sofridas e seu fim era trágico.

Hoje em dia, ainda acontecem coisas ruins com animais inocentes, mas surgiram mudanças significativas e há mais em andamento. O maior circo de animais na Terra baixou sua lona, e a antiga jaula de feras mudou de cara para exibir apenas talentos humanos incríveis e magias tecnológicas; o pombo-correio e o cavalo de tração foram substituídos por meios de comunicação eletrônicos; lindos santuários de animais para perus que pessoas se recusaram a comer no feriado e para ursos libertados de zoológicos à beira da estrada estão surgindo em todos os cantos do mundo; e aquela pele na gola de jaquetas tem muito mais chances de ser falsa do que verdadeira. Enquanto isso, um bom número de cães e gatos tem seus próprios spas de luxo, hoteizinhos e até padarias.

Graças a peritos em comportamento animal como Konrad Lorenz, primatologistas como Jane Goodall, Biruté Galdikas, Frans de Vaal e Dian Fossey, exploradores marinhos como Jacques Cousteau e sua família, além de milhares de ativistas pelos direitos animais que têm trabalhado de forma constante e assídua para ajudá-los, hoje as pessoas abriram os olhos para *quem* são eles — e gostamos do que vemos. Passamos a sentir amor, compreensão e respeito por todos os animais, e nosso prazer em nos importarmos com eles inaugurou uma nova era.

A primeira parte deste livro é uma celebração dessa relação, uma pesquisa sobre quem são os animais — seus vários talentos, linguagens e culturas complexas. A segunda parte do livro nos leva à próxima etapa coerente — considerando nosso entendimento recém-descoberto de tudo o que é animal, como podemos tratá-los de forma que sejam respeitados suas individualidades e talentos. Ou, em outras palavras, como podemos levar a vida com alegria sem ter que explorar os animais.

Prepare-se para ficar encantado à medida que descobre animais que têm executado tarefas que desconcertam a imaginação, inventam jogos, empreendem viagens impressionantes, deixam os cientistas desnorteados e podem realizar feitos que humano algum jamais conseguiria. Então, prepare-se para se inspirar ao ler sobre chimpanzés de cinema gerados por computador e impossíveis de distinguir dos verdadeiros (mas muito mais flexíveis no set de filmagem); remédios produzidos, literalmente, do dia para a noite com ajuda de computadores de alta velocidade programados com dados humanos relevantes e coxinhas de frango que não exigem nenhum frango vivo para fazê-las. Prepare-se para aprender enquanto descobre todas as várias maneiras pelas quais você pode ajudar os animais a viver a vida plena e feliz que merecem — ou, pelo menos, a deixá-los em paz.

Se todos os seres humanos conseguissem compreender por inteiro quem e o que são os animais, talvez pudéssemos trilhar mais de perto a crença expressa pela indígena sioux Jenny Leading Cloud White River, que disse, certa vez:

"O búfalo e o coiote são nossos irmãos; as aves, nossas primas. Mesmo a menor das formigas, mesmo um piolho, mesmo a menor flor que conseguir encontrar — todos eles são parentes. Terminamos nossas preces com as palavras *mitakuye oyasin* — 'todos os meus elos' — e isso inclui tudo aquilo que cresce, engatinha, corre, rasteja, salta e voa neste continente."

SEÇÃO I

Pesquisadores do Instituto Max Planck de Antropologia Evolutiva da Alemanha estavam perplexos. A empolgação não era por conta de um novo fóssil ou por um ancestral humano anteriormente desconhecido. Era por causa de Rico, um *border collie*. Em experiências realizadas em 2004, o cão, aparentemente normal, de dez anos de idade havia aprendido a buscar mais de duzentos objetos quando lhe pediam — além disso, lembrava-se deles um mês depois. Determinada a descobrir até onde iam as habilidades de Rico, a equipe de pesquisadores o submeteu a uma bateria de testes cognitivos que revelaram capacidades impressionantes para resolver problemas. Rico conseguia, com facilidade, buscar itens com os quais estava familiarizado em outra sala, porém, quando lhe pediam que buscasse um novo — do qual ele nunca tinha ouvido falar —, o cão deduzia corretamente que o nome desconhecido devia corresponder a um objeto também desconhecido, e acertava ao trazê-lo. Como resultado, as habilidades cognitivas do *border collie* foram comparadas às de macacos, golfinhos, papagaios e, por fim, crianças.

Frequentemente, pesquisadores acabam comparando a inteligência de suas cobaias animais à de humanos. Mas será realmente possível comparar a inteligência de um animal com a de um ser humano, ou mesmo a de um animal com a de outro animal? O fato de Rico conseguir usar o procedimento de eliminação para acertar ao buscar uma bola de tênis o torna mais esperto que uma andorinha do ártico, que percorre mais de 70 mil quilômetros todo ano entre o polo norte e o polo sul? Um gato que toca piano é mais inteligente que um chimpanzé, que compartilha quase 99% de seu DNA com humanos e pode aprender a linguagem de sinais?

De fato, comparar a inteligência de animais não é mais fácil que comparar a inteligência de seres humanos. Quem é mais esperto: Aristóteles ou Platão? Newton ou Einstein? Monet ou Manet? O morcego de Galápagos ou salamandras chinesas gigantes? O elefante indiano ou o africano? No fim, classificar a inteligência relativa dos animais é uma atividade inútil. Além disso, um estudo recente revelou que menos de 15% das cerca de nove milhões de espécies na Terra foram descobertas. Quem sabe quais criaturas fantásticas habitam as grandes profundidades dos oceanos, voam alto na estratosfera ou rastejam nas profundezas das florestas mais densas? Que inteligência extraordinária elas manifestam? Ou melhor, que inteligência extraordinária que nem sequer conseguimos compreender?

Com frequência, consideramos a inteligência o único fator para definir quais animais merecem compaixão e quais não merecem. No entanto, ainda somos tão limitados em nossa compreensão do que é a inteligência humana que faz pouco sentido avaliar nossos irmãos animais com base na similaridade entre nossos cérebros. Ou talvez simplesmente seja possível dizer que esse não é um jeito inteligente de definir importância.

O objetivo deste livro não é só questionar essa superioridade ou mostrar de que maneira os animais pensam e agem como nós; é, também, mostrar como eles não pensam e não agem como nós, e reconhecer essas diferenças. Como é possível comparar a capacidade mental de um gibão que salta pela floresta com a de uma baleia-azul gigante que canta nas profundezas dos mares? Animais diferentes se destacam em ações diferentes. Como veremos neste livro, animais pensam, viajam, comunicam-se, amam e brincam de maneiras extraordinariamente únicas. Entretanto, durante muitos anos, cientistas acreditaram que a inteligência era, de fato, tudo o que importava quando o assunto era os animais e que a inteligência consistia em uma sequência contínua, com os humanos no extremo mais desenvolvido. Todas as outras espécies se encaixavam perfeitamente nesse espectro — uma concepção anunciada pelo grande naturalista Charles Darwin, que escreveu, em seu livro de 1871, *A Descendência do Homem*, que "a diferença das mentes do homem e dos animais superiores, mesmo grande, certamente é relacionada a nível, e não a tipo". Basicamente, Darwin quis dizer que, por conta de todos os animais terem um mesmo ancestral em comum, eles também têm o mesmo conjunto de ferramentas de habilidades mentais, mas em níveis diferentes.

Esse pensamento é antigo. Dois mil e quatrocentos anos atrás, Aristóteles apresentou sua ideia de "Escada da Natureza", ou *Scala Naturae*. Assim como Darwin, Aristóteles antecipou que todas as formas de vida podiam ser facilmente classificadas, com animais "inferiores" (como vermes) em uma ponta, "intermediários" como cães e gatos no meio, e "superiores", como macacos e humanos, no final. Durante a Idade Média, teólogos cristãos expandiram os ensinamentos de Aristóteles com a "grande cadeia dos seres", uma escala hierárquica que começava com Deus no topo, seguido por anjos, humanos, outros animais, plantas e, depois, minerais. Cada camada da cadeia também tinha sua própria hierarquia. Entre seres humanos, por exemplo, reis, aristocratas e outros membros da nobreza ficavam no topo, enquanto camponeses eram relegados à base. Os animais que recebiam classificações mais altas eram os grandes carnívoros como leões e tigres, que eram indomáveis e, portanto, considerados superiores a animais dóceis como cães e cavalos. Até os insetos eram subdivididos, com abelhas produtoras de mel sendo mais bem classificadas do que mosquitos e besouros comedores de plantas. Por fim, na base de tudo, ficavam as cobras — sendo esse nível inferior um resultado da mentira da serpente no Jardim do Éden.

Mesmo ao longo do século XX, cientistas agarraram-se à ideia de que animais podem ser perfeitamente classificados pela sua inteligência humana. Cientistas elaboravam experiências cada vez mais cruéis que podiam servir como testes universais de cognição animal, muitas delas realizadas pelo psicólogo Harry Harlow, da Universidade Wisconsin–Madison. No passado, Harlow ficou mais conhecido por uma série de experimentos nos anos de 1950, nos quais tirou filhotes de macacos-rhesus de suas mães e lhes forneceu mães substitutas feitas de arame. As tentativas desesperadas dos macacos traumatizados de receber carinho de suas mães artificiais durante épocas de estresse tornaram-se a base para pesquisas sobre separação materna, dependência e isolamento social. (Muitos historiadores mencionam Harlow como um elemento que levou ao surgimento dos movimentos subsequentes pela libertação animal.) Mais tarde, Harlow desenvolveu experimentos chamados "conjuntos de aprendizagem", que testavam com eficácia o quanto uma cobaia podia aprender. Por exemplo, seriam apresentadas duas portas a um animal, uma delas contendo comida. O teste seria repetido até que ele aprendesse qual era a porta certa. Bem similar à *Scala Naturae* de Aristóteles, ao elaborar experimentos como esses, cientistas criaram o próprio "teste de QI" interespécies para classificar os animais do mundo.

Primeiro, os testes pareciam respaldar crenças tradicionais sobre o tamanho do cérebro. Nos conjuntos de aprendizagem, humanos se saíam melhor que chimpanzés, que se saíam melhor que gorilas, que se saíam melhor que furões, que se saíam melhor que gambás, que se saíam melhor que esquilos, e assim por diante. Porém, quanto mais animais eram testados, menos os resultados se encaixavam. Os cientistas analisaram gaios-azuis e outras aves, que se saíram melhor que a metade dos mamíferos testados. Como disse um pesquisador: "Pombos podem ser muito melhores que macacos em algumas tarefas."[1] Logo, cientistas perceberam que o reino animal é complexo demais para classificar seus integrantes. No fim, mais experimentos como esse, muitos deles física e emocionalmente traumatizantes para os animais, foram suspensos. Conforme concluiu um ensaio de 1969: "O conceito de que todos os animais podem ser dispostos ao longo de uma 'escala filogenética' contínua com o ser humano no topo é incompatível com pontos de vista contemporâneos da evolução animal. A incapacidade geral de psicólogos comparativistas de levar em conta o modelo zoológico de evolução animal ao selecionar animais para estudo, e interpretar semelhanças e diferenças comportamentais, impediu consideravelmente o desenvolvimento de generalizações com algum valor preditivo."[2]

A inteligência animal só pode ser compreendida, ou ao menos estudada, no contexto de um caminho evolutivo de uma espécie em particular. Não é apenas nossa postura ereta e cérebro grande que nos fazem ser o que somos; é nosso senso de individualidade, nossa arte, nossa música. Nossa criatividade permitiu descobrirmos a linguagem, o fogo e a culinária. Porém, conforme veremos neste livro, muitos animais também possuem essas habilidades. E outros recorrem a um conjunto de características tão diferente que sequer podemos compreender.

Formigas evoluíram ao longo de mais de 140 milhões de anos aperfeiçoando seus instintos coletivos. Você já viu cenas aceleradas de um formigueiro? Cada formiga tem uma função específica em um grupo, e cada grupo tem um propósito distinto. Todo mundo que tenha assistido a uma sessão do Congresso pela TV a cabo sabe a facilidade com que uma comunicação entre humanos pode descambar para uma disputa de gritos. Mas colônias de formigas podem chegar a ter centenas de milhões de formigas, todas trabalhando continuamente em direção a um bem comum. Nossos amigos insetos de seis patas podem não ser capazes de se comunicar com palavras como os seres humanos, mas eles coordenam a reprodução, construção, coleta de recursos e até a guerra usando uma linguagem complexa de aromas, toques e sons. Quem ousaria dizer que a inteligência coletiva de um formigueiro é menos intensa do que a individualidade humana?

Mesmo o tamanho do cérebro não é um bom parâmetro de inteligência. Cérebros humanos são os quartos no ranking, atrás dos cachalotes, elefantes e golfinhos. Em relação à proporção de massa cerebral/corporal, estamos em quinto lugar, atrás de formigas, musaranhos, aves pequenas e ratos. Não há nenhum indicativo anatômico óbvio que preveja quais animais são "mais espertos" que outros — e, se houver, existem muito mais variáveis para estudar. Acontece que, mesmo com cérebros, células nervosas e conexões neurais relativamente reduzidos, as habilidades mentais das aves são bem impressionantes.

Algumas das habilidades mais incríveis vêm das criaturas mais surpreendentes. O bolor limoso, por exemplo, talvez não seja o primeiro que vem à mente ao se pensar em "esperteza". Não pertencente ao reino vegetal, animal ou fungi, o bolor limoso é um ameboide presente no solo que contém uma única célula. (A título de comparação, o corpo humano tem cerca de 37 trilhões de células.) O bolor limoso pode produzir cores e formas exóticas semelhantes a favos de mel reticulados e picolés coloridos, geralmente atingindo massas bulbosas de 3 metros de comprimento. E também há um bolor limoso que recebe o nome encantador de "vômito de cachorro", que, como você pode supor, é parecido com seu homônimo. Existem mais de 900 espécies de bolor limoso em cada continente, e cientistas não param de estudá-los. (Frederick Spiegel, professor de biologia da Universidade de Arkansas e especialista nesse organismo, afirma: "Achava que eles eram as coisas mais lindas e sublimes que eu já tinha visto na vida."[3]) Cientistas identificaram espécimes na Nova Zelândia geneticamente idênticos aos dos Estados Unidos, o que indica que eles percorreram, de alguma forma, metade do mundo, sem asas, patas ou pés. Mesmo se forem partidos ao meio, eles podem continuar a crescer e a reproduzir sem trégua. E, conforme revelou um estudo intrigante, eles podem inclusive decifrar labirintos.

Com frequência, pesquisadores usam labirintos para determinar capacidades cognitivas de vários animais, já que exigem memória significativa e habilidades com resolução de problemas para serem concluídos. Em particular, labirintos testam o hipocampo, que está situado em uma das regiões evolutivas mais antigas do cérebro dos vertebrados, e desempenha um papel importante na consolidação de informações de memória de curto a longo prazo, e também noção de espaço, utilizada para a navegação. O desenvolvimento do hipocampo de uma espécie é usado, frequentemente, como um termômetro para a inteligência dela de modo geral, e labirintos são a forma mais fácil de testá-la. Pequenas porções de bolores limosos em uma ponta do labirinto podem de fato se reproduzir e crescer em direção à comida colocada na outra ponta. Quando o bolor chega a um "beco sem saída", ele retrai suas ramificações, refaz os passos e tenta outro caminho. Em questão de horas, um bolor limoso pode descobrir o menor trajeto possível para a recompensa. Em um estudo recente, pesquisadores da Universidade de Sydney descobriram que bolores limosos possuem até memória espacial, com a capacidade de deixar para trás um rastro de limo transparente para poder identificar lugares que já percorreram. Quem precisa de cérebro quando se tem limo?

Bolores limosos podem não ser capazes de fazer arte ou se apaixonar (até onde sabemos), mas sua curiosa existência nos faz, sim, reconsiderar a definição de inteligência. Ao chamarmos certos animais de "espertos", estamos sugerindo que existem animais "burros" sem nos dar ao trabalho de entender seu caminho evolutivo particular. Para que um animal esteja vivo hoje, seus ancestrais passaram por sofrimentos muito além de nossa compreensão, sobrevivendo contra todas as expectativas para transmitir seu DNA à geração seguinte. Assim como os bolores limosos, águas-vivas podem não parecer seres de inteligência rara, mas percorreram os mares por mais de 500 milhões de anos, muito antes das barbatanas evoluírem para pés e antes dos continentes se separarem, sobrevivendo a tudo, de eras glaciais extremas a erupções vulcânicas imensas que aniquilaram 96% da vida marinha. Na próxima vez que você vir uma formiga andando em sua despensa, um porco em uma fazenda industrial ou mesmo uma bactéria em um microscópio, talvez esteja olhando para os organismos mais espertos que já circularam pela Terra, pelo simples motivo de que eles resistiram e se desenvolveram.

Na virada do século XX, o psicólogo britânico Conwy Lloyd Morgan afirmou: "Em nenhum caso uma atividade animal deve ser interpretada em termos de processos psicológicos superiores se ela pode ser razoavelmente interpretada em termos de processos que ficam nos níveis inferiores da evolução e do desenvolvimento psicológicos." Essa declaração, conhecida como o Cânone de Morgan, significava que antropomorfizar o comportamento animal — ou seja, atribuir emoções e intenções humanas a animais — era contraproducente para determinar a inteligência relativa de criaturas na Terra. Uma mente humana é diferente da mente de um golfinho, que é diferente da de um rato — tentar compará-las é inútil, porque seus habitats e vidas são muito distintos.

Até a comparação da cognição de animais dentro da mesma família pode ser difícil. Tome como exemplo os gibões: criaturas pequenas e esguias com braquiação potente, durante anos eles foram considerados mentalmente inferiores a outros primatas. Em estudos, chimpanzés conseguiam aprender a distinguir várias ferramentas e decorar tarefas simples com facilidade, enquanto os gibões pareciam ignorantes. Foi só nos anos de 1960 que o primatologista norte-americano Benjamin Beck, pesquisador que ajudou a introduzir macacos-saguis de zoológicos na natureza, descobriu por que os gibões se saíam tão mal nos testes em comparação com seus companheiros de espécie. Ao contrário dos chimpanzés, gibões moram exclusivamente em árvores. Com seus braços longos e musculosos e mãos parecidas com ganchos feitas para agarrar os galhos, os gibões possuem pouca semelhança física com macacos que ficam no chão. A série original de experimentos envolvia colocar os gibões em gaiolas e fazê-los manipular objetos dispostos em uma superfície plana. Os gibões, com seus dedões em gancho, foram fisicamente incapazes de apanhá-los — atitude que os cientistas interpretaram erroneamente como falta de inteligência. Quando Beck repetiu o experimento com as ferramentas colocadas na altura dos ombros em vez do chão, os gibões se saíram tão bem quanto todos os outros macacos.

Conforme o físico Werner Heisenberg escreveu em seu livro de 1958, *Física e Filosofia*: "Temos que nos lembrar de que aquilo que observamos não é a natureza em si, mas a natureza exposta ao nosso método de questionamento." Heisenberg estava se referindo à medição de átomos no campo da mecânica quântica, mas o princípio também pode ser aplicado ao estudo dos animais. Estamos fadados a comparar o comportamento de ratos ao de ratazanas, de albatrozes ao de águias, de gatos ao de cães — e, por fim, de todos os animais ao nosso. Neste livro, fazemos diferente. Acreditamos que as habilidades de orientação do rato-toupeira cego — uma espécie peluda que não tem olhos e se desloca analisando o campo magnético da Terra — são tão incríveis quanto as da andorinha do ártico, que migra mais de 60 mil quilômetros todo ano. Um pinguim-de-adélia pai, que protege e mantém aquecido seu filhote ainda não nascido em meio ao clima rigoroso da Antártida, é tão amoroso quanto uma ursa-parda que protege suas crias a qualquer custo.

Nos capítulos seguintes, investigaremos as maneiras incríveis, misteriosas e, muitas vezes, incompreensíveis, pelas quais os animais voam, rastejam, deslizam, saltam, nadam, amam, conversam e brincam... em outras palavras, vivem.

Primeiro, daremos uma olhada nas formas maravilhosas com que os animais se locomovem pelo mundo. Assim como os humanos, muitos animais usam o sol e as estrelas para achar seu caminho, mas também recorrem a métodos que as pessoas são biologicamente incapazes de usar, desde mapas olfativos a bússolas internas e ecolocalização.

Depois, analisaremos o universo da comunicação animal. O canto dos pássaros, o grito das corujas, o canto das baleias, o coaxar dos sapos — esta é a linguagem do reino animal. Novidades científicas revelam que uma aparente cacofonia de barulhos aleatórios é, na verdade, um sistema de comunicação incrivelmente complexo.

Em seguida, mergulharemos na emoção mais poderosa e misteriosa da vida: o amor. Mesmo que nunca tenhamos esperança de compreender por inteiro como os animais amam e cuidam uns dos outros, podemos registrar como eles fazem carinho, cortejam, se acasalam e se protegem.

Por fim, examinaremos o que talvez seja a atividade mais universal do planeta: a brincadeira. Como os humanos, os animais adoram brincar. De brincadeiras de luta a um rápido mergulho, brincar transcende a barreira entre espécies de um jeito que os cientistas ainda não conseguem compreender.

Ao aprender como os animais se movem, conversam, amam e brincam, aprendemos mais sobre quem eles *são* — seus múltiplos talentos, linguagens e culturas fascinantes — e sobre como nós, humanos, podemos tirar proveito de uma compreensão maior do que motiva o comportamento dos animais.

Os Mistérios da Orientação Geológica

Como os animais acham o caminho em um país aparentemente sem rastros, em florestas sem trilhas, desertos ermos, sobre e sob mares indistintos? Eles fazem isso, é claro, sem nenhuma bússola, sextante, cronômetro ou mapa visíveis.

— Ronald Lockley, naturalista e autor de *Animal Navigation*

Em uma noite de neblina em Tobermory, Ontario, em maio de 2016, a polícia atendeu a uma chamada de emergência de uma mulher que acidentalmente jogou seu Toyota dentro do lago Huron. Após seguir à risca as orientações do GPS, ela fez uma curva fatídica em direção a um cais antes de cair nas águas turvas do lago. (Ela escapou ilesa.)

Uma rápida busca no Google exibe um sem-número de histórias de motoristas com problemas de orientação que seguiram à risca o GPS e foram parar em plataformas de trem, dentro do mar, ribanceiras, bunkers em campos de golfe e até salas de estar. Quanto mais nossa tecnologia fica sofisticada, menos dependemos de nossas habilidades inatas de orientação. Por que ler placas de rua se um aplicativo pode dizer qual direção tomar? Melhor ainda, para que andar se você pode ir de Uber? Charles Lindbergh atravessou o Atlântico usando uma bússola. Hoje, pilotos de avião dependem de sistemas sofisticados de pilotagem automática que encontram o caminho para qualquer aeroporto na Terra. Um estudo de 2015 revelou que quase metade dos médicos internos admitiram se perder a caminho do resgate de um paciente gravemente ferido.

Enquanto seres humanos continuam a perder pontos no intrépido novo mundo da orientação por smartphones, animais continuam a nos confundir com sua habilidade de viajar do ponto A ao ponto Z. Considere, por exemplo, a história de um gato doméstico comum. Em novembro de 2012, Jacob e Bonnie Richter fizeram uma viagem de trailer de West Palm Beach, na Flórida, até Daytona Beach, uma distância de uns 300 quilômetros. Quando chegaram, a gata dos Richters, uma escama-de-tartaruga de quatro anos chamada Holly, afastou-se do acampamento. Ela desapareceu próximo ao Autódromo Internacional Daytona. Após uma busca frenética, os Richter perderam as esperanças e voltaram para West Palm Beach, presumindo que Holly tivesse se perdido para sempre. Dois meses depois, receberam uma ligação: Holly havia sido encontrada no quintal de um vizinho, a no máximo 1,5 quilômetro da casa deles. Ela tinha percorrido 300 quilômetros pela costa da Flórida, fugindo de carros, crocodilos e humanos para voltar para casa.

Alguns atribuíram a extraordinária jornada de Holly ao acaso: talvez ela tivesse pegado carona no carro de alguém e saltado bem na hora certa. Evidências sugerem o contrário. As patas de Holly estavam cortadas e sangrando, indício de uma longa jornada a pé. As garras estavam desgastadas até a base. Ela havia perdido 3 quilos. De acordo com o veterinário que cuidou dela, Holly mal se aguentava em pé ao chegar em West Palm Beach.

Holly não foi a primeira gata a encontrar o caminho de casa contra todas as dificuldades. Em 1989, outra escama-de-tartaruga chamada Murka andou cerca de 500 quilômetros de Voronezh, na Rússia, até sua casa em Moscou. Em 1997, um malhado de oito anos chamado Ninja andou 1.300 quilômetros de um subúrbio de Seattle até seu antigo lar na zona rural de Utah. E, em 1978, Howie, um gato persa que sempre havia morado dentro de casa, percorreu mais de 1.600 quilômetros pelo interior da Austrália para voltar para casa.

Como os animais se orientam sem ajuda de mapas, GPS e direções de postos de gasolina? Façanhas como as de Holly não são apenas rotina no reino animal, mas também, comuns. De fato, a sobrevivência de muitas espécies depende da habilidade que elas têm de voltar exatamente ao mesmo lugar a partir de um ponto a milhares de quilômetros de distância. De navegação astronômica a magnetorecepção, animais contam com habilidades fantásticas que colocam no chinelo até os exploradores humanos mais hábeis.

ORIENTAÇÃO ALADA

Conheça Klepetan e Malena, duas cegonhas de pernas longas e belas penas que vivem em um minúsculo telhado vermelho no remoto povoado croata de Slavonski. Cegonhas são aves migratórias que geralmente voam para o sul durante os meses de inverno. Elas também têm uma precisão extraordinária, voltando sempre ao mesmo lugar no mesmo dia, ano após ano. Todo inverno, Klepetan sai de seu telhado vermelho e voa 8 mil quilômetros em direção à África do Sul. Infelizmente, Malena não vai junto. Baleada por um caçador em 1993, ela foi resgatada e cuidada por um professor local, que inclusive a ajudou a fazer um ninho em seu telhado — mas ela não pode mais voar. (Ela fica dentro de casa com o professor durante os meses de inverno.) Malena foi avistada no telhado por Klepetan e os dois ficaram juntos desde então. Todo verão, as duas cegonhas criam filhotes e Klepetan os ensina a voar. Klepetan e Malena se tornaram celebridades locais, por meio de uma webcam ao vivo que registrou a vida deles. Uma vez, Klepetan gerou um pouco de pânico quando não chegou na hora esperada — no fim, ele chegou seis dias depois, para alívio geral dos moradores, que conheciam os obstáculos que ele tinha de enfrentar. Em uma era de Google Maps e orientações por GPS, cegonhas como Klepetan — e inúmeras outras aves — encaram dezenas de milhares de quilômetros todos os anos e voltam para o mesmo lugar, frequentemente no mesmo dia.

Como as Aves Voam?

Durante milênios, humanos têm admirado aves sobrevoando o céu. De albatrozes que planam com asas de 3 metros de envergadura a beija-flores que se impulsionam no ar batendo suas asinhas 70 vezes por segundo, a forma e o tamanho das aves têm variações significativas. Mas os mesmos princípios de voo as mantêm no alto.

O milagre do voo não começa nas asas ou nas penas das aves, mas nos ossos. Ao contrário dos mamíferos, cujos ossos contêm medula em seu interior, os das aves são ocos. Isso as tornam mais leves, facilitando alçar voo, mas ossos ocos têm outro truque: são pneumáticos. Eles são cheios de minúsculos sacos de ar que podem absorver oxigênio independentemente dos pulmões, permitindo às aves que mantenham a imensa quantidade de energia exigida para bater as asas e gerar a elevação. O restante do corpo de uma ave tem formato aerodinâmico e nenhuma parte desnecessária, como dentes. Para triturar a comida, os estômagos das aves têm um componente musculoso e de paredes grossas chamado moela.

Enquanto os princípios de voo permanecem os mesmos, as maneiras de decolar das aves são muitas e distintas. Mergulhões — grandes pássaros aquáticos com bicos pontudos e cabeças finas e pretas — entram com fúria no vento, às vezes por centenas de metros. Falcões-peregrinos preferem saltar de penhascos e outros poleiros altos, o que lhes permite atingir velocidades de até 320km/h — a maior entre todos os animais do planeta. Por sua vez, beija-flores, como helicópteros, podem decolar na vertical. Mas não importa como elas chegam ao céu, todas as aves contam com uma camada suave e afilada de penas que, assim como uma asa de avião, serve de aerofólio.

Graças às penas, o ar flui mais rápido acima da asa do que embaixo dela, gerando uma pressão assimétrica e "empurrando" a ave mais alto no céu. Quando um pássaro bate as asas para baixo, ele cria uma pressão maior de ar abaixo delas e uma pressão menor de ar acima, gerando ainda mais elevação. Já no voo, as aves dependem de bolsões de ar quente e geradores de elevação conhecidos como correntes termais de ar, e também de outros fenômenos naturais como correntes ascendentes, geradas quando o vento atinge uma obstrução e flui para cima. Quanto menos uma ave precisar bater as asas, mais energia ela conserva e mais longe consegue voar.

No outono, aves migratórias sabem que a estação está mudando e partem para climas mais quentes com fartura de comida, e na primavera voltam para regiões mais temperadas. Das 10 mil espécies de aves no mundo, cerca de 1.800 seguem esse padrão. (Outras espécies são sedentárias e permanecem no mesmo lugar o ano todo.) Algumas decidem viajar o mais rápido possível, enquanto outras preferem um trajeto mais tranquilo. A narceja-real atinge velocidades de até 96km/h e percorre mais de 6 mil quilômetros em dois dias. O fuselo voa mais de 11 mil quilômetros em uma "tacada" só, sem parar para descansar ou comer. Gorda e de bico longo, a galinhola americana também prefere migrações mais tranquilas, escolhendo voar à noite em baixas altitudes. Mesmo que seus pequenos bandos às vezes consigam atingir uma velocidade respeitável de até 48km/h, galinholas com frequência reduzem a velocidade para meros 8km/h. (Nenhuma outra espécie de pássaro tem um voo mais lento.)

A distância percorrida pelas aves durante a migração é extremamente diferente. O galo silvestre norte-americano ocupa os pinheirais montanhosos das Cordilheiras do Pacífico durante os meses de inverno. Quando chega a primavera, eles acumulam energia para a migração de 300 metros em direção a altitudes mais baixas, a fim de nidificar e se alimentar de folhas frescas e sementes. No outro extremo, andorinhas minúsculas do ártico voam como flechas e em zigue-zague por mais de 7 mil quilômetros entre a Groenlândia e a Antártida todo ano. Mesmo que o trajeto das aves de 115 gramas pareça ineficiente, elas "saltam" de um continente para outro seguindo correntes precisas de ar, a fim de nunca precisarem voar contra o vento. Por terem uma expectativa de vida de mais de 30 anos, andorinhas do ártico podem acabar voando o equivalente a três viagens de ida e volta até a Lua.

Como as aves são tão precisas? Há várias respostas possíveis. A ciência suspeita que, ao sair do ovo, filhotes gravam o sol, estrelas e sinais locais. Vestígios de ferro nas orelhas das aves também podem interagir com os neurônios nos olhos para ajudá-los a definir o norte magnético. O bico é outra ferramenta essencial de orientação. Cientistas acreditam que um tipo de mapa olfativo ajuda as aves a cheirar o caminho de um lugar para outro. Além disso, o nervo trigêmeo no bico também pode sentir a influência do magnetismo, permitindo às aves migratórias que percebam o quanto estão distantes dos polos terrestres.

O campo magnético da Terra é bem fraco, cerca de 40 milionésimos de um tesla. (A título de comparação, um aparelho de ressonância magnética emite até três teslas de magnetismo.) Alguns estudos sugerem que as aves possuem uma bússola interna feita de substâncias sensíveis à luz, conhecidas como fotoquímicos, gravadas diretamente em suas retinas. Em contato com a luz, esses fotoquímicos ficam suscetíveis a pequenas alterações nos campos magnéticos — permitindo, teoricamente, que as aves se orientem com base na maneira como percebem a luz. Isso poderia explicar por que as aves frequentemente se comportam de um jeito estranho ou se desorientam perto de equipamentos de comunicação e de alta voltagem. Recentemente, pesquisadores alemães sugeriram que as aves "veem" campos magnéticos com fotoquímicos no olho direito. Ao interagir com o lado esquerdo do cérebro, essas moléculas produzem tons claros ou escuros com base na potência dos campos magnéticos terrestres — criando, basicamente, um mapa de ida e volta ao seu destino, fácil de acompanhar.

É possível que algumas aves usem o céu como um recurso de navegação. Enquanto os humanos só inventaram o relógio de sol cerca de 3.500 anos atrás e o sextante há apenas 300 anos, as aves sempre dominaram a arte da orientação pelo céu. No início dos anos de 1950, a teoria era que muitas espécies de aves se orientavam usando uma bússola solar. Após observarem estorninhos europeus em cativeiro — belos pássaros com penas pretas lustrosas e um brilho metálico cintilante —, pesquisadores notaram que as aves ajustavam seus padrões migratórios com base na posição do sol no céu. Um estudo posterior revelou que as aves também recorrem ao próprio ritmo circadiano interno, permitindo-lhes levar em conta o arco do sol ao longo do dia. Enquanto os seres humanos de hoje precisam de um iPhone para saber, não apenas as horas, mas também onde estão, estorninhos e outras aves migratórias só precisam dar uma olhada no sol para identificar sua localização na Terra.

Pombos-correios possuem capacidades de orientação ainda mais incríveis. Capazes de atingir velocidades de quase 145km/h e de achar o caminho de casa a uma distância de milhares de quilômetros, há muito tempo são apreciados pelos humanos por conta de seus talentos. Pouco se sabe sobre como eles fazem isso, mas uma pesquisa recente sugeriu que pombos-correios conseguem se lembrar da marca ultrassônica de seus arredores e "ouvir", com eficácia, o caminho de volta. "Eles usam o som para refletir o solo (ao redor de) seus lares", afirma Jon Hagstrum, geofísico que estuda exaustivamente os pombos. "É como quando reconhecemos visualmente nossas casas ao usarmos os olhos."[14]

Em setembro de 1918, um grupo de quinhentos soldados norte-americanos foi encurralado na base de uma colina, cercados por tiroteio alemão. Em um dia, mal sobraram duzentos. Pior ainda, a artilharia norte-americana situada a muitos quilômetros de distância errara a posição do batalhão em relação aos alemães e estava atirando projéteis explosivos. Sem conseguir fazer ligação via rádio, os norte-americanos sitiados despacharam dois pombos-correios implorando que a artilharia desse fim aos ataques, mas as aves rapidamente foram abatidas pelos alemães. Por fim, o major Charles Whittlesey recorreu ao seu último pombo-correio de oito anos de idade chamado Cher Ami, e amarrou à sua perna um bilhete desesperado: "Parem com isso, por tudo aquilo que é mais sagrado." Assim que Cher Ami ganhou os céus, deparou com uma saraivada de balas alemãs. Mesmo baleado no peito, na perna e cego de um olho, a ave manteve um ritmo alucinante e percorreu 40 quilômetros até as linhas aliadas. De sua perna mutilada, pendia uma minúscula cápsula de metal contendo a mensagem salvadora. Os norte-americanos pararam os ataques, e o batalhão conseguiu fugir para o território aliado. Agradecidas, as tropas curaram os ferimentos de Cher Ami e fizeram uma pequena prótese para sua perna, e ele foi pessoalmente enviado de volta para casa pelo general John J. Pershing, comandante da Força Expedicionária Norte-Americana.

Enquanto as habilidades dos pombos ainda fascinam a ciência, outras aves, assim como nós, dependem sobretudo dos olhos para se orientar. A maioria das aves de rapina possui olhos nas laterais da cabeça, mas corujas têm olhos voltados para a frente como os de seres humanos, permitindo maior percepção de profundidade enquanto caçam em condições de pouca luz. Ao contrário dos olhos humanos, os da coruja são fixos nas cavidades, motivo pelo qual elas precisam girar a cabeça — em até 270 graus, graças às suas 14 vértebras cervicais (em comparação com as sete do ser humano). Sua acuidade visual é extremamente precisa, se comparada com a nossa.

O tamanho das corujas varia muito, do mocho-duende de 30 gramas e 12 centímetros ac ʾufo-real de 86 centímetros e 4 quilos. Assim como os humanos, as corujas possuem a habilidade de perceber uma única imagem tridimensional usando dois olhos, conhecida como visão binocular. No entanto, até pouco tempo atrás, cientistas não acreditavam que cérebros de corujas fossem capazes de processar grandes quantidades de informação visual — por exemplo, de localizar um alvo em movimento em meio a um cenário inconstante. Isso exige um alto nível de processamento visual, algo que antes foi verificado apenas em primatas. Porém, um novo estudo sugere que corujas e outras aves de rapina de fato percebem o mundo de uma forma muito parecida com a dos humanos. Pesquisadores israelenses amarraram câmeras nas cabeças de corujas-das-torres enquanto elas observavam pontos pretos se movendo por um cenário cinza, verificando quanto tempo levava para elas processarem as mudanças de direção de um ponto-alvo que tomava outro rumo. Descobriu-se que corujas são capazes de distinguir objetos diferentes do cenário e perceber objetos separados, como um rato correndo por um campo com vento ou uma ave saindo do bando, o que indica um alto nível de desenvolvimento cerebral.

Em termos gerais, o cérebro das aves é bem mais complexo do que se pensava antes. Estudos recentes têm mostrado que, proporcionalmente, as aves possuem muito mais células cerebrais do que a maioria dos mamíferos, enquanto possuem capacidade de resolver problemas comparáveis à de primatas. Após estudar as aves a fundo, hoje podemos afirmar com segurança que ter um "cérebro de passarinho" é um elogio, não uma ofensa.

Morcegos são mesmo cegos?

Ao contrário do mito popular, morcegos na verdade não são cegos. Há mais de 1.300 espécies desses animais, cada uma com hábitos e necessidades alimentares diferentes. Algumas preferem flores, outras comem insetos. Algumas espécies têm uma visão extremamente fraca, enquanto outras, como o morcego beija-flor, criaturas minúsculas nativas das Américas Central e do Sul que dependem de suas línguas escorregadias para extrair néctar das plantas, têm receptores visuais especiais que lhes permitem enxergar cores à luz do dia e até radiações ultravioletas. Mesmo que muitas espécies de morcegos enxerguem tão bem ou ainda melhor que seres humanos, eles são criaturas predominantemente noturnas que dependem de ecolocalização para caçar. De maneira semelhante aos navios que emitem sinais de sonar para mapear o fundo do mar, morcegos enviam chamados de alta frequência e ouvem ecos de objetos e animais próximos. Depois de calcular a diferença de tempo entre seu chamado inicial e o eco subsequente, morcegos conseguem identificar a distância exata dos obstáculos e da presa. Enquanto humanos em geral não conseguem ouvir sons de alta frequência acima de 20kHz, morcegos conseguem ouvir sons de até 110kHz. Ao emitir um espectro inteiro de chamados, morcegos podem detectar (e se orientar por) sutilezas no ambiente que humanos facilmente deixam passar mesmo à luz do dia.

DESBRAVANDO OS MARES

Mais de dois terços da superfície terrestre são cobertos pelos oceanos, lar de 15% de suas espécies — ao menos, até onde se sabe. A humanidade pode ter chegado à Lua e enviado sondas ao espaço sideral, porém, mais de 80% dos oceanos continuam desconhecidos, inexplorados e ocultos. A água é 800 vezes mais densa que o ar, impedindo a passagem da luz mesmo em baixas profundidades. A 5 metros, não é mais possível enxergar a cor vermelha. A 8 metros, não dá mais para ver o laranja. O amarelo some aos 10 metros e o verde, aos 20. A apenas 200 metros de profundidade, o oceano fica tão escuro quanto os pontos mais longínquos do espaço.

Há, aproximadamente, um milhão de espécies que vivem nos oceanos e precisam se orientar com precisão extraordinária. Algumas criaturas marinhas passam perto da superfície, recorrendo ao sol como guia. Tartarugas-verdes, que deslizam por mares tropicais e subtropicais, são famosas por percorrer distâncias enormes entre áreas de alimentação e praias de desova. A cada 2–4 anos, fêmeas de tartarugas-verdes nadam até 4 mil quilômetros em direção a praias de desova no sudoeste da Ásia, na Índia, e ilhas isoladas no Pacífico ocidental. Os marinheiros humanos se perdiam no mar rotineiramente até que a invenção do cronômetro permitisse medições exatas de longitude, enquanto isso, as fêmeas de tartarugas-verdes voltam exatamente à mesma praia na qual desovaram, dezenas de anos depois e a milhares de quilômetros de distância. Essas criaturas fantásticas — agora em perigo de extinção por conta da caça (legal e ilegal), coleta de ovos e ataques de barcos — podem ser guiadas por cristais em seus cérebros capazes de detectar campos magnéticos terrestres. Mas tartarugas-verdes também podem recorrer ao sol para saber a direção certa. Pesquisadores da Universidade Atlântica da Flórida descobriram que elas provavelmente monitoram a altura do sol no céu, conhecida como azimute, para calcular suas localizações.

A maioria das espécies de peixes se contenta em ficar no próprio canto em um mar ou um lago, mas umas cem espécies percorrem centenas ou milhares de quilômetros por ano. Algumas chegam a migrar da água doce para a salgada em busca de comida. Talvez o mais curioso desses rituais seja o do salmão do Pacífico, cujas vidas são tema de blockbusters de Hollywood: uma estimulante corrida contra o tempo que envolve uma trabalhosa investida rio acima, ursos-pardos famintos, um romance feroz, mas breve — e uma morte heroica.

Para as cinco espécies de salmão do Pacífico — salmão-rei, salmão keta, salmão-prateado, salmão-rosado e salmão-vermelho —, a migração é uma viagem só de ida. Após passar os primeiros meses de vida em córregos de água doce, o salmão do Pacífico se transforma em um peixe jovem, caracterizado por delicadas escamas prateadas. Com o tempo, a química de seu corpo começa a mudar, e ele anseia por águas salgadas. Quando se tornam grandes o suficiente, os jovens deixam os rios de sua infância e vão para áreas de alimentação vastas do mar aberto. Durante vários anos, esses jovens salmões comem o máximo possível para ficarem maiores e mais fortes. Eles precisam de toda a energia que conseguirem acumular, já que têm uma última viagem pela frente.

Apesar de percorrer milhares de quilômetros no oceano, mais cedo ou mais tarde, o salmão do Pacífico volta aos mesmos rios em que nasceu. Cientistas não têm certeza do motivo de sua orientação ser tão precisa, mas uma teoria sugere que salmões se orientam por meio do campo magnético da Terra. Outra ideia é que cada rio tem seu aroma único, e o salmão, na verdade, pode usar seu olfato para encontrar o caminho de casa. Localizar o rio é a parte fácil. Os rios correm para o oceano, o que significa que o salmão do Pacífico precisa migrar contra a corrente — fenômeno conhecido como a corrida do salmão. No começo da corrida, o salmão já passou por mudanças fisiológicas drásticas: sua cor ficou mais escura, a cauda se encorpou e os machos ganharam dentes afiados. Tendo desenvolvido músculos fortes e grandes reservas de gordura durante o tempo em que esteve no mar, o salmão usa cada grama de energia para mergulhar e emergir rio acima. Eles navegam por rios rápidos e cachoeiras saltando a uma altura de até 4 metros no ar, enquanto tentam se desviar de predadores como ursos, águias e humanos. O salmão não para de nadar e não come até o fim da migração, a qual pode se estender por centenas de quilômetros. O salmão-rei e o salmão-vermelho do centro de Idaho precisam percorrer quase 1.500 quilômetros e subir 2.100 metros antes de atingir seus locais de desova natais.

Os salmões do Pacífico que conseguem chegar em casa estão magros e esgotados, com energia suficiente apenas para uma última tarefa. A fêmea faz um ninho de desova e põe até cinco mil ovos, conhecidos como ovas, cada um com o tamanho aproximado de uma ervilha. Enquanto isso, os machos se mordem, brigam e perseguem uns aos outros, e o mais dominante se junta às fêmeas e deposita seu esperma sobre as ovas. Os corpos dos salmões adultos não estão mais acostumados com a água doce da juventude, e rapidamente se deterioram após a desova. Com os corpos arruinados e poucas fontes de comida, esses salmões exaustos morrem nos mesmos lugares em que nasceram, com a tarefa cumprida. Enquanto a grande maioria das espécies de salmão morre após desovar, uma pequena porcentagem de fêmeas de salmão do Pacífico — espécie encontrada em rios que desaguam no Atlântico Norte — consegue fugir de volta para o mar salgado, recupera as forças e vive para se reproduzir novamente.

A Mais Longa Migração de Mamíferos

Andorinhas do ártico detêm o recorde mundial de migração anual mais longa. Elas têm a vantagem de poder voar. E entre os mamíferos, de quem é o recorde atual? Pesquisadores acreditam que o título pertence às baleias-cinzentas (superando por pouco suas parentes próximas, as baleias-corcundas), que nadam até 16 mil quilômetros por ano entre seus locais de reprodução próximo ao Equador e às águas dos oceanos Ártico e Antártico, ricas em comida. Esses prodígios graciosos de 15 metros viajam quase 23 mil quilômetros, da Rússia ao México, e depois retornam.

A população de baleias-cinzentas foi dizimada pela caça até a Comissão Baleeira Internacional garantir sua proteção, em 1949. Desde então, sua população se recuperou lentamente, embora algumas subpopulações, sobretudo as do noroeste do Pacífico, ainda sejam consideradas em perigo crítico de extinção.

A maioria dos migrantes marítimos tem desafios menores que o salmão do Pacífico. Os grandes tubarões-brancos, encontrados nos oceanos do mundo inteiro, migram milhares de quilômetros todo ano, embora o motivo seja menos claro. Enquanto filmes como *Tubarão* representaram os tubarões-brancos como comedores ferozes de gente, ataques desses animais a pessoas são excepcionalmente raros. Eles não dispensam a mesma moderação em relação a outras criaturas marinhas. Tudo para eles vira comida, de tartarugas-marinhas a golfinhos e aves marítimas, mas sua refeição favorita são focas gordas e lentas.

Até recentemente, pensava-se que tubarões-brancos fossem peixes territoriais que ficavam próximo a águas costeiras, viajando apenas alguns quilômetros aqui e ali para perseguir populações de focas. No entanto, um estudo de 2009 publicado no periódico *Proceedings of the Royal Society B* provou que os tubarões-brancos são, na verdade, transoceânicos, atravessando as águas mais remotas do planeta rotineiramente. Uma equipe de pesquisadores da Universidade de Stanford descobriu que, em vez de ficar em um só local, tubarões-brancos podem percorrer até 4.900 quilômetros pelo mar aberto, onde as presas são escassas. Alguns chegam a mergulhar em profundidades de quase 1.200 metros, possivelmente se alimentando de um extenso suprimento de peixes e lulas, conhecido como "camada de dispersão profunda".

Embora os cientistas tenham problemas para descobrir padrões migratórios, certos locais são conhecidos pelas visitas repetidas. No Pacífico, por exemplo, tubarões-brancos frequentemente fazem uma migração curiosa no meio do inverno entre a Califórnia central e uma faixa "árida" de mar entre o Havaí e a Baixa Califórnia. Por alguma razão desconhecida (entre os humanos), eles deixam as áreas fartas de alimentação da costa da Califórnia para nadar em bandos nessas águas remotas, com frequência chamadas de White Shark Café [Café dos Tubarões-brancos, em tradução livre]. Uma vez lá, os tubarões--brancos dão início a mergulhos misteriosos, e que consomem muita energia, nos lugares mais profundos do oceano. "Os tubarões ficam se movimentando de 50 a 250 metros muito rápido, em um sobe e desce constante, todos os dias e noites — em alguns momentos, mais de 100 vezes por dia, nadando mais rápido que sua velocidade máxima na água"[5], disse o cientista pesquisador Sal Jorgensen, que dedicou muito tempo rastreando tubarões-brancos. Cientistas presumem que eles estejam procurando parceiros(as) ou, talvez, um peixe de sabor especial, mas na verdade não sabem e, por ora, não têm nenhum jeito de descobrir uma resposta.

Peixes têm Autoconsciência?

Um dos mitos mais ilusórios sobre os peixes é o de que eles não sentem dor ou emoções — e, portanto, não é cruel pegá-los com ganchos e deixá-los sufocando na terra.

Peixes sentem dor, sim, e possuem autoconsciência como indivíduos. Um jeito de testar se um animal se reconhece é colocá-lo em frente a um espelho e pintar uma parte pequena de seu corpo. Se ele se olhar no espelho e depois tocar ou investigar a marca, é provável que esteja reconhecendo seu reflexo e, portanto, tenha consciência de si. (Vale notar que o teste do espelho é um dos muitos testes para verificar a autoconsciência; é geralmente aceito que os animais podem ter consciência de si de maneiras não mensuradas por testes humanos. E animais que não são tradicionalmente autoconscientes, ainda assim, vivenciam dor, trauma e outras sensações.)

Pesquisadores da Universidade da Cidade de Osaka, no Japão, decidiram tentar fazer o teste do espelho com o bodião-limpador, um pequeno peixe encontrado em recifes de corais desde a África Oriental e o Mar Vermelho até a Polinésia Francesa. Esses peixes estabelecem relações mutualistas com peixes maiores, "limpando-os", geralmente por meio da eliminação de parasitas. Bodiões-limpadores são bem empreendedores: eles se unem em bandos para criar "estações de limpeza" para peixes maiores, atraindo novos clientes ao contorcer as caudas para cima e para baixo, em um movimento semelhante a uma dança.

No estudo, os pesquisadores japoneses colocaram um espelho na frente dos bodiões-limpadores. No início, eles se mostraram nervosos e territoriais — quer dizer, encararam os próprios reflexos como peixes forasteiros. Porém, ao longo de vários dias os peixes começaram a se acalmar, e no fim do estudo conseguiram reconhecer com clareza os próprios movimentos. Os peixes até usaram seus reflexos para ajudar a tirar as etiquetas que os pesquisadores fixaram em seus corpos.

VIAGENS PEQUENAS

Apesar de possuírem cérebros pequenos — uma extensão de meio milímetro com menos de um milhão de neurônios —, as abelhas ziguezagueiam até 3 quilômetros de distância de suas colmeias antes de zunir de volta para casa. Mesmo quando são pegas desprevenidas, como pela janela de um carro ou um cientista perverso e, depois, soltas em um lugar próximo, elas podem se reorientar e voar para casa. Como criaturas tão pequenas, que medem a própria vida em dias e não possuem hipocampo, córtex entorrinal, e outras estruturas cerebrais avançadas, acham o caminho de volta para casa? Cientistas não têm a menor ideia. O palpite é que as abelhas registram um mapa do próprio território em seus cérebros diminutos e zunem para casa se orientando por pontos de referência familiares. Outra pesquisa sugeriu que as abelhas monitoram a posição do sol para se orientarem em conjunto com um relógio interno — o que seria, à maneira delas, o equivalente a um cálculo da longitude e latitude.

Um método similar é usado pelo talitrus saltador, um crustáceo minúsculo que frequentemente pode ser visto perambulando por praias arenosas próximo à marca da maré alta após anoitecer. Muitas vezes, ele é chamado pelo termo errôneo de pulga-da-areia porque, na verdade, não é uma pulga e tampouco morde. Esses seres, que à distância parecem feijões dançando, provêm de areais úmidas, onde se escondem durante o dia, para procurar comida perto do litoral. Em geral, os talitrus saltadores orientam seus movimentos ao longo de um eixo leste-oeste — o mesmo trajeto feito pelo sol no céu. À noite, usam os raios lunares como guia.

Alguns insetos se orientam pelas estrelas. O besouro-do-esterco, que prefere fazer seu servicinho sujo sob o manto da escuridão, usa o céu noturno para se orientar e voltar para casa com a recompensa. Besouros-do-esterco passam as noites fazendo bolas com o excremento de outros animais e enterrando-os em locais macios no solo. Eles não têm exatamente uma aparência robusta, mas, de acordo com pesquisadores da Universidade Queen Mary de Londres, os machos conseguem suportar mais de 1.100 vezes o peso do próprio corpo — o equivalente a um ser humano puxando seis ônibus de dois andares com lotação máxima.

Rolar uma bola de esterco não é tão fácil quanto pode parecer para quem nunca tentou. Besouros-do-esterco precisam, com frequência, sacudir organismos menores que tentam pegar carona em uma bola de excrementos. Como consequência, eles podem perder o rumo e precisam se reorientar. Observações atentas descobriram que besouros-do-esterco, via de regra, sobem no topo das fezes recém-moldadas e dançam em círculos antes de voltar para casa — um processo complexo de orientação. "As partes dorsais (superiores) dos olhos do besouro-do-esterco se especializaram em conseguir analisar a direção da polarização da luz — a direção na qual a luz vibra",[6] disse a pesquisadora Marie Dacke ao *Live Science*, em 2013. Besouros-do-esterco usam padrões de polarização do céu noturno para evitar ficar girando em círculos. Na verdade, pesquisadores acreditam que certas subespécies desses besouros se orientam com muito mais eficácia em noites claras e estreladas, quando a espiral da Via Láctea está visível.

Do humilde besouro-do-esterco a uma criatura louvada como "um dos fenômenos naturais mais espetaculares do mundo", insetos aperfeiçoaram hábitos notáveis de orientação. A borboleta-monarca possui um dos padrões migratórios anuais mais incríveis de todos os animais — que exige quatro gerações de borboletas para se completar. Começando em março e abril, a primeira geração de borboletas eclode, após quatro dias, em lagartas, também conhecidas como larvas. Durante cerca de duas semanas, os bebês-lagartas rastejam por aí e consomem flores-de-cera até que estejam prontas para iniciar o processo de metamorfose. Após se prenderem a uma haste ou uma folha, as lagartas tecem um invólucro duro de seda ao redor de si, chamado crisálida. Vista de fora, a crisálida pode parecer parada, mas por dentro se esconde um processo espetacular enquanto as partes do corpo antigo da lagarta se transformam em asas. Depois de uns dez dias, uma borboleta-monarca nasce, abre as asas e voa até o céu. Sua vida é tão curta quanto bonita: ela tem de duas a seis semanas para colocar a maior quantidade possível de ovos antes de morrer.

O ciclo se repete mais duas vezes, com uma segunda geração de borboletas nascidas em maio e junho, e uma terceira geração nascida em julho e agosto. A cada geração, as borboletas vão em busca do clima quente do norte, chegando até o Canadá. Mas a quarta geração, nascida em setembro e outubro, é diferente. Sua jornada é mais árdua. Conforme o clima fica mais frio, essas borboletas precisam viajar sentido ao sul até o México, e devem fazer isso sozinhas. Em vez de duas a seis semanas, essas borboletas vivem de seis a oito meses, percorrendo até 4 mil quilômetros em direção aos invernadouros — o mais famoso é a Reserva da Biosfera da Borboleta-Monarca, cerca de 96 quilômetros a noroeste da Cidade do México e lar de quase todas as populações de inverno de borboletas-monarcas orientais. (Borboletas-monarcas que vivem a oeste das Montanhas Rochosas geralmente passam os meses mais frios no sul da Califórnia.) Durante os meses seguintes, elas hibernam em abetos até estarem prontas para começar a jornada de volta ao norte, a fim de iniciar mais uma vez o ciclo da quarta geração.

No passado, cientistas acreditavam que o padrão migratório das borboletas-monarcas era o mais longo de todos os insetos, mas uma pesquisa recente sugere que essa honra pertence a um gênero especial de libélula que recebe o nome oportuno de planador errante. Com olhos multifacetados, asas reforçadas e corpo alongado, as libélulas são uns dos insetos mais famosos do planeta — e alguns dos mais incompreendidos. Naturalistas já sabem há muito tempo que certas libélulas são migratórias, mas, por conta do tamanho e da velocidade certeira delas, rastreá-las por longas distâncias é difícil. Com capacidade potente de voo, libélulas podem se impulsionar em seis direções e voar trechos a 48km/h. No entanto, muitas delas não são migratórias e não percorrem mais que alguns quilômetros ao longo do seu um ou dois meses de vida. Planadores errantes são diferentes.

Foi somente em 2009, quando o biólogo Charles Anderson apresentou sua pesquisa no Journal of Tropical Ecology, que os segredos desses insetos misteriosos foram revelados. Anderson aprendeu sobre eles do jeito antigo: observando-os. Após relacionar observações da Índia, da África Oriental e outros locais com padrões climáticos sazonais, ele descobriu que muitos planadores errantes fazem jornadas epicamente longas que, assim como a das borboletas-monarcas, exigem várias gerações de libélulas para serem finalizadas. No início, a curiosidade de Anderson era saber por que esses modestos insetos amarelos davam as caras em sua casa nas Maldivas — uma nação insular de ilhas de coral tropicais situada a sudoeste da Índia e do Sri Lanka — e, depois, sumiam misteriosamente. Após observá-las durante mais de quinze anos, ele descobriu que os planadores errantes percorrem seu caminho pelo Oceano Índico atrás das chuvas sazonais de monções. Descobriu-se que eles adoram se acasalar em chuvas torrenciais — tanto que seguirão monções por quase 16 mil quilômetros.

Alguns animais não precisam de asas ou pés para achar o caminho de casa. Em 2009, uma senhora inglesa chamada Ruth Brooks ficou exasperada: seu quintal estava sendo atacado por um bando de caramujos. "Eles tinham comido a alface dela, destruído as petúnias e devastado os feijões"[7], reportou a BBC. Brooks teve pena de matar os pequenos moluscos, então os realocou para uma faixa de terra lá perto. Não foi logo no dia seguinte — caramujos de jardim chegam a 9 m/h, no máximo —, mas os moluscos famintos de Brooks acabaram voltando para devorar as petúnias dela. Independentemente de onde ela os levava, eles encontravam o caminho de volta. Brooks procurou o Dr. Dave Hodgson, um biólogo da Universidade Exeter, que concebeu um experimento envolvendo 65 caramujos reposicionados em vários cantos do jardim. Resultado: quase todos eles conseguiram percorrer até 25 metros para voltar ao local de origem. O Dr. Hodgson afirmou: "Agora isso precisa ser analisado, mas, até onde sei, é uma evidência bem sensacional de instinto de localização em caramujos de jardim, e é muito melhor do que eu jamais poderia ter imaginado."[8]

O PASSO DO "ELEFANTINHO"

É fácil imaginar aves, peixes e insetos voadores — criaturas que viajam acima ou abaixo de nós — migrando longas distâncias, mas mesmo os maiores e mais lentos mamíferos terrestres são capazes de percorrer centenas ou até milhares de quilômetros todo ano. Muito antes do comércio de marfim dizimar os elefantes africanos — estimativas recentes sugerem que sua população diminuiu 97% desde o início dos anos de 1900, de 12 milhões para apenas 350 mil hoje em dia —, esses animais majestosos percorriam distâncias extremamente longas. Liderados pela fêmea mais velha e mais sábia da manada, conhecida como matriarca, elefantes africanos caminhavam centenas de quilômetros por caminhos migratórios testados e aprovados, seguindo a chuva rumo a terras mais férteis. Muitas de suas rotas foram tão pisoteadas que se tornaram a base de estradas para humanos. Hoje, a circulação de elefantes é imensamente prejudicada pela atividade humana e pela caça ilegal e, em geral, está restrita a reservas protegidas. Mas algumas populações desses mamíferos ainda reconstituem suas rotas ancestrais.

Entre esses nômades de destaque, estão os elefantes cujos lares são os desertos africanos da Namíbia e do Saara. Conhecidas como elefantes do deserto, essas criaturas passam os dias migrando até 60 quilômetros por dia em busca de água. Conforme explica o biólogo Iain Douglas-Hamilton, fundador da ONG Save the Elephants [Salvem os Elefantes, em tradução livre], elefantes do deserto estão "vivendo no limite, nas condições mais extremas"[9]. Como todos os elefantes, a primeira ameaça para eles são os caçadores ilegais. Embora uma tentativa maciça de preservação tenha ajudado os elefantes a se recuperar, a população de elefantes dos desertos da Namíbia e do Mali gira em torno de 600 e 400 animais, respectivamente. Apesar dos riscos, eles viajam centenas de quilômetros por ano, comendo qualquer tipo de vegetação que conseguem encontrar, incluindo plantas, grama, arbustos, cascas, folhas, sementes e frutas. Eles não podem se dar ao luxo de ser exigentes, já que elefantes do deserto precisam de mais de 250 quilos de comida e 42 galões de água por dia.

Ao contrário de outros animais, como aves, que nascem com habilidades de orientação, elefantes precisam aprender com a experiência. A sobrevivência da manada depende da matriarca, que descobriu rotas seguras e fontes de água confiáveis em uma paisagem quase totalmente desprovida de ambas — esse conhecimento foi transmitido durante milhares de anos. Ao longo dos anos e décadas, a matriarca lembra quais rotas são seguras, quais ficaram perigosas, e consegue distinguir entre chamados amistosos e desconhecidos de elefantes. As matriarcas mais sábias conseguem até mesmo saber a diferença entre rugidos de leões e de leoas — diferença importantíssima, já que machos são maiores e mais propensos a caçar filhotes de elefante. Matriarcas precisam percorrer lugares como a região norte de Cunene, da Namíbia, quando a média de chuvas é de apenas 100 milímetros por ano. Quando a comida é escassa, as matriarcas precisam ser inteligentes; muitas manadas, por exemplo, vão até o Rio Hoanib, no oeste da Namíbia, para se alimentar de sementes de acácia.

Em um estudo notável de 2008, feito pelo Tarangire Elephant Project, pesquisadores acompanharam 21 famílias de elefantes durante um longo período de estiagem. Grupos com as matriarcas mais velhas — as que haviam sobrevivido à maior seca de trinta anos antes — eram mais propensos a encontrar comida e água em lugares distantes raramente visitados por elefantes. Apesar de ficarem décadas sem visitar esses locais, as matriarcas conseguiam invocar lembranças antigas e guiar suas famílias em segurança.

Recorde Mundial de Migração

Animais terrestres não têm o privilégio de voar alto no céu. Para fazer suas rotas sazonais, eles precisam pôr as patas ou os cascos para trabalhar. A jornada mais árdua de todas é a da rena. Nativa de regiões da América do Norte, Europa, Ásia e Groenlândia, todos os anos três milhões dessas criaturas com chifres viajam pela tundra do Ártico, literalmente em busca de gramas mais verdes. Durante os meses de verão, elas se alimentam dos gramados fartos da tundra, devorando até 5 quilos de plantas todos os dias. Quando a neve começa a cair, elas vão para o leste rumo a áreas mais protegidas, onde se alimentam de plantas semelhantes a algas chamadas líquens. Algumas renas, especialmente renas da floresta encontradas nos distantes Territórios do Noroeste do Canadá, migram mais de 4 mil quilômetros por ano — a maior distância de todos os mamíferos terrestres.

Próximo à costa leste da África, outra grande proeza em termos de migração acontece todo ano. Aclamada como "A Grande Migração" ou a "Copa do Mundo dos Animais Selvagens", a cada ano mais de

1,5 milhão de gnus, 200 mil zebras e umas 400 mil gazelas galopam da Área de Preservação de Ngorongoro, na Tanzânia, até a Reserva Nacional Maasai Mara, no Quênia — a maior migração de mamíferos terrestres do mundo. A maior parte da migração ocorre no Serengueti, ecossistema de 12 mil metros quadrados que se espalha do norte da Tanzânia até o sudoeste do Quênia. Os gnus, que compõem a maior parte dos migrantes anuais, possuem chifres e um número par de dedos nas patas, focinhos grandes e crinas peludas, atingem até 180 quilos e conseguem correr até 80km/h. (No filme O Rei Leão, Mufasa, pai de Simba, foi morto durante uma debandada de gnus.) Em geral, a Grande Migração começa em janeiro e fevereiro na Tanzânia, quando as fêmeas de gnus dão à luz a aproximadamente 350 mil filhotes, todos nascidos com semanas de diferença entre si. Os nascimentos sincronizados dão aos gnus uma vantagem evolutiva, já que é inevitável que seus predadores, principalmente hienas e leões, os devorem de uma só vez e deixem órfã a vasta maioria dos filhotes.

Gnus recém-nascidos ficam de pé e começam a andar minutos após terem nascido — mais rápido que qualquer outro mamífero ungulado. Eles precisam estar prontos para a mudança: em março, a terra começa a secar e o gnu inicia a viagem para o norte, atrás das chuvas e da grama nova. Eles, então, seguem para o coração do Serengueti, rumo a pequenos lagos de água doce onde se alimentam da grama farta. Em junho, os gnus chegam à Reserva de Caça Grumeti, um impactante parque criado em 1994 pelo governo da Tanzânia para proteger o trajeto da migração de gnus. Ainda há perigos: ao longo da jornada, os gnus são perseguidos por leões, leopardos, guepardos e outros predadores, e precisam atravessar rios violentos e imprevisíveis que podem afogar dezenas de animais de uma só vez. Finalmente, em agosto, os animais exaustos terão chegado à Reserva de Caça Maasai Mara no sul do Quênia, onde passam os próximos vários meses recuperando as forças para o trajeto de volta ao lar. No fim de outubro, quando as chuvas sazonais retornam, eles começam a fazer o trajeto de volta, desta vez pelas florestas orientais do Serengueti. Quando chegam em casa, as fêmeas estão no fim da gravidez da próxima geração de gnus, que completarão o antigo caminho de migração no ano seguinte.

Magnetorecepção

Os ratos-toupeiras cegos do Oriente Médio — roedores pequenos e peludos conhecidos por seus túneis subterrâneos fantásticos — conseguem monitorar sua localização debaixo da terra analisando o campo magnético da Terra. Os ratos-toupeiras cegos não são apenas míopes; eles não têm olhos. Isso não os impede de percorrer longos trajetos para procurar cebolas e tubérculos, depositá-los metodicamente em uma rede complexa de túneis, e pegá-los depois. Em distâncias curtas, ratos-toupeira confiam no próprio equilíbrio e olfato para se orientar, mas em distâncias longas, dependem de um sistema de orientação mais sofisticado — eles usam o campo magnético da Terra como referência para ajudá-los a se guiarem. Não está claro como eles usam essa bússola magnética, mas provavelmente os ratos-toupeira possuem cristais de magnetita incorporados à área olfativa, permitindo que adivinhem o caminho de casa.

É provável que os ratos-toupeira não sejam os únicos mamíferos que podem sentir as ondas magnéticas da Terra. A título de exemplo, verificou-se que raposas-vermelhas atacavam, predominantemente, suas presas voltadas para o nordeste. E, se você tem um cachorro, comece a prestar atenção aos hábitos de higiene dele: um estudo de dois anos publicado no periódico *Frontiers in Zoology* abrangendo 37 raças e mais de 5 mil observações revelou que "cães preferiam defecar com o corpo alinhado de acordo com o eixo norte-sul."[10]

A maneira como os animais voam, andam, nadam, rastejam, galopam e rolam fascina os humanos porque, quanto mais aprendemos sobre esses processos complexos, mais percebemos quão pouco sabemos a respeito deles. De que modo aves com cérebros com uma fração do tamanho do nosso podem voar exatamente para o mesmo lugar, a milhares de quilômetros de distância, ano após ano? Como tartarugas-marinhas conseguem atravessar oceanos inteiros para encontrar aquela ilhota distante onde nasceram décadas atrás? Resumindo, como os animais são tão melhores que os humanos em se orientar pela terra? A ciência continua apresentando explicações novas, mas há muitos mistérios que talvez nunca resolveremos.

Humanos inventarão smartphones mais sofisticados e melhores que podem nos levar até qualquer Starbucks no planeta. Um dia, carros com piloto automático deixarão as placas de rua obsoletas. Porém, os animais continuarão a se orientar do mesmo jeito de sempre — e com o mesmo sucesso de sempre, sem interrupções, paradas ou falhas na bateria. Quanto às sete milhões de espécies, aproximadamente, que ainda não foram descobertas, podemos apenas supor as impressionantes maneiras pelas quais devem se locomover pelo planeta — e, talvez, aprender com elas também.

Os Canais de Comunicação

Os olhos de um animal têm o poder de falar muitíssimo bem.

— Martin Buber

Perto da virada do século XX, a Alemanha estava à mercê de um cavalo — especificamente, de um cavalo chamado Hans, um trotador Orlov que podia entender frases ditas por humanos e até resolver problemas de matemática, segundo seu dono, Wilhelm von Osten. Batendo os cascos, "Hans, o Esperto", como foi batizado pela mídia, supostamente conseguia somar, subtrair, dividir, calcular frações, controlar o tempo, e também soletrar e compreender alemão, entre muitas outras tarefas avançadas. Von Osten exibia Hans em todo o país, onde virou uma sensação tão grande que o conselho educacional alemão instituiu um grupo de peritos, que recebeu o nome oportuno de Comissão Hans, para investigar as habilidades linguísticas aparentemente milagrosas do cavalo. Por fim, o grupo concluiu que Hans, ainda que inteligente de fato, na verdade estava reagindo a pistas involuntárias da linguagem corporal de von Osten. Ao estudar a tensão facial de seu treinador, Hans conseguia prever quando outro toque de casco era esperado ou quando ele deveria ficar parado. Esse fenômeno se tornou conhecido por psicólogos comparativistas como o "Efeito do Hans Esperto" — a tendência que pesquisadores têm de, por descuido, fazer sinais a suas cobaias animais ao testar habilidades cognitivas.

O efeito do Hans esperto levanta questionamentos que há muito tempo têm consumido os cientistas: os animais conseguem se comunicar como nós? Ou eles simplesmente *parecem* se comunicar? Ou eles se comunicam de maneiras que simplesmente não entendemos?

A comunicação humano-animal tem sido uma característica do nosso folclore há muito tempo. O *Panchatantra*, uma das compilações mais antigas de fábulas indianas, é integralmente composto de histórias sobre animais que conversam entre si e com humanos. Contos folclóricos russos também apresentam animais antropomorfizados, com destaque para a história de Baba Yaga, uma mulher mística que pode se transformar em animais a seu bel-prazer. Durante o início dos anos de 1700, um bispo francês avistou um orangotango em um zoológico da França. O primata andava ereto e parecia tão humano que o homem, pego de surpresa, declarou: "Fale e eu te batizarei!"

Dos nossos quintais às ruas das cidades e ao vasto Serengueti, animais estão falando ao nosso redor, e apenas agora estamos começando a entender um pouco do que eles estão dizendo.

SE MEU CACHORRO FALASSE...

Os animais podem compreender a palavra falada? É provável que todo mundo que tenha cachorro diga: "Claro que sim."

Estudos revelaram que um cão de companhia comum pode compreender e reagir a quase duzentas palavras humanas — e, com treinamento especializado, ainda mais. Durante anos, não ficou claro se os cães reagiam a palavras específicas ou ao nosso tom de voz, mas uma pesquisa vem esclarecendo as complexas habilidades linguísticas deles. Pesquisadores húngaros da Universidade Eötvös Loránd selecionaram treze cães de família e os treinaram para ficar parados dentro de um aparelho de imagem por ressonância magnética funcional. (Os pesquisadores reforçaram que os cães nunca foram amarrados e podiam se movimentar a qualquer hora.) Após reproduzir palavras gravadas de um treinador e estudar as ondas cerebrais dos cachorros, cientistas descobriram que eles de fato conseguiam processar, separadamente, tons e palavras. Quando os cães ouviam termos elogiosos, como "bom garoto" ou "muito bem", o hemisfério esquerdo do cérebro acendia — o mesmo local em que os cérebros humanos processam a linguagem. Além disso, os cães processavam tons positivos e negativos no hemisfério direito — mais uma vez, assim como os humanos. Os pesquisadores descobriram que os cachorros podiam reconhecer termos elogiosos independentemente de como eles eram ditos, mas que os compreendiam como positivos apenas quando falados em um tom animado. "Os cães não apenas distinguem o que falamos e como falamos, mas também podem combinar os dois para interpretar, da maneira correta, o que essas palavras quiseram dizer", observou o pesquisador-chefe do estudo, Attila Andics. "De novo, isso é muito parecido com o que cérebros humanos fazem."[11]

Estudos posteriores mostraram que cachorros fazem mais que escutar. Para um ser humano, um bando de cães interagindo pode soar como um ruído de rosnados, grunhidos e latidos, mas esses animais alteram o tom para produzir uma variedade impressionante de sons — cada um com significado próprio. Os cães modificam a altura, a duração e a amplitude de seus latidos, o que se acredita ser um método para comunicar intenções a seus companheiros caninos. Por exemplo, verificou-se que os cães emitem um "rosnado para comida" ao disputar um alimento, e um "rosnado para estranhos" notavelmente diferente ao avistar um humano desconhecido. Quando pesquisadores reproduziram gravações de rosnados para um cão rondando um osso, ele hesitou muito mais em se aproximar dele ao ouvir o rosnado para comida comparado ao rosnado para estranhos. Por outro lado, outro experimento descobriu que cachorros cochilando eram mais propensos a pular e ficar de pé ao ouvir gravações de rosnados para estranhos do que de rosnados para comida.

Os lobos, parentes próximos dos cães, também possuem um meio complexo de comunicação. O lobo-cinzento, ou *Canis lupus*, é encontrado em regiões remotas da Europa, da Ásia e da América do Norte. No passado, a ciência acreditava que os canídeos de hoje tinham evoluído de lobos-cinzentos cerca de dez mil anos atrás, mas uma pesquisa genética recente sugere que eles descendem de um mesmo lobo pré-histórico que viveu na Europa entre nove e trinta e quatro mil anos atrás. Comparados com os cães, os lobos possuem pernas finas, corpos mais esguios e patas robustas, permitindo que viajem longas distâncias em ambientes inóspitos. Quando um cão doméstico corre, ele dispara e se sacode em movimentos entusiasmados, para não dizer desengonçados. Um lobo, por sua vez, persegue em vez de pular, mantendo os movimentos silenciosos e suaves. Lobos também possuem mandíbulas muito maiores, capazes de mastigar ossos. As cores da pelagem e dos olhos dos cães variam muito, mas os lobos, em geral, têm pelos em tons brancos, pretos, cinza ou marrons que lhes permitem se camuflar, dependendo do ambiente, com olhos amarelos ou âmbar.

Contrariando o apelido de "lobo solitário", os lobos são altamente sociais; eles dependem de relações e hierarquias extremamente complexas para sobreviver. Em geral, grupos de cinco a onze lobos vivem juntos em alcateias que consistem em dois adultos monógamos, três a seis jovens e um a três filhotes. Quando os jovens atingem a maturidade sexual, eles deixam o grupo para encontrar um parceiro e iniciar a própria família. Para sobreviver em ambientes hostis com comida limitada, as alcateias precisam trabalhar em estreita colaboração para perseguir e caçar a presa, às vezes por muitos quilômetros.

Isso é feito por meio de um sistema de comunicação bastante complexo, envolvendo três sentidos distintos. O primeiro é a visão: lobos recorrem à linguagem corporal para comunicar regras básicas do grupo — principalmente, a de que um grupo consiste em líderes e seguidores. Os líderes são os pais, mais velhos, mais fortes e mais sábios que o restante. Eles lembram os filhos disso ao ficarem eretos e empinarem as caudas para o alto. Outros lobos mostram sua submissão baixando a própria cauda e se curvando. Lobos menos dominantes também se deitarão de lado, deixando à mostra a barriga vulnerável como sinal de submissão. Quando uma loba está com fome, ela avisa os outros erguendo as orelhas e mostrando os dentes. Com medo, ela dobrará as orelhas contra a cabeça. Se quiser brincar, ela dançará e se curvará como um cão. Assim como os cachorros, os lobos também têm um olfato excepcional — quase cem vezes melhor que o dos humanos — do qual o grupo tira proveito. Marcando estrategicamente as árvores e o solo com urina, com frequência a cada poucos minutos, os lobos podem demarcar seu território e evitar áreas pertencentes a outros grupos. Por fim, quando ela uiva, é com muita determinação. Isso pode significar um chamado para mobilizar o grupo a fim de defender os filhotes contra predadores, ou pode ser um uivo social para localizar sua família. Outras vocalizações incluem o ganido, usado por mães para estimular os filhotes a mamar e por lobos mais velhos para indicar submissão, e o rosnado, usado para expressar agressividade.

"Simpaticães? Por quê?

Quando o assunto é a relação entre pessoas e cães, vale menos a lei do mais forte e mais a lei do mais amigável.

Enquanto lobos continuam à espreita nas imensidões remotas da América do Norte e da Eurásia, os cães preferem viver dentro de casa e fazer a maior quantidade possível de amigos humanos. Os laços entre pessoas e cachorros são antigos e inabaláveis, e novos estudos revelam que são mais profundos do que pensávamos.

Em 2014, pesquisadores da Universidade de Chicago publicaram descobertas na *PLOS Genetics* revelando que vários grupos de genes em cães e humanos, sobretudo os relacionados à digestão e a doenças, evoluíram lado a lado por milhares de anos — possível resultado do compartilhamento de seus ambientes. Conforme cães e pessoas desenvolviam uma dependência mútua, eles passaram a viver cada vez mais em ambientes cheios, levando a natureza — e, por fim, os próprios humanos — a selecionar cães mais amigáveis. Por terem vivido e evoluído juntos por tanto tempo — com frequência desenvolvendo hábitos semelhantes por alimentos pouco saudáveis —, cachorros e seres humanos compartilham doenças similares, como obesidade, epilepsia, câncer e até transtornos obsessivo-compulsivos.

Os cães foram tão importantes para o desenvolvimento humano que, conforme sugerido pelos pesquisadores-cientistas Brian Hare e Vanessa Woods no livro *Seu Cachorro é um Gênio*: "Nós não domesticamos os cães. Foram eles que nos domesticaram."[12]

ANIMAIS LEITORES

Aparentemente, alguns animais até possuem habilidades rudimentares de leitura. Há milênios sabemos que os cavalos são criaturas altamente inteligentes e adestráveis, capazes de aprender uma ampla quantidade de comandos e tarefas. Embora a história de Hans, o Esperto tenha eliminado por muitos anos a crença de que cavalos possuíam habilidades comunicativas, uma equipe de pesquisadores da Universidade Norueguesa de Ciências da Vida descobriu que cavalos podem ler símbolos e usá-los para comunicar um desejo — no caso, se eles queriam um cobertor. Publicado no periódico *Applied Animal Behaviour Science* [Ciência do Comportamento Animal Aplicado, em tradução livre] em 2016, o estudo envolveu a apresentação de três placas aos cavalos: uma totalmente branca, uma com uma barra preta horizontal em um fundo branco, e uma com uma barra vertical preta em um fundo branco. Após onze dias, os cavalos aprenderam a indicar uma preferência — que lhes colocassem um cobertor nas costas, que tirassem um que já estava lá ou deixassem as coisas como estavam — cutucando uma placa correspondente. Além disso, os pesquisadores descobriram que os cavalos ficavam visivelmente empolgados com suas novas habilidades de comunicação recém-descobertas, sugerindo que eram capazes de entender causa e efeito.

Descobriu-se que a capacidade de ver um símbolo e compreender o que ele significa é mais comum em várias espécies do que se pensava anteriormente. Em um estudo recente realizado no Zoológico Oakland, na Califórnia, uma elefanta de 34 anos chamada Donna conseguiu associar uma fotografia de uma banana com a fruta de verdade. Quando Donna percorria várias fotos e tocava a que continha sua comida favorita, ela sabia que agir assim faria com que ganhasse uma fartura de bananas. A capacidade de prever e planejar com antecedência é um sinal decisivo de inteligência, conforme observou Caitlin O'Connell-Rodwell, especialista em elefantes da Universidade de Stanford: "Se você consegue conceber um objeto em sua mente, significa que pode pensar nele e prevê-lo. Donna compreende que a foto da banana representa uma banana de verdade? 'Porque isso significa que ela consegue imaginá-la em sua mente'."[13]

PAPO DE FAZENDA

Animais domésticos que passam a vida em fazendas não se comunicam com menos habilidade. De fato, quando se trata de vacas, às vezes só se precisa de contato visual.

A ecofazenda de Kite é uma fazenda de orgânicos de 157 mil m² situada próximo a Cotsworlds, no centro-sul da Inglaterra, lar de colinas infindáveis e exuberantes, e vilarejos feitos de tijolos. Ao longo dos anos, a proprietária da fazenda, Rosamund Young, documentou as maneiras fascinantes pelas quais as vacas vivem e interagem. Em seu best-seller *The Secret Life of Cows* [A Vida Secreta das Vacas, em tradução livre], Young cita a história de uma vaca chamada Christmas Bonnet. Em um dia de inverno, Young trouxe à fazenda um grupo de touros jovens e suas mães, a fim de serem contabilizados em uma auditoria governamental. Isso quer dizer, como escreveu Young, que Christmas Bonnet foi deixada sozinha, "sem família e sem amigos *ipso facto*".[14] No dia seguinte, quando Young e sua mãe foram alimentar Christmas Bonnet, a vaca se limitou a encará-las. Conforme iam até o carro e voltavam, Christmas Bonnet, por sua vez, fixava os olhos em Young e na mãe dela. Ficou dolorosamente claro que ela não estava contente. Elas pediram desculpas a Christmas Bonnet e prometeram juntá-la à família o mais cedo possível. É claro que isso não foi o suficiente, porque, assim que elas saíram, Christmas Bonnet fugiu, transpondo sebes, portões e cercas para encontrar o caminho de volta para a família.

Outra espécie criada em fazendas, os porcos têm uma maneira complexa de se comunicarem entre si. Foram identificados mais de vinte guinchos, chiados e grunhidos para situações diferentes, de cortejar parceiros até expressar fome. Leitões recém-nascidos aprendem a seguir a voz das mães, e porcas mães cantam para os filhotes enquanto cuidam deles. Comprovado por um estudo na revista Royal Society Open Science [Ciência Aberta da Sociedade Real, em tradução livre], esses ruídos não são apenas sons inteligíveis: "O objetivo dessa pesquisa foi investigar quais fatores afetam as vocalizações nos porcos, a fim de que possamos entender melhor quais informações eles estão comunicando",[15] explicou o pesquisador-chefe. Após estudar 72 machos e fêmeas de porcos em várias situações de socialização, o estudo confirmou que os sons produzidos por porcos são específicos e reproduzíveis. Porcos usam "sinais acústicos de várias maneiras; mantendo contato com membros de outro grupo enquanto se alimentam, comunicando-se com os pais de outras proles ou indicando que estão estressados", explicou um pesquisador. "Os sons que eles produzem comunicam uma vasta gama de informações, como o estado emocional, motivacional e psicológico do animal. Por exemplo, guinchos são produzidos quando os porcos sentem medo, e podem, inclusive, alertar outros acerca da própria situação ou oferecer segurança."[16]

Vacas e porcos não são os únicos animais de fazenda com habilidades de comunicação altamente desenvolvidas. Analistas de comportamento animal do mundo todo sabem que galinhas são bichos curiosos e interessantes, cujas habilidades cognitivas, em alguns casos, são mais avançadas que as de gatos, cães e até de alguns primatas. Como todos os animais, as galinhas amam suas famílias e valorizam a própria vida. A natureza social delas significa que elas estão sempre procurando pelas famílias e por outras galinhas do grupo. Pessoas que passaram algum tempo com galinhas sabem que elas têm estruturas sociais complexas, habilidades exímias de comunicação e personalidades diferentes, assim como nós.

Quando em seu ambiente natural, galinhas estabelecem hierarquias sociais complexas, também conhecidas como ordens hierárquicas [ou, informalmente, "ordem das bicadas", na hora das refeições]. Cada galinha conhece seu lugar na escala social, lembrando-se das caras e posições de mais de cem outras aves. Galinhas possuem mais de 30 tipos de vocalizações para distinguir ameaças que se aproximam por terra ou pelo ar. Uma mãe galinha ensina alguns deles a seus pintinhos antes mesmo de eclodirem; enquanto cacareja baixinho ao chocar os ovos, seus filhotes piam para ela e uns para os outros de dentro das cascas.

FALATÓRIO SUBMARINO

Existe uma diferença entre entender comandos e conversar de verdade. Quando estudam inteligência animal, cientistas fazem uma distinção geral entre linguagem animal e comunicação animal. Mesmo que cães consigam processar elogios diferentes e até ajustar seus rosnados, isso não é considerado linguagem no sentido tradicional. As características emblemáticas da linguagem humana incluem a habilidade de associar sons arbitrários a palavras (por exemplo, não há nada semelhante a um bico na palavra *bico*) e a capacidade de comunicar ideias ou fatos no passado ou no futuro. Porém, nos últimos anos, cientistas começaram a repensar suas hipóteses sobre a incapacidade dos animais de falarem como nós.

Uma dessas cientistas é a especialista em mamíferos marinhos Denise Herzing, que há muitos anos tem estudado as capacidades cognitivas e linguísticas de golfinhos-pintados que vivem na costa das Bahamas. Cientistas sabem, há muito tempo, que golfinhos são inteligentes. Como os seres humanos, eles possuem certos parâmetros comuns de inteligência: têm a maior proporção cérebro/corpo de todos os mamíferos aquáticos; conseguem se reconhecer no espelho; e, em algumas partes do mundo, usam ferramentas para caçar. Animais altamente sociáveis, os golfinhos vivem em grupos que abrangem até 12 indivíduos. Eles também podem ser incrivelmente empáticos: quando um golfinho fica doente ou machucado, outros cuidam dele. Mas a equipe de Herzing estava mais focada em descobrir as complexidades da comunicação dos golfinhos, composta de cliques, sons semelhantes a assovios e sinais não verbais.

Herzing montou acampamento nas Bahamas, famosas por suas águas cristalinas que proporcionam vistas quase ilimitadas da vida marinha. Passando todos os verões, por mais de duas décadas, em um catamarã de 18 metros, Herzing e sua equipe monitoraram o mesmo grupo de golfinhos, ano após ano, para descobrir como eles se comunicavam. Em seu *TED talk* de 2013, ela descreveu essas criaturas como "especialistas natas em acústica. Eles produzem e ouvem sons dez vezes mais altos do que nós, mas também usam outros sinais de comunicação. Eles têm boa visão, portanto, utilizam posturas corporais para se comunicar. Eles têm paladar, não olfato. E têm tato".[17]

A pele dos golfinhos é tão sensível que eles conseguem, de fato, sentir ondas sonoras na água. Na verdade, "golfinhos podem tocar e fazer cócegas uns nos outros à distância", afirmou Herzing.

Assim como os humanos dão nomes a si mesmos, os golfinhos têm seus próprios chamados característicos: quando um deles assovia, o restante do grupo sabe quem está "falando". Mas a verdadeira beleza da comunicação dos golfinhos está além do alcance da audição humana. Esses animais também emitem assovios ultrassônicos, cliques e pios que seres humanos só conseguem perceber usando um equipamento especial. Herzing focou sons curtos e sistemáticos que, mesmo analisados com um espectrógrafo, eram extremamente parecidos com padrões humanos de linguagem. Para testar essa teoria, a equipe montou uma sofisticada interface de teclado bidimensional capaz de receber e transmitir as frequências dos golfinhos. O objetivo era verificar se eles conseguiam aprender a associar assovios artificiais a objetos.

Após observarem golfinhos brincando de bobinho — eles são animais extremamente brincalhões —, Herzing amarrou o teclado no barco e, com um equipamento de mergulho, levou alguns dos "brinquedos" favoritos dos golfinhos, inclusive corda e algas marinhas. Usando o teclado, a equipe associou os objetos a assovios variados. Em pouco tempo, os golfinhos aprenderam a pedir os objetos aos humanos emitindo assovios distintos. Além disso, quando os animais estavam com um desses brinquedos, Herzing podia tocar um assovio no teclado e pedir a eles que o dessem a ela — o que eles faziam de bom grado. Atualmente, Herzing trabalha com o Instituto de Tecnologia da Georgia para elaborar um teclado portátil, mais sofisticado, que no futuro lhe permitirá desvendar os mistérios da comunicação dos golfinhos.

Golfinhos Nunca Esquecem

Embora soubéssemos que a memória dos golfinhos é boa, até pouco tempo ninguém sabia até que ponto. Descobriu-se que ela é muito boa. Um estudo recente publicado no periódico *Proceedings of the Royal Society B* [Protocolos da Sociedade Real B, em tradução livre] relatou que golfinhos podem, de fato, reconhecer os assovios de outros que ficaram 20 anos sem encontrar. Na verdade, pesquisadores da Universidade de Chicago descobriram que golfinhos eram capazes de reconhecer o assovio de um companheiro que haviam visto duas décadas atrás com a mesma facilidade com que reconheciam um amigo que tinham visto pela última vez há seis meses. "Isso nos mostra um animal operando, em termos de cognição, em um nível muito condizente com a memória social dos humanos",[18] explicou o pesquisador-chefe, Jason Bruck.

No ar, ondas sonoras viajam a mais ou menos 340m/s. Na água, elas podem se mover até cinco vezes mais rápido, dependendo da temperatura e da pressão do oceano; elas viajam como ondulações, desacelerando à medida que se aprofundam mais até chegarem à camada termoclina — profundidade em que a temperatura do oceano para de diminuir. Aqui, as ondas sonoras ricocheteiam rumo à superfície, aceleram e podem viajar por milhares de quilômetros. Isso significa que criaturas marinhas especialmente barulhentas podem se comunicar por longas distâncias — mesmo por oceanos inteiros.

Atingindo quase 30 metros de comprimento e pesando 170 toneladas, as baleias-azuis são os maiores animais que já existiram na Terra. Só os corações delas pesam 200 quilos. Compridas, esguias, e sem nenhum predador natural, baleias-azuis vagueiam graciosamente pelas profundezas e são encontradas em todos os oceanos. Apesar do tamanho, sua dieta consiste em algumas das menores criaturas da Terra: usando as barbas de baleia, um sistema de alimentação por filtragem, elas inalam pequenos crustáceos, predominantemente krills. Uma única baleia-azul pode comer até 40 milhões de krills, equivalente a 3 mil quilos, em um só dia. Essas baleias, que no passado eram abundantes nos oceanos da Terra, foram caçadas por baleeiros até serem quase extintas. Seus números se recuperaram após receberem proteção da Comissão Internacional Baleeira em 1966, embora ainda sejam consideradas ameaçadas hoje.

Durante o auge da Guerra Fria, a Marinha dos Estados Unidos usou hidrofones para procurar submarinos nucleares soviéticos no norte do Oceano Pacífico. Entre as principais fontes de interferência estavam as baleias-azuis, que pareciam chamar umas às outras por meio de faixas impressionantes de água. Estudos mostraram que baleias de todas as espécies usam sons por vários motivos, incluindo para se orientar e descobrir comida, mas mesmo baleias de vários metros podem perder o rastro umas das outras nas profundezas do oceano. Com suas vozes estrondosas, baleias-azuis emitem sons tão baixos quanto 14Hz — muito abaixo do limite inferior da audição humana — e tão altos quanto 180 decibéis, tornando-as os seres mais barulhentos, quando não indetectáveis, do planeta. Sob condições marítimas adequadas, os cantos e os estalidos assustadores da baleia-azul podem viajar por milhares de quilômetros, assegurando que uma mãe e seu bebê nunca se separem de fato, mesmo a um oceano de distância.

Parentes próximas das baleias-azuis, as baleias-corcundas são menores — em geral, com cerca de 14 metros de comprimento e 39 toneladas —, com um corpo atarracado e, como o nome sugere, uma corcunda característica. Essas baleias são populares entre observadores de baleias, já que costumam subir à superfície do oceano e pular para fora da água, fenômeno conhecido como salto. Tanto os machos quanto as fêmeas vocalizam, mas os machos são famosos por produzirem canções maravilhosamente complexas. Baleias não têm cordas vocais, mas podem fazer chamados usando uma estrutura semelhante a uma laringe em suas gargantas. Por não precisarem expirar, elas podem cantar sem parar por horas a fio. Cientistas não sabem ao certo por que os machos cantam, mas essas canções — "provavelmente as mais complexas no reino animal",[19] de acordo com o biólogo marinho Phillip Clapham — geralmente ocorrem durante a época de acasalamento, portanto, é provável que se destinem a atrair uma parceira.

"Nunca tinha ouvido nada parecido", diz Katy Payne, pesquisadora de biologia acústica no Laboratório de Ornitologia de Cornell, em relação à primeira vez em que ouviu um canto de baleia. Junto com seu marido, Roger, ela foi uma das primeiras cientistas a estudá-los. "Ah, meu Deus, lágrimas escorriam por nossos rostos. Estávamos totalmente hipnotizados e boquiabertos, porque os sons eram tão lindos, tão poderosos — tão variados. Eles eram, como soubemos mais tarde, os sons de apenas um animal. *Apenas um* animal."[20]

Os cantos das baleias-corcundas são tão complexos que é preciso um músico experiente para apreciá-los integralmente. Após elaborar representações visuais das canções, chamadas espectrogramas, Payne pôde distinguir com facilidade os padrões — os sinais típicos das melodias e harmonias. Os cantos variam de acordo com a região, com as baleias-corcundas do Atlântico Norte cantando uma canção e as baleias do Pacífico Norte cantarolando outra. Porém, com o passar dos anos, cada baleia muda sutilmente as canções — uma inflexão aqui, um tom diferente ali, uma coda nova — até se tornarem absolutamente únicas. Uma baleia que Payne estudou evoluiu seu canto de seis elementos para 14, em apenas dois anos. "Não sabemos", respondeu Payne ao ser questionada sobre o motivo dos machos cantarem. "Pergunte à baleia."

Sapos Falantes

No que diz respeito a seres que vivem entre a água e a terra, talvez a primeira imagem que a expressão "sapos falantes" evoque seja o famoso comercial da Budweiser, exibido por ocasião do Super Bowl de 1995, com três bonecos-sapos cervejeiros chamados Bud, Weis e Er. Na realidade, sapos e rãs geram uma rica variedade de chamados e cantos durante seus rituais de acasalamento. O macho, que geralmente é aquele que chama, mostra sua disponibilidade à parceira com qualquer combinação de assovios, pios, coaxos, grasnados, cacarejos, piados, latidos ou grunhidos, dependendo da espécie. A rã-touro-americana, por exemplo, emite um zumbido ou berro muito alto e grave. A pererreca-do-pacífico prefere o "coach, coach", mais clássico. Esses "chamados de propaganda" têm vários propósitos para os machos, incluindo demarcar território, afastar os rivais e, por fim, atrair as fêmeas.

A rã-de-corredeira, um anfíbio minúsculo encontrado nos estados brasileiros do Rio de Janeiro e São Paulo, tem uma forma excepcionalmente complexa de comunicação que usa sinalizações táteis, vocais e visuais. De guinchos a abanos de cabeça e acenos com a pata, essa espécie faz o que for preciso para ser vista, ouvida e percebida. Em um estudo, pesquisadores descobriram que os machos fazem chamados durante todos os meses do ano — curiosamente, menos em outubro — e chegam até a executar uma rotina bizarra de dança *break*, com padrões em forma de oito semelhantes aos de uma cobra, abanos de cabeça e tremor de pés. Sua playlist vocal inclui pios e guinchos, e com frequência eles compartilham sinais táteis especiais com suas parceiras — a versão dos sapos de um aperto de mão secreto. No entanto, a rã-de-corredeira não reserva esses movimentos apenas para as fêmeas. Às vezes ela dirige essa coreografia a predadores que se aproximam, talvez para afugentá-los ou alertar outros sapos sobre o perigo.

SINAIS DE PRIMATAS

A expressão "comunicação de primatas" evoca o filme *Planeta dos Macacos*, de 1968, em que uma tripulação de astronautas humanos, após uma aterrissagem forçada em um planeta estranho, se vê em confronto com uma sociedade de primatas altamente evoluída que fala inglês com perfeição. Porém, os primatas que conhecemos não possuem os pré-requisitos anatômicos para a linguagem verbal, como músculos laríngeos fortes e cordas vocais flexíveis. Mas a incapacidade de falar como seres humanos não quer dizer que macacos não sabem se comunicar.

O primeiro indício de que certas espécies de macacos eram mais semelhantes a humanos do que se pensava inicialmente veio da Tanzânia, em 1960, quando a famosa primatologista Jane Goodall observou um chimpanzé agachado ao lado de um cupinzeiro. Sem saber o que ele estava fazendo, Goodall foi se aproximando até ver que o animal estava cutucando o cupinzeiro com uma folha de grama para pegar os cupins. Mais tarde, Goodall observou chimpanzés tirando folhas de gravetos e usando-os para capturar formigas. Esses momentos foram impactantes. Anteriormente, cientistas acreditavam que apenas seres humanos possuíam a habilidade de fazer e usar as próprias ferramentas. Essa crença foi resumida pelo antropólogo Kenneth Oakley, que explicou, em 1949, que "A definição mais satisfatória de homem, do ponto de vista científico, provavelmente seja a de 'fabricante de ferramentas'".[21] Mas quando Goodall mandou suas descobertas por telegrama para o renomado paleoantropólogo queniano Louis Leakey, ele enviou a famosa resposta: "Agora precisamos redefinir ferramenta, redefinir Homem ou aceitar que chimpanzés são humanos. Ou então, como sugeriu o biólogo e autor Jared Diamond, talvez tenhamos que considerar o ser humano o "terceiro chimpanzé."

Não é provável que a ciência seja tão respeitosa a ponto de reclassificar chimpanzés como humanos, mas suas mentes funcionam de um jeito notadamente parecido com a nossa. Em 2012, uma equipe internacional de pesquisadores confirmou que bonobos, chimpanzés de pelo escuro nativos das florestas tropicais da República Democrática do Congo, são os parentes vivos mais próximos dos seres humanos, compartilhando cerca de 99% de nosso DNA. Humanos e chimpanzés descendem de um único ancestral que viveu entre seis e sete milhões de anos atrás.

Como Diamond explica em sua clássica obra *O Terceiro Chimpanzé*, chimpanzés são mais próximos dos seres humanos do que de outros macacos. Na verdade, eles são mais próximos dos humanos do que a juruviara de olhos vermelhos é da de olhos brancos, mesmo sendo da mesma espécie.

Desde as considerações de Goodall, chimpanzés foram observados, várias vezes, demonstrando comportamentos semelhantes aos de humanos, como comunidades no Congo que viajam com dois gravetos parecidos com ferramentas, um para escavar formigueiros e outro para pegar formigas. No Gabão, chimpanzés foram vistos caçando com um conjunto de ferramentas extraordinariamente elaboradas para colher mel, que inclui um pilão para abrir uma colmeia, um perfurador para abrir o favo de mel, um ampliador, um coletor para extrair mel e pedaços de casca de árvore para armazená-lo. Ao todo, afirma o primatologista Frans de Waal, chimpanzés "usam entre 15 e 25 ferramentas diferentes por comunidade, e as ferramentas exatas variam de acordo com circunstâncias culturais e ambientais".[22]

Chimpanzés: Mais Espertos que Caçadores

Chimpanzés têm uma inteligência aguçada e habilidades cognitivas desenvolvidas — tanto que cientistas que observavam chimpanzés selvagens na Guiné os avistaram ativando, intencionalmente, armadilhas feitas para pegá-los e matá-los (e qualquer outro animal que passasse) — ao mesmo tempo em que evitavam se ferir. Ferimentos de armadilhas em chimpanzés são comuns na África, de leste a oeste. Mas eles estão cada vez mais espertos em evitá-las e até ativá-las intencionalmente. Pesquisadores acreditam que essa habilidade salvadora de vidas tenha sido transmitida de geração a geração.

Nos anos de 1970, um psicólogo da Universidade de Columbia chamado Herbert Terrace quis saber se os chimpanzés eram capazes de aprender a se comunicar como crianças pequenas. Mesmo que não tenham a habilidade de vocalizar palavras, chimpanzés possuem mãos e dedos extremamente ágeis. (Um estudo recente publicado na revista *Nature Communications* [Comunicações da Natureza, em tradução livre] revelou que mãos humanas são, na verdade, mais primitivas que as dos chimpanzés, que são mais flexíveis e os tornam aptos a subir em árvores com facilidade.) Terrace se perguntou: e se pudéssemos falar com os chimpanzés usando linguagem de sinais? Em um experimento que suscitou questões éticas significativas, Terrace levou um filhote de chimpanzé chamado Nim Chimpsky (uma brincadeira com o famoso linguista Noam Chomsky) para viver com uma família humana em um sobrado na cidade de Nova York. Se Nim crescesse com uma família humana como uma criança humana, raciocinou Terrace, talvez conseguisse aprender a entender o inglês e se comunicar na linguagem de sinais. Por motivos mais que óbvios, o experimento foi uma confusão total: chimpanzés estão habituados a viver em florestas exuberantes, úmidas, não em casas abafadas. Nim conseguiu aprender cerca de 125 sinais, mas muitos especialistas argumentaram que ele estava apenas reagindo à linguagem corporal de seus adestradores humanos, de modo bem semelhante a Hans, o Esperto, anteriormente no mesmo século. "Não havia espontaneidade alguma, nenhum uso real de gramática",[23] admitiu o Dr. Terrace.

Outros estudos se seguiram, alguns extremamente antiéticos. Um experimento que começou no fim dos anos de 1960 envolveu uma chimpanzé fêmea chamada Washoe, que havia sido capturada, quando filhote, pela Força Aérea dos EUA em seu lar na África Ocidental, a fim de ser treinada como astronauta. Por fim, ela rumou para a Universidade de Nevada, em Reno, onde foi incluída em uma pesquisa de aprendizado de linguagem de sinais. Como Nim, Washoe foi criada como uma criança humana, com um lugar à mesa de jantar, quarto próprio, uma cama, roupas e escova de dentes. Washoe aprendeu 350 palavras em linguagem de sinais e chegou a ensinar sinais a seu filho adotivo, Loulis. Então, durante os anos de 1970 e 1980, cientistas ensinaram mais de mil sinais a uma gorila-ocidental-das-terras-baixas chamada Koko, e ela conseguia compreender mais de 2 mil palavras em inglês. Koko ficou famosa, conheceu muitas celebridades (de Robin Williams a Betty White) e, por fim, morreu em uma reserva para gorilas na Califórnia.

Nos últimos anos, primatologistas ensinaram um bonobo de meia-idade chamado Kanzi, que morava no santuário Great Ape

Trust [Iniciativa pelos Grandes Primatas, em tradução livre] em Des Moines, Iowa, a se comunicar usando um teclado especial contendo cerca de 400 símbolos visuais chamados lexigramas. Os cientistas obtiveram a resposta: com treinamento, primatas conseguiam, de fato, aprender habilidades rudimentares de comunicação. Mas a que custo? Nossos primos macacos não foram feitos para serem tirados de suas amadas mães e criados em apartamentos, laboratórios de pesquisa ou zoológicos. Eles não foram feitos para dormir em camas com lençóis e aprender a lavar pratos. Se temos interesse em como nossos parentes animais mais próximos se comunicam entre si, por que raptá-los de seus habitats naturais? Pesquisadores atuais têm optado, cada vez mais, por conduzir estudos passivos envolvendo observações de primatas em seu habitat natural, bem-parecido com o que Jane Goodall iniciou décadas atrás. Em 2011, a revista *Animal Cognition* [Cognição Animal, em tradução livre] publicou os resultados de um estudo exaustivo de pesquisadores da Universidade de St. Andrews que passaram 266 dias observando e filmando chimpanzés que viviam em uma reserva natural em Uganda. Após catalogarem centenas de horas de filmagens, a equipe de pesquisadores descobriu que chimpanzés usam pelo menos 30 gestos diferentes de comunicação. "Acreditamos que no passado as pessoas viam apenas partes disso, porque, quando se estuda um animal em cativeiro, não se percebe o comportamento dele por inteiro",[24] disse a pesquisadora-chefe, a Dra. Catherine Hobaiter, à *BBC News*. A equipe descobriu, por exemplo, que uma mãe estenderá o braço esquerdo quando desejar que o filhote suba em suas costas. "Ela poderia se limitar a pegar a cria, mas não faz isso", disse a Dra. Hobaiter. "Ela estende o braço e mantém o gesto, enquanto espera por uma resposta." Os pesquisadores documentaram mais de 5 mil trocas entre os chimpanzés.

SINFONIA NO CÉU

Podemos ouvir algumas formas de comunicação animal todos os dias. Seja fazendo uma trilha pela natureza, caminhando na praia ou descendo a Quinta Avenida, em Nova York, é provável que você fique cercado pelo canto dos pássaros. De guinchos, grasnados e gorjeios a trinados, estalos e crocitos, as aves se comunicam entre si de maneiras inexplicáveis. Nem todas usam as vozes. O galo silvestre, por exemplo, bate as asas com força para criar um vácuo, e o som da corrente de ar gera um zunido grave característico, perceptível a meio quilômetro de distância. O macho da narceja-americana tem penas especiais na cauda que geram um barulho de vento conforme ele mergulha em direção ao solo — tática usada para cortejar as fêmeas. Algumas comunicações entre aves sequer causam ruído. O pavão recorre à sua plumagem exuberante para atrair as fêmeas, afastar pretendentes rivais e afugentar predadores. Os machos podem, quase literalmente, fazer vibrar a cabeça das fêmeas. Quando um pavão abana a parte posterior para uma parceira em potencial, suas penas magníficas emitem um barulho de alta frequência que faz a crista da cabeça da fêmea vibrar com intensidade.

Os cantos de aves que ouvimos todos os dias têm mais que beleza. Eles possuem um propósito prático. As aves usam as vozes para chamar parceiros, encontrar o bando, marcar território, assustar invasores, alertar outros sobre predadores, e inúmeras outras funções. A título de exemplo, pesquisadores do Japão e da Suíça descobriram recentemente que melharucos japoneses, pássaros pequenos com cabeça e pescoço rajados de preto e bochechas brancas salientes, usam a sintaxe ao cantar, exatamente como humanos ao falar. A sintaxe é fundamental à linguagem. Por exemplo, se você diz "Eu adoro esse restaurante", a mensagem é clara. Mas nem mesmo o Mestre Yoda, de Star Wars, conseguiria entender "Restaurante adoro eu esse". Até pouco tempo atrás, cientistas acreditavam que apenas humanos conseguiam organizar tais vocalizações. Descobriu-se que o melharuco japonês é o primeiro animal além do ser humano (até onde sabemos) capaz de usar sintaxe fonológica — a habilidade de combinar sons que, sozinhos, não têm nenhum significado em um som coletivo que tenha. Para instruir outros membros do bando a rastrear predadores ou atrair um parceiro, um melharuco precisa entoar notas distintas na ordem correta — se elas forem cantadas de um jeito diferente, revelou o estudo, outros pássaros não reagirão.

Alguns pássaros evoluíram e passaram a usar seus cantos para se comunicarem com seres humanos. Na Reserva Nacional de Niassa, em Moçambique, o indicador-grande, que faz jus ao nome, fica atento quando um ser humano faz o chamado *"Brrrrrrhmmm"*. A pequena ave marrom, pesando cerca de 47 gramas, voa rápido em direção à pessoa e, então, a guia até a colmeia mais próxima. Uma vez lá, eles dividem a recompensa. Os humanos ficam com o mel. Os guias, com a cera. Essa relação humano-pássaro perdurou durante muitos milhares de anos. As aves não precisam ser treinadas. Desde o nascimento, elas sabem por instinto como trabalhar com humanos. Na verdade, esses guias chegam até a "recrutar ativamente os parceiros humanos adequados",[25] observaram pesquisadores em um estudo de 2016 pela Universidade de Cambridge, usando um canto característico para chamar atenção.

Cantando pela Cidade

Ninguém em particular fica surpreso, mas estudos não cansam de mostrar que centros urbanos estão ficando cada vez mais barulhentos — São Francisco, por exemplo, ganhou em média seis decibéis desde os anos de 1970. O ruído antropogênico — ou seja, causado por humanos — vem do trânsito, de alarmes de carros, construções, sirenes e outros sons que tendemos a ignorar. Mas os pássaros não podem. Eles dependem de seus cantos para atrair parceiros e defender o território. Se não conseguem se fazer ouvir, não vivem. Logo, eles se adaptam. Em áreas urbanas, aves começaram a cantar em registros mais agudos, o que faz com que sejam ouvidos em meio à barulheira de caminhões, britadeiras e sirenes.

No entanto, essa situação tem um lado negativo. "É possível dizer muita coisa sobre um pássaro pela maneira como ele canta, se está tentando atrair um parceiro ou defender seu território", explica David Luther, biólogo da Universidade George Mason. "Por ser fisicamente difícil para os pássaros produzirem muitos sons, é possível obter informações sobre a saúde deles com base no canto."[26] Em um artigo recente, Luther revelou que o canto dos pássaros é, de fato, mais alto e mais estridente nas cidades, mas eles danificam a própria voz. Consequentemente, aves rivais e predadores podem captar a voz vacilante e tirar proveito disso.

No início de setembro de 2007, a psicóloga da Universidade de Harvard, Irene Pepperberg, deu boa noite a um papagaio-cinzento africano chamado Alex.

"Fique bem", respondeu Alex, como sempre. "Eu te amo. Até amanhã." As palavras não eram nenhuma novidade — papagaios-cinzentos são conhecidos pelas habilidades de imitar a fala humana — mas, infelizmente, foram as últimas de Alex. Pepperberg o encontrou morto na manhã seguinte. Ele tinha 31 anos. Pepperberg ficou desolada, não somente por ter perdido um amigo querido, mas porque Alex estava basicamente reformulando a compreensão humana da cognição animal até o dia de sua morte.

Em 1977, quando Pepperberg era estudante de doutorado na Universidade de Harvard, ela avistou Alex em uma loja de animais local. Após comprá-lo por impulso, ela começou a lhe ensinar palavras básicas de uma criança de um ano de idade, as quais ele repetia alegremente. Mas logo ela se perguntou se era possível que Alex conseguisse *entender* o significado dos termos que estava repetindo. Pepperberg elaborou uma série de estudos para testar as habilidades de comunicação e resolução de problemas de Alex. O vocabulário do papagaio-cinzento africano logo aumentou para 150 palavras, muitas das quais ele conseguia separar por categorias de cor, quantidade e tamanho. Em pouco tempo, Alex foi capaz de fazer contas básicas de adição com biscoitos e jujubas, e ordenar corretamente os números de um a oito usando ímãs de geladeira. Ainda que se lembrar de palavras não seja incomum, Alex de fato conseguia identificar oralmente os objetos, diferenciar cores e formas e compreender os conceitos de "maior", "menor", "diferente", e muitos outros termos comparativos. Ele podia informar de que cor era o papel, qual o seu formato e até o material do qual era feito. Ao se olhar no espelho, Alex chegou a perguntar "De que cor?", e aprendeu a palavra "cinza" para se descrever. O dom de Alex para a linguagem básica fascinou os cientistas, muitos dos quais se perguntaram se os animais que vivem soltos na natureza — seus lares — exibem habilidades semelhantes.

Primatas com Penas

Papagaios são tão criativos que cientistas, com frequência, os chamam de "primatas com penas". Por exemplo, as cacatuas de Goffin — papagaios endêmicos em florestas exuberantes da Indonésia — são algumas das mais hábeis fabricantes de ferramentas no mundo. Por exemplo, um estudo revelou que, quando se deparam com uma fonte de comida difícil de alcançar, cacatuas rasgarão papelões em pedaços longos para usar como ferramenta. Cacatuas e outros papagaios também são conhecidos por cortar anilhas, suportes de satélites e outros dispositivos de rastreamento amarrados a suas pernas.

Papagaios são famosos por imitar a voz humana, mas suas habilidades de comunicação não acabam aí. Pesquisadores que estudam o papagaio-de-nuca-amarela — papagaios verdes brincalhões encontrados na costa do Pacífico, do sul do México até a Costa Rica — descobriram que eles se comunicam entre si em dialetos distintos que permanecem os mesmos durante décadas. Como os seres humanos, papagaios jovens que se deslocam são mais propensos a aprender dialetos do novo lar, enquanto os reassentados mais velhos preferem se unir e evitam falar um idioma novo.

ANALISANDO A LINGUAGEM DO REINO ANIMAL

De assovios ultrassônicos a latidos e cantos de baleia assustadores a mais de um quilômetro de distância sob as águas, o reino animal está em contato constante com os outros. Todas essas formas de comunicação — de basenjis cantarolando a coalas gritando, de corujas-das-torres guinchando a cervos emitindo sons de corneta — têm um propósito. Uma pesquisa recente revelou que grunhidos, pios, estalidos, guinchos e urros, aparentemente aleatórios, com frequência significam muito mais que "Sou macho! Venha acasalar!" ou "Sou um predador! Prepare-se para ser comido!". Usando cálculos complexos, cientistas do Instituto Nacional de Síntese Matemática e Biológica demonstraram que mesmo o guincho mais arbitrário tem muito mais matizes e propósitos do que inicialmente se pensava.

Conforme o estudo revelou, não importa o quanto as vocalizações pareçam simples, muitos animais têm a habilidade de comunicar pensamentos complexos.

O mimídeo, por exemplo, consegue imitar mais de 100 sons diferentes e combiná-los em uma sequência complexa. E, mesmo que o damão-do-cabo, um animal atarracado e peludo encontrado na África subsaariana, possua apenas cinco elementos vocais discretos, ele também pode juntar sequências longas para comunicar ideias elaboradas. Após registrar vocalizações de morcegos de cauda livre, chickadees da Carolina, manons, orcas, baleias-piloto, damões-do-cabo e orangotangos, a equipe de pesquisadores dividiu cada ruído animal em notas musicais distintas, como Lá bemol, Si bemol, Dó sustenido, e assim por diante. No início, a expectativa dos cientistas era de que os sons dos animais fossem simplistas e aleatórios. Descobriu-se que eles mais se assemelhavam a padrões de fala humanos, e os dos chickadees, dos manons e das baleias eram especialmente complexos. O que para nós soa como barulho pode ser uma linguagem infinitamente elaborada que não aprendemos a decifrar. Simples assim.

Muitos sons animais que ouvimos podem ser diálogos — aspecto que, no passado, acreditou-se, equivocadamente, ser apenas próprio dos humanos. O tordo-americano pode emitir um "tic-tic" agudo ao avistar um gato por perto ou uma nota sutil "piiii" ao espreitar um gavião, mas esses chamados servem para alertar o bando sobre uma possível ameaça, não para começar a conversar com outro tordo-americano. Até pouco tempo atrás, cientistas acreditavam que o modelo "falar para" em vez de "falar com" era a dimensão total da comunicação animal. Porém, um estudo de 2018 publicado no periódico *Philosophical Transactions of the Royal Society B: Biological Sciences* [Operações Filosóficas da Sociedade Real B: Ciências Biológicas, em tradução livre] sugere que os animais mantêm diálogos. Entre seres humanos, geralmente, há um intervalo de 200 milissegundos entre turnos em uma conversa — esse é o tempo que o cérebro leva para reconhecer que a outra pessoa parou de falar, preparar um pensamento e responder. Os pesquisadores descobriram que os animais também têm turnos de fala. Em geral, pássaros canoros esperam até

50 milissegundos para responder durante uma conversa, enquanto o cachalote, mais comedido, contém os pensamentos por 2 segundos inteiros antes de responder. E, assim como as pessoas consideram rude interromper alguém, os animais também têm maneiras para lidar com o comportamento grosseiro. Os pesquisadores descobriram que certas espécies, a saber, chapins-de-cabeça-preta e estorninhos-comuns, praticam a "prevenção de sobreposições" ao conversar — um jeito elegante de dizer que eles aguardam educadamente a própria vez de falar. "Se ocorria sobreposição", escreveram os cientistas, "os pássaros ficavam em silêncio ou voavam para longe, sugerindo que a sobreposição talvez seja considerada, entre essa espécie, uma violação das regras socialmente aceitas da troca de turnos".[27]

Guepardos que Piam

Um dos predadores mais ferozes do planeta, tirando o ser humano, o guepardo pode acelerar de 0 a 72km/h em menos de 3 segundos e atingir uma velocidade máxima de quase 110km/h. Os guepardos avançam 7 metros em um único passo, usando suas pernas longas e musculosas e garras semirretráteis para tração. Tudo em um guepardo foi feito para a velocidade, de seu corpo esbelto e aerodinâmico ao coração grande, narinas enormes e pulmões que maximizam a absorção de oxigênio. Por conta de sua ferocidade, talvez você espere que cada parte do rugido de um guepardo seja tão aterrorizante quanto sua velocidade espantosa.

Na verdade, guepardos não rugem. Felinos grandes como leões, tigres, leopardos e jaguares possuem ossos hioides de duas partes na garganta que lhes permitem abrir muito a boca e soltar um rugido feroz. Mas os guepardos — e também pumas, leopardos-das-neves e leopardos-nebulosos — possuem um osso hioide de apenas uma parte. Em vez de rugir, eles produzem um lamento nasalizado e agudo frequentemente descrito como um pio. Geralmente usado para expressar empolgação, como quando em volta de uma presa abatida, o piado também é utilizado pelas mães em busca de suas crias. E, mesmo que um pio possa não ser tão temível quanto um rugido, ele é prático: um estudo revelou que ele pode ser ouvido de até quase dois quilômetros de distância.

Talvez os animais não sejam capazes de conversar de um modo que seja familiar ou compreensível para os seres humanos, e talvez não possam escrever poemas e romances, porém, se você parar por alguns minutos e sair um pouco — não importa se estiver nos Himalaias, ao lado de um lago calmo, em um parque da cidade ou apenas em seu quintal —, poderá ouvir várias linguagens belas, eficazes e misteriosas. De cantos de pássaros a assovios de golfinhos e corais persistentes de cigarras ao entardecer, a linguagem do reino animal é a trilha sonora da própria vida.

As Complexidades do Amor

Para mim, é impossível negar a evidência de que os animais têm emoções, e isso tem amplo respaldo de nosso conhecimento atual sobre comportamento animal, neurobiologia e biologia evolutiva.

— Marc Bekoff, professor emérito de ecologia e biologia evolutiva na Universidade do Colorado

No Congo, a palavra *wounda* significa "prestes a morrer". Wounda foi o nome dado a uma chimpanzé extremamente magra levada ao Centro de Reabilitação de Chimpanzés de Tchimpounga do Jane Goodall Institute (JGI), na República do Congo. Os pais de Wounda haviam sido mortos por caçadores ilegais. Entregue à própria sorte, ela sucumbiu à doença antes que socorristas a avistassem. Conforme Goodall afirmou mais tarde: "Quando vi as fotos de Wounda... Não consegui entender como era possível que tivesse sobrevivido."[28] Após receber a primeira transfusão de sangue feita de chimpanzé para chimpanzé na África, Wounda passou a tomar um litro de leite toda manhã conforme recuperava lentamente o peso. Foram necessários dois anos de dedicação da equipe do JGI para reabilitá-la, ao mesmo tempo que eles cuidavam de dezenas de outros chimpanzés resgatados de situações similares.

Finalmente, no dia 20 de junho de 2013, chegara o momento: Wounda estava pronta para ser libertada em um imenso santuário animal na Ilha Tchindzoulou, nos arredores do Rio Kouilou. Após um trajeto de barco de 20 minutos, Wounda e seus cuidadores chegaram à ilha intocada, lar de uma crescente população de chimpanzés resgatados que vivem em paz e livres de perigo. Depois de chegarem a uma clareira verde exuberante, voluntários abriram a caixa de transporte de Wounda e ela saiu para assimilar a beleza de seu novo lar. Ela, porém, voltou para dar adeus aos humanos que cuidaram dela até que recuperasse a saúde. Ela deu um salto gracioso sobre a caixa, olhou fixamente para Goodall e a abraçou. Em um vídeo que viralizou e foi visto por milhões no mundo todo, Wounda, por vários minutos, abraçou amorosamente a mulher que salvara sua vida antes de, por fim, correr para a mata.

Uma pergunta simples atormentou cientistas durante anos: os animais amam? Qualquer espectador comum do YouTube talvez responda "Com certeza". De vídeos de cães eufóricos reencontrando-se com soldados voltando da guerra a amizades entre cachorros e patos, certamente *parece* que os animais são capazes de amar. Até Charles Darwin foi perseguido por essa pergunta, publicando, em 1872, *A Expressão das Emoções no Homem e nos Animais*. Conforme destacado anteriormente, Darwin acreditava que a inteligência animal podia ser colocada em um espectro, com animais "primitivos", como vermes, no início e animais "complexos", como humanos e primatas, no fim. Próximo ao fim da vida, Darwin desenvolveu fascinação pela vida emocional dos animais, escrevendo que eles vivenciam "ansiedade, tristeza, desânimo, desespero, alegria, amor, 'sentimentos de ternura', devoção, mau humor, aborrecimento, determinação, ódio, raiva, desdém, desprezo, asco, culpa, orgulho, desamparo, paciência, surpresa, admiração, medo, horror, vergonha, timidez e modéstia".[29]

Posteriormente, Darwin reduziu sua lista de emoções "básicas" próprias a todos os animais para raiva, felicidade, tristeza, asco, medo e surpresa. Ele baseou essa conclusão em observações informais. "No passado eu tive um cachorro enorme que, como todos os outros cães, gostava muito de sair para passear", escreveu ele em *A Expressão das Emoções no Homem e nos Animais*. "Ele demonstrava sua alegria marchando solenemente à minha frente com passadas altas, cabeça erguida, orelhas quase eretas e cauda voltada para cima, mas com leveza." Darwin estava descrevendo a alegria que todo mundo que tem cachorro já testemunhou. O naturalista escreveu que, quando interrompia o passeio, "todos os membros da família reconheciam a expressão de desânimo do cachorro... a cabeça baixa, O animal ficava muito cabisbaixo, o corpo meio que encolhido e imóvel".

Mas Darwin teve mais problemas para identificar o amor entre os animais — principalmente porque, assim como muitos poetas, músicos e filósofos antes e depois dele, tinha dificuldade para defini-lo. "Com os animais inferiores, vemos o mesmo princípio de prazer proveniente do contato com o amor", propôs Darwin. "Cães e gatos têm prazer explícito em se esfregar em seus donos e em serem alisados ou acariciados por eles."

Mesmo que ninguém tenha dúvidas sobre o prazer que um cão sente quando alguém passa a mão em sua barriga, ou do que um gato sente quando uma pessoa coça a cabeça dele do jeito certo, os animais, assim como seres humanos, vivenciam o amor de formas muito complexas. Alguns animais possuem um único parceiro romântico ao longo da vida; outros têm centenas, ou mesmo milhares. Mais de 90% das espécies de aves são monogâmicas, inclusive pombos e gansos, enquanto chimpanzés (e muitos outros mamíferos, por sinal) são notavelmente promíscuos.

Animais são tão capazes de estabelecer laços profundos e sólidos quanto nós. Esse amor pode ser muito parecido com o amor humano, e pode ser muito diferente também. De William Shakespeare a Taylor Swift, humanos têm lutado para descrever a emoção mais poderosa da mente. Alguns a expressam cantando-a aos quatro ventos ou enchendo o ser amado de beijos; outros preferem manter seus sentimentos verdadeiros em um diário trancado a sete chaves, longe do mundo. Os animais também expressam amor de maneiras estranhas e bonitas. Mesmo assim, nunca podemos esperar provar enfaticamente por que e como os animais amam, ou mesmo ter a esperança de comparar essas expressões com as dos humanos. O melhor que temos a fazer é enaltecer os modos reais, familiares e exóticos com que os animais dizem "Eu te amo".

O Pior Encontro de Todos

Todo mundo tem uma história de pior encontro para contar. Porém, independentemente do quanto foi ruim a escolha do restaurante ou o perfume de seu acompanhante, pelo menos não é provável que você tenha tido medo de ficar sem a cabeça.

As fêmeas de louva-a-deus atraem os machos com feromônios, estimulando-os a fazer uma dança de acasalamento. Se os movimentos dele a impressionarem, a fêmea, muito maior, consente em acasalar. Porém, se o macho erra um passo e sua parceira em potencial não fica interessada, ela arranca sua cabeça fora com uma mordida e devora o cadáver. Estudos demonstram que fêmeas de louva-a-deus exibem esse canibalismo sexual em 13% a 28% dos encontros durante a temporada de reprodução. Algumas fêmeas desonestas chegam a esperar após o cruzamento para comer o parceiro.

Na próxima vez em que um encontro pelo Tinder não sair conforme o planejado, lembre-se de que, ainda que o amor possa partir seu coração, se você for um louva-a--deus ele pode, literalmente, fazer você perder a cabeça.

ESCOLHENDO UM PARCEIRO

Assim como para os seres humanos, o sexo, para os animais, também é apenas uma pequena parte do que constitui escolher um parceiro. Inúmeras espécies fazem profundas reflexões ao escolher um companheiro. Considere, por exemplo, as baleias-francas-austrais. Essas criaturas imensas e majestosas se alimentam de plâncton nas águas ricas em nutrientes do Antártico durante os meses de verão e se reproduzem nas águas costeiras rasas próximo ao sul da Austrália, Brasil e África do Sul, durante o inverno. Sua corte é tenra e elegante, com muito pouca hostilidade entre machos concorrentes. Durante a corte, baleias machos e fêmeas tocam suavemente as barbatanas, depois começam um movimento lento de carícias. Elas rolam umas contra as outras, unem as barbatanas, e viram para cima, lado a lado. Depois, mergulham e emergem juntas em sintonia. No entanto, se a fêmea não fica impressionada com os movimentos do macho, ela interrompe o balé aquático em busca de um parceiro mais gracioso. Outros seres marinhos não são tão exigentes. Apesar de contarem com mais de 100 milhões de anos para aprimorar seus gostos, tartarugas-marinhas são curiosamente informais quando se trata de acasalamento. Essas tartarugas são uma família de répteis que compreende sete espécies remanescentes: tartarugas-verdes, tartarugas-comuns, tartarugas-de-kemp, tartarugas-oliva, tartaruga--de-pente, tartarugas de casco achatado e tartarugas-de-couro. Assim como as tartarugas-caixa que você vê perto de lagoas ou no parque local, os corpos das tartarugas-marinhas são protegidos por um casco constituído de placas menores chamadas escamas. (A única exceção é a tartaruga-de-couro, cujas costas, como seu nome sugere, são cobertas de pele e carne oleosa em vez de um casco duro.) Capazes de viver dentro ou fora da água, tartarugas-marinhas vagueiam milhares de quilômetros por ano pelos oceanos, normalmente sozinhas, mas com frequência retornam durante a estação de reprodução à mesma praia em que nasceram.

Em geral, os machos chegam primeiro à praia, aguardando ansiosamente a chegada das primeiras fêmeas. Isso porque a reprodução é um esquema de "primeiro a chegar, primeiro a se servir", e as fêmeas geralmente não estão preocupadas em escolher os machos mais adequados para procriar. Mas isso não significa que as tartarugas-marinhas não reservem um tempo para se conhecerem. Machos e fêmeas começam a corte em águas rasas, circulando em movimentos suaves e coordenados. Depois, elas sobem à superfície para respirar fundo antes que o macho se agarre às costas dela e "eles fiquem grudados por até 24 horas",[30] de acordo com Dave Owens, biólogo marinho da Faculdade de Charleston. Isso porque, durante o processo de acasalamento, outros machos podem tentar derrubá-lo, chegando mesmo ao ponto de morder a cauda e as barbatanas dele. Infelizmente, o namoro das tartarugas-marinhas termina tão rápido quanto começa: após se acasalarem, em geral as tartarugas seguem seu caminho para encontrar uma nova paixão.

O Gênero por meio da Temperatura

Na maioria das espécies, o gênero é determinado durante o processo de fertilização dos ovos e ocorre totalmente ao acaso. No entanto, para a maioria das tartarugas — assim como jacarés, crocodilos e outros répteis —, a temperatura do ovo determina o gênero do filhote.

Após um acasalamento bem-sucedido, as fêmeas de tartaruga-marinha se arrastam até a praia para cavar na areia um ninho circular com 50 centímetros de profundidade. Lá, ela bota entre 50 e 350 ovos, depois, com cuidado, enche o ninho de areia. Após camuflar o ninho com plantas, ela dá adeus aos filhotes não nascidos e volta para o mar. Ovos postos em uma areia mais fria geralmente se tornarão filhotes de machos, enquanto areias mais quentes produzem fêmeas.

Após 50 a 60 dias de incubação, os bebês tartarugas saem dos ovos e rastejam para o mar. Mas levará algum tempo até que eles também se reproduzam; para a maioria das espécies de tartarugas-marinhas, leva 30 anos para atingir a maturidade sexual. Em meados de 1990, mergulhadores na costa do Japão descobriram padrões circulares ornamentais no fundo do mar — não círculos de plantações submarinas criados por uma raça alienígena, mas ninhos feitos por uma espécie recém-descoberta de peixe chamada baiacu japonês. Para atrair uma parceira, o baiacu macho bate furiosamente as barbatanas e nada em movimentos circulares, esculpindo picos e vales precisos no fundo do mar. Apesar de terem apenas 12 centímetros de comprimento, ao longo de dez dias ele usa o corpo para fazer círculos elaborados que medem mais de 2 metros de diâmetro. Como o equivalente de bombons e flores, o baiacu decora as bordas com pedaços de conchas e corais. Quando aparece uma fêmea, o macho agita ansiosamente a areia no centro do círculo, esperando que o ninho pareça o mais confortável possível. Se ficar impressionada, a fêmea flutua até o centro do ninho e faz sinal para o macho se aproximar. O namoro é curto. Após se acasalar e depositar os ovos no ninho, a fêmea vai embora e não volta mais, deixando o macho com os ovos até que eles eclodam seis dias depois. Felizmente, o trabalho do macho não é só se exibir — ao que parece, os montes elaborados que ele fez podem reduzir 25% do fluxo da corrente, protegendo os ovos.

As fêmeas de baiacu não são os únicos animais que esperam que os machos incrementem seu jogo do amor. Com até 70 centímetros de altura, e pesando cerca de 4,5 quilos, os pinguins-de-adélia possuem o clássico visual de *smoking* dos pinguins de desenhos animados. Exibindo pelagens exuberantes em preto e branco, e pés rosas, essas aves cheias de energia passam a vida inteira no continente mais gelado da Terra. Muitas espécies de pinguins viajam para ilhas mais quentes durante os meses de inverno. Cerca de 4 milhões de casais de pinguins-de-adélia vivem em aproximadamente 250 colônias situadas ao longo da costa da Antártida. Enquanto humanos consideram o diamante o símbolo derradeiro da devoção, para os pinguins-de-adélia, o humilde pedregulho é a pedra mais importante de todas. Na paisagem árida da Antártida, pedras pequenas são muito difíceis de encontrar, e os machos passam dias recolhendo-as cuidadosamente — em muitos casos, roubando de outros machos. Depois de ter juntado a quantidade adequada de pedregulhos, o pinguim-de-adélia macho cava um buraco raso no gelo e usa-os para contornar as bordas externas. Após avistar uma fêmea, ele endireita a postura e grasna, exibindo sua criação. Se fica impressionada, ela troca reverências com o macho, que então espalha os pedregulhos em um ninho confortável para acasalar. Em muitos casos, casais de Adélia ficam juntos por toda a vida.

As maneiras elaboradas com que outros animais atraem parceiros podem parecer estranhas para nós, mas até que ponto nossos rituais são diferentes? Assim como casais de humanos geralmente dão as mãos para expressar afeição mútua, elefantes africanos gostam de entrelaçar as trombas com suas almas gêmeas. Com uma grande quantidade de terminações nervosas sensíveis, as trombas contêm mais de 40 mil músculos e desempenham um papel crucial na comunicação dos elefantes. Uma elefanta usará sua tromba para afagar um ente querido doente ou enlutado, participar de uma brincadeira divertida de luta de trombas com um amigo e até mesmo entrelaçá-la à do parceiro durante a corte.

E mesmo as exibições mais espalhafatosas do reino animal têm paralelos com a nossa própria vida. Um homem que está querendo impressionar sua pretendente, e vai buscá-la em um carro esporte, é diferente de um pavão que abre sua cauda iridescente e se move de um lado a outro, na esperança de ganhar uma potencial parceira com as penas mais imponentes e brilhantes? Em um estudo intitulado "O efeito do consumo desenfreado nos níveis de testosterona dos homens", uma dupla de psicólogos evolucionistas analisou como objetos caros afetam consideravelmente os níveis de testosterona nos homens. Quando homens jovens dirigiam um Porsche elegante no centro de Montreal, testes mostraram que seus níveis de testosterona ficavam significativamente mais altos que quando andavam por aí em um sedã velho. Claro, há o risco do exagero, mesmo no mundo animal. Em um relatório da Johns Hopkins (que não surpreenderá as mulheres), canários machos com mais testosterona circulando no sangue cantavam mais alto, mas eram considerados menos atraentes pelas fêmeas, que preferiam um pio suave e elegante a um agudo e inexpressivo.

Quando presentes luxuosos não são uma opção, sabe-se que tanto humanos como animais ficam criativos — talvez até demais. No final dos anos de 1888, o famoso pintor pós-impressionista holandês, Vincent van Gogh, cortou a orelha esquerda e a deu ao objeto de seu afeto: uma jovem que trabalhava em um café ao qual ele ia com frequência. O episódio não deu muito certo para van Gogh. Um ritual parecido e mais bem-sucedido ocorre entre grandes aves marinhas tropicais chamadas atobás-grandes. Machos de atobá oferecem presentes, como pedras pequenas, a parceiras em potencial, mas também arrancarão as próprias penas para oferecê-las. No reino animal, o amor pode ser doloroso.

FIDELIDADE

Muitos seres humanos permanecem monogâmicos a vida toda, enquanto outros parecem incapazes de ficar com o mesmo parceiro por mais de alguns anos (ou mesmo dias). Da mesma forma, no reino animal, há muitas espécies que ficam com um único parceiro para sempre, e muitos que se acasalam e tomam rumos opostos.

O simplório arganaz-do-campo é uma criatura despretensiosa. Mas esses roedores, conhecidos como as "batatas chips do campo", têm uma vida árdua. Com apenas 12 centímetros de comprimento, eles estão praticamente na base da cadeia alimentar e são a iguaria favorita de doninhas, gaviões, cobras e inúmeros outros predadores. Encontrando refúgio em campos secos sob proteção de grama e ervas daninhas, arganazes-do-campo lidam com o perigo permanente de serem comidos enquanto estabelecem laços profundos e duradouros com seus parceiros.

Após se acasalarem, os pais ficam juntos a vida toda, cuidando zelosamente das crias e até proporcionando consolo durante momentos estressantes. "Quando o parceiro está estressado, eles se abraçam e se beijam à maneira dos arganazes-do-campo", disse Jennifer Verdolin, autora de *Wild Connection: What Animal Courtship and Mating Tell Us About Human Relationships* [Conexão Selvagem: O que a Corte e o Acasalamento Animal nos Dizem sobre as Relações Humanas, em tradução livre]. "Eles passarão mais de 50% a 60% do tempo juntos, se não mais."[31]

Esse nível de monogamia é incomum entre roedores. (Na verdade, apenas 3% dos mamíferos são monogâmicos.) Mesmo o parente quase idêntico do arganaz-do-campo, a ratazana-do-prado, não estabelece elos tão profundos. Cientistas acreditam que um dos motivos é a quantidade incomum de oxitocina — o chamado "hormônio do amor" — liberada quando essas ratazanas se reproduzem, o que promove um elo emocional. De fato, arganazes-do-campo são tão leais aos parceiros que esse comportamento ajudou os pesquisadores a entender a base bioquímica do amor humano.

No entanto, de todos os animais, poucos são tão dedicados quanto as aves. E o maior amor de todos pertence à maior delas: o albatroz. Com envergaduras que atingem pouco mais de 3 metros de comprimento, os albatrozes voam do Pacífico Norte até a distante Antártida. Apesar de gostarem de ficar vagando por aí — estudos revelam que albatrozes passam 95% da vida no ar —, essas aves majestosas quase nunca se separam do parceiro. Como explica o ornitólogo Noah Strycker em seu livro *The Thing with Feathers* [Aquela Coisa com Penas, em tradução livre]: "Esses viajantes, que ficam juntos para sempre e são incrivelmente fiéis aos parceiros, talvez tenham os casos de amor mais intensos de todos os animais do planeta."[32] Como os albatrozes põem apenas um ovo de cada vez, os filhotes ficam sozinhos durante muito tempo no início da vida enquanto os pais percorrem centenas ou até milhares de quilômetros em busca de comida. Quando atingem a maturidade sexual, mais ou menos após o quinto aniversário, albatrozes jovens migram para a ilha onde nasceram a fim de darem início a um curioso ritual de acasalamento: a dança. Conforme aponta Strycker,

> [Os] dois pássaros se encaram, tamborilam os pés para se aproximarem conforme se movem para frente e para trás, cada um testando os reflexos do outro, e apontam os bicos para o céu. Então, enquanto simultaneamente emitem um grito de arrepiar, os albatrozes estendem as asas para exibir a envergadura de 3 metros, se encarando enquanto continuam a disputar um lugar. Eles se tocam com os bicos, jogam de novo a cabeça para trás e gritam.[33]

Os albatrozes continuarão a dançar repetidas vezes com mais parceiros, até encontrarem um favorito. Às vezes isso pode levar anos. Mas a espera vale a pena, já que albatrozes quase sempre continuam juntos — o que, para essas elegantes aves marinhas, pode significar mais de 50 anos. De acordo com o ecologista Jeffrey Black, que estudou cerca de 100 espécies de aves para o livro *Partnership in Birds* [Parcerias entre Aves, em tradução livre], albatrozes são as aves mais leais do planeta, sem um único rompimento ou acasalamento com outros albatrozes, conforme observou. Outros estudos mostraram que os albatrozes geralmente ficam com outro parceiro após a morte do anterior.

Como são as outras espécies de aves em comparação com essa, de acordo com Black? Muitas são amantes bem mais fiéis que os humanos, cujas taxas de divórcio nos EUA giram em torno de 40% a 45%. Noventa e cinco por cento dos cisnes, os amantes dos contos de fadas do tipo "felizes para sempre", ficam juntos a vida toda. Casais de cisnes, famosos pelos pescoços formando um coração perfeito quando juntos, executam uma dança de acasalamento juntamente com uma sinfonia bem menos romântica de assovios e grunhidos. (A ideia de que os cisnes cantam apenas quando estão morrendo é um mito.) Espécies diferentes de cisnes têm seu próprio jeito: cisnes-negros australianos, por exemplo, usam suas penas escuras características para atrair parceiros. Cisnes-da-tundra ou cisnes-pequenos preferem chamar um ao outro com delicadeza. O cisne-trombeteiro norte-americano não tem vergonha de demonstrar amor e gosta de anunciar isso aos quatro ventos, com alarde.

Outras espécies que Black estudou incluem os atobás, que rompem com os parceiros mais ou menos na mesma proporção que os humanos. Batuíras-melodiosas, destemidas aves costeiras cor de areia, comuns em praias norte-americanas, rompem em mais de 67% das vezes, enquanto o afável pato-real permanece fiel ao parceiro em nove a cada dez vezes. De acordo com um estudo conjunto da Universidade de Sheffield com a Universidade de Bath, quase todas as espécies de aves são mais propensas a trair quando há um forte desequilíbrio entre os gêneros em uma colônia. O Professor András Liker, da Universidade de Sheffield, afirmou: "Se houver mais elementos de um dos sexos que de outro, membros do sexo mais escasso têm maior chance de obter um novo parceiro para acasalar do que os membros do sexo comum... Basicamente, o sexo mais escasso tem mais oportunidade de 'pular a cerca' e trair o parceiro ou ir embora em busca de um novo."[34]

E a ave mais promíscua de todas? Os flamingos, afirma Black. Essas aves pernaltas de penas rosadas, comuns em regiões costeiras quentes, geralmente vivem em colônias muito grandes de milhares de pássaros, o que, acredita-se, ajuda a intimidar predadores. Mas viver em bandos tão grandes também proporciona muitas oportunidades para os flamingos olharem para todos os lados. Embora no início eles formem elos sólidos após uma corte elaborada envolvendo rituais de dança sincronizada e estiramento de pescoço, Black estima que o namoro dos flamingos é tão fugaz quanto um caso de faculdade, em que mais cedo ou mais tarde 99% encontram um novo amor.

Como muitos seres humanos, com frequência as aves encontram o amor na cidade grande. Também conhecidas como pombos-domésticos, os pombos-comuns, como os encontrados em Nova York, são descendentes dos pombos-das-rochas, aves cinza-claro que habitam rochedos e bordas de pedras no mundo todo. Considerando os arranha-céus substitutos providenciais para os penhascos, os pombos-das-rochas são tão abundantes que moradores de cidades aborrecidos vêm tentando métodos cada vez mais duvidosos (e cruéis) de controlar suas populações, inclusive envenenamentos.

Não obstante, a artista Tina Piña Trachtenburg, residente no Brooklyn, afirma: "Uma cidade sem pombos seria um shopping estéril. Eles dão muita beleza e doçura ao nosso ambiente."[35] Mãe Pombo, como Trachtenburg é conhecida no bairro, está em uma cruzada solitária para recuperar a reputação dos pombos entre os habitantes de Nova York. Depois de alimentar e, mais tarde, fazer amizade com um bando de pombos em seu telhado, Trachtenburg, desde então, resgatou inúmeros pombos, incluindo um filhote chamado Lovely Rita, que caiu da janela do sétimo andar e quebrou as pernas. ("O gesso de pernas dela era muito fofo", diz Trachtenburg.) Trachtenburg até convenceu o marido a andar pela cidade vestido de pombo, com uma placa onde se lia: "Pombos ficam juntos para sempre."

De fato, os pombos ficam juntos para sempre. O jornalista científico Brandon Keim conta a história de dois pombos apaixonados chamados Harold e Maude. Harold era o protótipo do pombo-alfa: grande e encorpado, com penas bem definidas, ele desfilava com ar de confiança pelo telhado de Keim, no Brooklyn. A parceira de Harold, Maude, não tinha a mesma aparência: "Penas da cabeça e do pescoço desalinhadas, olhos lacrimejantes, exalando uma sensação de doença que transcende centenas de milhões de anos de evolução divergente",[36] explicou Keim. Uma vez, Maude não conseguiu levantar voo. Ela bateu as asas sem vigor e deu uns passos frágeis, mas não conseguiu reunir energia para decolar. Harold deu passos ansiosos, esperando por ela para acompanhá-la no voo. No entanto, ele ficou ao lado dela, mesmo podendo ir embora e encontrar uma parceira mais saudável e forte.

Esse comportamento é comum entre pombos. Circulando nos cérebros deles, há os hormônios mesotocina e vasotocina — as versões aviárias da oxitocina e da vasopressina, os hormônios ligados aos laços e ao amor humanos. Os pombos também possuem os neurotransmissores do sistema de recompensa, a serotonina e a dopamina, que regulam a atração e o prazer. Assim como casais humanos, os pombos também dividem tarefas na criação dos filhos. Pai e mãe fazem turnos para chocar os ovos, dando ao outro um tempo para descansar e comer. Os pais dedicados são extremamente protetores quando os filhotes nascem, em geral, permitindo que abandonem o ninho apenas quando totalmente crescidos.

Musth-Dos [É Preciso Acasalar]

Machos da espécie humana podem ser agressivos, barulhentos e malcheirosos, mas pelo menos não têm "musth". Por razões que os cientistas ainda desconhecem, elefantes machos sexualmente maduros entram em um período de musth [algo como "frenesi sexual"], palavra derivada do termo persa para bêbado, por um ou dois meses ao ano. Durante o musth, níveis de testosterona ficam até 60 vezes mais elevados que o normal, levando até os machos mais tranquilos a um estado descontrolado e fortemente violento.

Sinais do musth não são difíceis de perceber, já que os machos começam a secretar uma mistura de substâncias químicas altamente nocivas nos dutos temporais das bochechas, que incham e atingem o tamanho de bolas de basquete.

Eles também urinam o equivalente a 300 litros por dia. Durante o musth, os machos ficam obcecados por sexo, sem mencionar a vontade de brigar com quaisquer outros machos, de girafas a humanos. Os efeitos do musth não são diferentes dos de um macho da espécie humana com os "esteroides em fúria", incluindo rompantes de agressividade após serem incomodados, reações descompensadas a ruídos ou movimentos bruscos, e ataques violentos e gratuitos dispensados a amigos próximos ou até entes queridos. Se por acaso você der de cara com um elefante exalando suor, urina e com raiva movida a testosterona, corra. A não ser que você seja uma elefanta.

AMOR DE MÃE

A maneira mais básica pela qual os animais vivenciam o amor é reconhecida por qualquer pai ou mãe: o elo entre mãe e filho. O instinto de uma mãe para cuidar das crias reside nos recônditos mais primitivos do cérebro e transcende espécies e milhões de anos de evolução. O instinto materno aparece até nas espécies mais improváveis. Viscosa e sugadora de sangue, pode ser que ninguém pense na sanguessuga australiana como uma mãe dedicada, porém, de acordo com o biólogo evolutivo Fred Govedich, da Universidade australiana de Monash, esses vermes segmentados são os mais antigos exemplos conhecidos de invertebrados que cuidam dos filhos até a idade adulta. "Embora o termo sanguessuga com frequência seja considerado sinônimo de egoísmo e exploração, muitos animais dessa espécie são pais e mães dedicados",[37] relatou Govedich, após estudar exaustivamente a criatura. Sabe-se que sanguessugas australianas cuidam dos filhos após muitas semanas depois que eles nascem, levando-os com cuidado para locais seguros com poucos predadores.

Mais uma prova de que um grande amor pode ser encontrado em pequenos volumes: as aranhas-lobo. Caçadores corpulentos e solitários dotados de uma visão incrível, esses aracnídeos são conhecidos por saltar sobre a presa com devastadora precisão. No entanto, ao mesmo tempo que esses caçadores mortíferos perseguem suas vítimas, também protegem uma bolsa de filhotes não nascidos próximo ao abdômen.

Depois que os filhotes saem do invólucro de seda protetor, eles sobem pelas pernas da mãe e buscam refúgio em suas costas até que estejam grandes o bastante para viver sozinhos.

Os grandes oceanos da Terra também abrigam mães extremamente protetoras. Enquanto muitos peixes usam camuflagem e outras técnicas para manter os filhotes a salvo de predadores, fêmeas de peixes que praticam a incubação oral — incluindo ciclídeos, peixes-gatos, *pikeheads e opistognathidae*, entre outros — usam suas bocas enormes para proteger os filhotes não nascidos. Na verdade, as mães não comem até que os ovos sejam fertilizados, mantendo os lábios firmemente fechados para evitar que os ovos caiam. Em algumas espécies, como o ciclídeo africano, esse jejum materno pode durar mais de 36 dias. Mesmo depois que os filhotes nascem e ficam livres para nadar sozinhos, as mães ficam por perto no caso de predadores se aproximarem — em situações de risco, os recém-nascidos sabem, por instinto, nadar de volta até a mãe e buscar abrigo em sua boca. O pai também dá assistência: em algumas espécies, como aruanãs e alguns peixes-gato, os machos também usam a boca para proteger as crias.

Talvez nenhuma criatura marinha seja tão protetora quanto a orca. Conhecidas informalmente como baleias-assassinas, na verdade as orcas são golfinhos. Encontradas em todos os oceanos da Terra, elas são famosas pela cor preto e branco, seus assovios sinfônicos e estalidos usados para a comunicação, e suas incomparáveis habilidades de caçadoras. Capazes de nadar a velocidades de mais de 48km/h, orcas viajam e caçam juntas em grupos extremamente unidos chamados bandos. Orcas estabelecem elos para a vida toda, começando na infância, quando os mais velhos cumprem o papel fundamental de transmitir as habilidades à geração mais jovem. Imediatamente após o nascimento, as mães guiam os filhotes até a superfície para eles respirarem pela primeira vez, e raramente saem do lado deles durante muitos anos depois.

Amor de Orangotango

Encontrados no coração das florestas tropicais de Bornéu e Sumatra, orangotangos são grandes macacos de pelos laranja-vermelhados que passam quase o tempo todo nas árvores. Seres solitários e inteligentes, os orangotangos exibem o laço entre mãe e filho mais profundo de todo o reino animal.

Mães orangotango dão à luz um único filhote de cada vez, e eles permanecem inseparáveis por anos. Durante os primeiros meses, as mães mantêm um contato físico constante com os filhos. Eles vão dormir, caçar e brincar juntos. As mães podem, inclusive, amamentar os filhos até o nono aniversário. Esse elo é bem profundo. Após estudar coleções de museus, pesquisadores descobriram que dentes de orangotangos continham concentrações variadas de bário, elemento químico encontrado no leite, sugerindo que macacas amamentavam mais ou menos dependendo das fontes de alimentos. As florestas tropicais do Sudeste da Ásia possuem grandes quantidades de frutas, o alimento favorito dos orangotangos, porém o suprimento pode ser totalmente imprevisível. Em tempos difíceis, mães orangotango podem recorrer a nozes duras e sementes, mas os filhotes precisam de leite.

Esse pode ser o motivo pelo qual leva tanto tempo para os orangotangos adolescentes se separarem das mães — e pelo qual os laços entre eles são tão fortes. Mesmo depois que jovens orangotangos constituem a própria família, sabe-se que eles visitam as mães durante muitos anos.

Com frequência, mães e filhas têm uma relação especial. Algumas vacas são mães controladoras demais; outras deixam as crias andar por aí à vontade. E, como qualquer família humana, o relacionamento entre mães e filhas pode ser bem complicado.

Em *The Secret Life of Cows* [A Vida Secreta das Vacas, em tradução livre], a agricultora orgânica Young conta a história de Dolly e de sua xará, Dolly II. Dolly era uma vaca mais velha e mais esperta que tinha criado muitos bezerros com sucesso na época em que Dolly II apareceu. Dolly sabia de quanto leite seus bezerros precisavam, e quando desmamá-los e oferecer feno e capim. Ela sabia, inclusive, quando era o momento certo de suas crias aprenderem a cuidar de si mesmas. Para Dolly II, esse momento chegou mais ou menos aos quinze meses, quando a mãe teve outro novilho. "Dolly II não foi rejeitada, mas foi cada vez mais ignorada até compreender que era adulta e deveria fazer amigos por conta própria e deixar a mãe fazer o trabalho no qual era boa",[38] escreve Young.

Algum tempo depois, Dolly II estava se preparando para ter a própria cria. Ela havia tido pouco contato com a mãe. Quando Dolly II deu à luz, ela não estava perto de Young ou de sua família. Após uma busca frenética, eles finalmente a encontraram na base de uma colina distante. Tragicamente, o bezerro tinha nascido morto, e Dolly II havia sofrido um prolapso do útero. Young ajudou a confortá-la, e logo chegou um veterinário para recolocar o útero de Dolly II no lugar. Ela se recuperou lentamente ao longo das semanas seguintes, mas ficou claro que estava deprimida e ainda muito fraca.

Um dia, Young foi dar uma olhada em Dolly II, mas ela havia desaparecido. Após outra busca frenética, ela encontrou Dolly II a três campos de distância, com a mãe. Dolly estava lambendo todo o corpo da filha. As duas Dollys não ficavam juntas há tempos, mas, em um momento de crise, a mãe se dispôs a acolher a filha. Após seis dias, Dolly II finalmente deixou a mãe e se recuperou por completo.

Homossexualidade na Natureza

No Japão, macacos-japoneses machos — também conhecidos como "macacos da neve" — tendem a passar maus bocados. Como se não bastasse terem que competir com outros machos para ganhar a afeição das fêmeas, também têm que competir com outras fêmeas. A homossexualidade não é apenas comum entre macacos-japoneses, é a norma em muitos casos. Pesquisadores frequentemente registram macacas montando em outras fêmeas e estimulando sua genitália, entre outros comportamentos sexuais. As fêmeas também tendem a cuidar umas das outras, dormir juntas e se defender de ameaças.

Há registros de homossexualidade e bissexualidade mesmo entre espécies minúsculas. Moscas de frutas machos, por exemplo, são bissexuais durante os primeiros 30 minutos de vida, quando tentam copular com qualquer mosca por perto, independentemente do gênero. Carunchos de farinha machos são majoritariamente bissexuais, copulando de bom grado com fêmeas e também com outros machos. E, no mar, golfinhos machos e fêmeas com frequência exibem comportamento homossexual como uma forma de desenvolver vínculos sociais estreitos.

Os albatrozes, famosos por ficarem com um único parceiro a vida toda, também estão familiarizados com a homossexualidade. Encontrados frequentemente no Havaí durante a época de acasalamento, casais de fêmeas de albatrozes-de-laysan geralmente criam juntos os filhotes. Um estudo publicado na revista *Biology Letters* revelou que quando um pai morre ou, mais raramente, abandona a parceira, com frequência a mãe aparece com outra parceira e, juntas, elas criam os filhotes.

Entre as espécies terrestres, chimpanzés, sobretudo os bonobos, são promíscuos com ambos os sexos. De fato, os bonobos fazem tanto sexo, com tantos parceiros diferentes, que os cientistas chamam suas provocações de "aperto de mão bonobos". Às vezes o sexo entre machos pode ser uma operação comercial, em que bonobos mais jovens usam felação e outros atos sexuais para se aliar a membros maiores e mais dominantes de seu grupo social. Outros fazem brincadeiras, definidas cientificamente pelos pesquisadores como "esgrima peniana", como um jeito de aliviar a tensão. E, às vezes, o sexo homossexual é usado para confortar um amigo deprimido ou enlutado.

LUTO E TRISTEZA

No dia 25 de maio de 2016, o policial Jason Ellis foi baleado e morto enquanto estava em serviço em Bardstown, Kentucky. Ellis fazia parte da unidade K-9 da divisão, e trabalhava exaustivamente com um pastor alemão de quatro anos de idade chamado Figo. Durante o funeral de Ellis, Figo seguiu o enterro e, em um momento que partiu milhões de corações quando o vídeo percorreu a internet, baixou a cabeça e colocou uma das patas no caixão. O gesto solene de Figo talvez demonstre apenas um pequeno indício de luto, mas histórias sobre animais enlutados, sobretudo cachorros, são extremamente comuns. Em um desses casos, um australiano morreu e deixou o cachorro, Sultan, para morar com sua família. Após o enterro, a família ficou dias sem conseguir localizar Sultan, até que o encontrou no cemitério, a cinco quilômetros de distância, deitado no túmulo de seu velho amigo. Em uma história famosa do Japão, um akita chamado Hachikō manteve uma lealdade inabalável ao seu dono mesmo anos após sua morte. Todas as tardes, exatamente no mesmo horário, Hachikō saía de casa para receber seu cuidador, um professor universitário chamado Hidesaburō Ueno, na estação de trem próxima. Porém, certo dia, Ueno não voltou do trabalho — ele havia morrido de uma hemorragia cerebral grave enquanto dava uma palestra. Mesmo assim, todos os dias, durante os nove anos, nove meses e quinze dias seguintes, Hachikō saiu de casa e se sentou na estação de trem, na esperança de que seu velho amigo reaparecesse. Por fim, Hachikō se tornou um símbolo dos ideais japoneses de lealdade e fidelidade. Sua imagem virou estátuas, ele apareceu em livros e foi tema de um filme de 2009, *Sempre ao Seu Lado*.

Pesquisas recentes parecem concluir que, de fato, os cães são profundamente afetados por perdas. Um estudo liderado pela Sociedade Americana para a Prevenção de Crueldade aos Animais (ASPCA) descobriu que, após a morte de um companheiro, dois terços dos cachorros apresentam perda de apetite, excesso de carência e letargia — sinais evidentes de luto. Pesquisadores do Companion Animal Counsel [Conselho dos Animais de Companhia] da Nova Zelândia deram um passo além e estudaram dados de 159 cães e 152 gatos. Eles descobriram que 60% dos cães e 63% dos gatos continuavam checando o lugar em que seus antigos companheiros costumavam cochilar. Mais ou menos a mesma porcentagem começou a desejar mais afeto. Quase um terço dos gatos e dos cães comiam muito menos, e ambos tendiam a dormir longos períodos. Conforme os pesquisadores observaram, esses são os comportamentos mais comumente relacionados ao luto em humanos.

Em um estudo de 2012 publicado na revista *Animal Cognition*, pesquisadores da Universidade de Londres descobriram que cachorros eram mais propensos a se aproximarem com docilidade de uma pessoa chorando do que de alguém que estivesse visivelmente cantarolando ou falando, o que indica que os cães possuem uma compreensão inata do que é o sofrimento.

Tika e Kobuk

Para Tika e Kobuk, dois lindos cães que moram no Colorado, o amor foi complicado. Conforme Marc Bekoff relata em seu livro *Minding Animals* [Animais que Cuidam, em tradução livre], os dois foram companheiros por toda a vida, tendo até criado uma ninhada de oito filhotes, mas nem sempre Kobuk foi um perfeito cavalheiro. Às vezes ele brigava com Tika e roubava a comida dela, ou choramingava quando ela conseguia mais atenção que ele. Porém, certo dia, a cuidadora dos cães, Anne Bekoff, notou uma massa se formando na perna de Tika. Ela estava com câncer nos ossos.

Conforme a doença de Tika avançava, o comportamento de Kobuk se modificou totalmente. Ele não roubava sua comida, deixava que ela dormisse na cama e até limpava o seu pelo. Quando a perna da cachorra foi amputada e ela lutou para reaprender a andar com três patas, Kobuk lhe dava apoio quando ela caía. Ele chegou a salvar sua vida, dando latidos de alerta para Anne quando a cachorra entrou em choque pouco tempo depois de ter voltado para casa da cirurgia.

É claro que, quando Tika se recuperou por inteiro, Kobuk voltou aos velhos hábitos — roubar comida e atenção, derrubá-la no chão. Como diz o ditado, é nas horas difíceis, não nas felizes, que conhecemos os verdadeiros amigos.

O dr. Thom van Dooren, antropólogo australiano, afirma no livro *Flight Ways, Life and Loss at the Edge of Extinction* [Maneiras de Voar, A Vida e a Perda à Beira da Extinção, em tradução livre] que o "excepcionalismo humano" — a crença de que a humanidade é superior a todos os outros seres — é uma ideia que prejudicou nossa compreensão sobre os outros animais. Isso vale, sobretudo, para a tristeza e o luto. Como exemplo, van Dooren disse à revista *National Geographic* que há "boas evidências de que corvos e vários mamíferos pranteiam seus mortos".[39] Aves de tamanho médio com a habilidade lendária de dar as caras em tempos de infortúnio, a família *Corvidae* é composta de espécies mais habitualmente conhecidas como corvos, gralhas, gralhas-calvas e gralhas-de-nuca-cinzenta. Extremamente inteligentes, essas espécies ficaram conhecidas por fazer "funerais" para seus companheiros mortos. Quando um amigo morre, um grupo de corvos-americanos (*Corvus brachyrhynchos*) — ou seja, um bando de corvos — ficará reunido ao redor do corpo por várias horas. Um estudo na revista *Animal Behavior* sugere que esse comportamento não é só para prantear, mas para saber as circunstâncias da morte a fim de se protegerem no futuro. Quem sabe? Os pesquisadores descobriram que "corvos fixam os lugares associados à morte de um membro da mesma espécie na memória, e depois demonstraram que eles sabem e se lembram de pessoas que parecem cúmplices desses eventos".[40]

Em 2016, uma fotografia que viralizou tocou corações no mundo todo: uma gansa na China foi amarrada na garupa de uma moto, para ser transportada ao matadouro. Seu parceiro, com quem ela tinha crescido, caminhou desajeitado até ela e deu um grito óbvio de angústia. Com os pescoços esticados, eles trocaram um "beijo" carinhoso e, então, a fêmea foi levada por uma estrada empoeirada até seu destino.

Os gansos são leais. Com frequência ficam juntos para sempre, e protegem parceiros e filhotes. Em geral, eles se recusarão a sair de perto de um companheiro ou filhote doente ou ferido, mesmo que o inverno esteja se aproximando e os outros gansos do grupo estejam voando para o sul. Quando o parceiro de um ganso morre, a ave guardará luto em reclusão — e alguns gansos passam o resto da vida como viúvos ou viúvas, recusando-se a acasalar de novo. Várias famílias de gansos se unem para formar um grupo maior chamado bando, em que as aves cuidam umas das outras. Geralmente, há uma ou duas "sentinelas" que ficam de olho nos predadores enquanto os outros se alimentam. Os membros do bando se alternam no cargo de sentinela, como marinheiros montando guarda em um navio. Observadores notaram que gansos saudáveis às vezes cuidam de companheiros feridos, e que aves machucadas ficam juntas para se proteger de predadores e ajudar as outras a achar comida.

Ado, o Ganso Apaixonado

Os gansos têm estruturas sociais extremamente complexas — e dramáticas. Em seu livro *The Year of the Greylag Goose* [*O Ano do Ganso-Bravo*, em tradução livre], o famoso ornitólogo, e ganhador do Prêmio Nobel, Konrad Lorenz descreveu o intenso triângulo amoroso entre três gansos: Ado, Selma e Gurnemanz.

Em 1976, Ado não estava muito bem. O amor de sua vida, Susanne-Elisabeth, havia sido morta por uma raposa. Ele estava deprimido, retraído e começou a perder a posição social no grupo. "Então, na primavera de

1977", escreveu Lorenz, "ele se recompôs de uma hora para outra e começou a cortejar intensamente uma gansa chamada Selma".[41] Os dois gansos tiveram um tórrido caso, mas havia um problema: Selma se relacionava com outro macho chamado Gurnemanz, com quem havia criado três filhotes.

Gurnemanz não ficou muito contente com a nova situação. Ele tentou fazer Ado voar pelos ares, mas Selma o seguia. Isso resultou em perseguições aéreas espetaculares, depois das quais os três gansos geralmente ficavam exaustos. Logo teve início uma briga, em que os dois machos gritaram um com o outro e se morderam repetidas vezes, batendo-se com as esporas semelhantes a chifres localizadas nas asas. Selma estava destroçada, incapaz de decidir a quem escolher.

Por fim, Ado tomou a decisão por ela. Ele derrotou Gurnemanz em uma luta, forçando seu oponente a fugir para sempre. Como Lorenz reportou: "Vitorioso, Ado se encheu de orgulho e fez uma pose que mais se parecia com a de uma águia, com as asas erguidas de tal forma que as protuberâncias semelhantes a chifres ficaram como se ele estivesse carregando um soco inglês." Exatamente como Ado há dois anos, Gurnemanz mergulhou em depressão profunda, parou de se cuidar, passou a se arrastar em vez de caminhar e perdeu o interesse pela vida, em geral.

Animais que vivem juntos em grupos muito unidos são os que mais tendem a demonstrar um comportamento ritualístico após a morte de um membro da família. Terrícolas nativos das florestas da África central subsaariana, os gorilas são os maiores primatas existentes, e nossos parentes mais próximos depois dos chimpanzés e dos bonobos. A antropóloga Barbara King, autora de *O que Sentem os Animais?*, constata que "os parentes [do gorila] podem ficar sentados em silêncio ao lado do corpo do morto, tocá-lo com suavidade ou segurar a mão do cadáver".[42] Em 2008, uma gorila de onze anos chamada Gana, que vivia em um zoológico alemão, foi encontrada segurando seu bebê de três meses, sem vida. Durante horas, Gana carregou delicadamente o filho e o sacudiu, seus movimentos cada vez mais desesperados. Por fim, ela pareceu entender que ele estava morto, mas o protegeu ferozmente dos guardas do zoológico que tentavam recolher o corpo.

No dia 10 de outubro de 2003, na Reserva Nacional de Samburu, do Quênia, uma elefanta chamada Eleanor desmaiou. Matriarca de sua manada aos quarenta anos, ela estava doente há algum tempo: sua tromba estava inchada e fraca, com uma presa quebrada por conta de uma queda anterior. Grace, uma elefanta jovem, correu até a amiga caída e, usando as presas, tentou fazer Eleanor ficar de pé. Mas ela era fraca demais. Grace gritou, angustiada. Então, pareceu compreender. Em vez de ir embora, ela ficou perto da amiga, acariciando-a com delicadeza. Na manhã seguinte, depois que Eleanor morreu, um cortejo de elefantes se reuniu ao lado de seu corpo, cheirando-a e acariciando-a. Durante os cinco dias seguintes, membros da família de Eleanor ficaram ao lado dela, e até elefantes de outras famílias independentes vieram prestar homenagem. Uma equipe de pesquisadores que observava os elefantes concluiu que esse era "um exemplo de como elefantes e seres humanos podem ter as mesmas emoções, como compaixão, e consciência e interesse em relação à morte".[43] A compaixão entre elefantes é bem fundamentada. No Quênia, pesquisadores observaram como elefantes adultos ajudam os bebês a escapar de lamaçais, andar em pântanos e evitar cercas eletrificadas. Em outros casos, elefantes removeram dardos com tranquilizantes de amigos abatidos e espalhavam areia nos ferimentos como proteção contra moscas. Um estudo publicado na revista PeerJ revelou que elefantes asiáticos sabem reconhecer quando um membro da manada está angustiado e dão carinho a ele. Após estudar vinte e seis elefantes à distância, a equipe de pesquisa liderada pelo primatologista Frans de Waal descobriu que elefantes formam círculos de proteção ao redor de amigos angustiados e os tranquilizam, roncando e sibilando. "Eles ficam angustiados ao verem os outros angustiados, aproximando-se para acalmá-los, semelhante à maneira como chimpanzés ou humanos abraçam alguém que está chateado",[44] disse de Waal à *National Geographic*.

Em seu livro, *Stalking Big Game with a Camera in Equatorial Africa* [*Perseguindo Animais Selvagens com uma Câmera na África Equatorial*, em tradução livre], Marius Maxwell afirma ter presenciado um caçador atirando em uma manada de elefantes. A bala atravessou o crânio de um deles, matando-o na hora. Em vez de fugir descontroladamente, a manada rapidamente se organizou em uma típica formação de viagem e abandonou a área. Só que, conforme escreve Maxwell: "Entre eles estava o elefante mortalmente ferido, que apenas alguns dos lentos gigantes conseguiram carregar, usando seus corpos pesados em ação conjunta para fazer pressão contra os flancos do irmão abatido." Apesar do perigo iminente, a manada levou consigo o companheiro morto, deitando-o com cuidado para descansar a centenas de metros de distância, em um campo de arbustos onde o caçador não conseguiria pegar suas presas.

EMPATIA ANIMAL

A comunidade científica demorou para reconhecer o que estudos de observação há muito tempo demonstraram: outros animais manifestam empatia. É óbvio que não se pode simplesmente perguntar a um animal se ele é capaz de amar. Quando uma elefanta jovem tenta levantar a matriarca moribunda de sua família depois que ela cai, céticos podem afirmar que a elefanta está somente sentindo *ansiedade*, não amor. Então, como provar que os animais podem sentir amor, tristeza e dor?

Em 1959, o pesquisador de animais Russell Church mostrou que ratos presos em gaiolas, treinados para pressionar uma alavanca por comida, interromperiam a ação quando percebessem que essa alavanca também daria um choque em um rato na gaiola vizinha. À parte o caráter desumano do experimento, cientistas debateram se o rato estava manifestando ansiedade, empatia genuína ou uma combinação de ambas. Alguns anos mais tarde, em 1962, pesquisadores da Faculdade Agnes Scott mostraram, em outro experimento eticamente duvidoso, que um rato tentaria libertar outro rato angustiado, pendurado por uma corda em uma cela vizinha, procurando uma alavanca que ele sabia que baixaria a corda. Por outro lado, se a corda segurasse um pedaço de isopor, o rato não se incomodaria em puxar a alavanca. Apesar dos pesquisadores terem concluído que "esse comportamento pode ser homólogo ao altruísmo",[45] cientistas céticos afirmaram que o rato altruísta estava apenas tentando parar os guinchos de seu amigo — e não salvá-lo.

Ao longo dos anos subsequentes, muitos outros experimentos tentaram provar a empatia animal — usando meios definitivamente não empáticos. Um estudo, inclusive, tentou demonstrar que macacos-rhesus prefeririam sucumbir à fome em vez de comer e submeter um amigo à eletrocussão. (Um macaco preferiu ficar sem comida durante onze dias em vez de dar choque em outro, que ele não conhecia.) Ao mesmo tempo, cientistas partidários do chamado behaviorismo — a teoria de que o comportamento animal e o humano podem ser explicados em termos de condicionamento, não de pensamentos ou sentimentos individuais — sustentavam que qualquer altruísmo supostamente demonstrado pelos animais era, na verdade, uma reação condicionada a estímulos.

Esse foi o ponto de vista predominante durante décadas, ao mesmo tempo que alguns cientistas elaboravam experimentos cada vez mais bárbaros para testar e provar o quanto era profundo o sentimento de cuidado por parte dos animais. No início dos anos de 2000, geneticistas da Universidade McGill acreditavam que haviam provado que alguns não humanos — no caso, ratos — eram capazes de consolar. O pesquisador-chefe da equipe, Jeffrey Mogil, elaborou experimentos em que ratos eram submetidos à dor. "Reservo compaixão sobretudo para pacientes com dores crônicas",[46] disse ele, ao explicar por que estava disposto a ferir ratos para provar o óbvio. Em uma série de experimentos cruéis, a equipe de Mogil mergulhava as caudas dos ratos, que viviam juntos em uma gaiola, na água quente, a fim de determinar sua tolerância à dor. No final do estudo, os ratos que eram forçados a esperar sua vez e ver os amigos gritar de dor apresentavam níveis significativos de estresse no momento em que eram tirados da gaiola. Isso revelou que ratos são capazes não somente de perceber os amigos sentindo dor, mas senti-la na própria pele em forma de medo. Essa suposta "dor por contágio" é considerada uma das formas mais básicas de empatia.

Não deveria ser preciso fazer anotações sobre ratos torturados para explicar o óbvio: os animais amam. Sentem tristeza. Sentem dor emocional. Eles se preocupam. E podem prever a dor. No início de 2015, a ecofazenda australiana Edgar's Mission resgatou uma vaca leiteira chamada Clarabelle, que estava prestes a ser abatida porque sua produção de leite havia diminuído. Quando ela chegou à fazenda, voluntários descobriram que estava grávida. Uma semana antes da data prevista, Clarabelle começou a escapulir para os limites da fazenda, evitando a equipe, agindo de um jeito estranho. Após uma busca, voluntários descobriram que Clarabelle já havia dado à luz e escondido seu bebê em um monte de grama alto. Em fazendas leiteiras, é comum os bezerros serem tirados das mães imediatamente após o nascimento, para que o leite destinado ao bebê seja vendido para consumo humano. Estudos mostram que esse momento é traumático para as vacas, que são criaturas excepcionalmente maternais. Clarabelle, que havia perdido um sem-número de bebês ao longo dos anos, presumiu que seu filhote seria tirado novamente e tentou escondê-lo. Felizmente ela estava em uma ecofazenda, onde enfim conseguiu criar o bezerro em paz.

A maioria das vacas não tem esse privilégio. Em uma história semelhante, uma veterinária do norte de Nova York, chamada Holly Cheever, certo dia recebeu uma ligação de um produtor de leite perplexo. Uma vaca Brown Swiss [descendente da Braunvieh da região alpina da Europa] recentemente havia dado à luz o quinto bezerro, disse o produtor, mas suas tetas continuavam misteriosamente vazias mesmo dias depois. Elas deveriam estar inchadas com muitos litros de leite. Finalmente, quase duas semanas depois, o produtor resolveu o problema. Após seguir a mãe até o pasto de manhã, ele a avistou cuidando em segredo de outro bezerro na floresta perto dos limites da fazenda. Ela havia parido gêmeos e, sabendo que um dos bebês seria tirado dela — para produção de vitela, como a maioria dos bezerros —, teve um momento "escolha de Sofia", em que entregou um filhote ao produtor e manteve outro escondido. Conforme Holly relatou mais tarde:

> Primeiro, ela tinha memória — memória de suas perdas anteriores, em que levar o bezerro ao celeiro resultava em nunca vê-lo(a) novamente... Segundo, ela podia idealizar e executar um plano... Tudo o que sei é isto: tem muito mais coisas acontecendo por trás daqueles belos olhos aos quais nós, humanos, sequer damos crédito, e, como uma mãe que conseguiu cuidar dos meus quatro bebês e não teve que sofrer as agonias de perder os filhos queridos, eu sinto a dor dela.[47]

Na realidade, nunca conseguiremos compreender a profundidade e a beleza da compaixão animal. Vivenciar o êxtase do amor e a angústia da perda não são próprios apenas dos seres humanos. Todas as mães, não importa se têm duas, quatro ou oito pernas, sabem o que é perder um filho — um pedaço de si mesmas que nunca pode ser recuperado. A ciência moderna pode oferecer uma ideia vaga do amor dos cães, vacas ou quaisquer outras das 8,7 milhões de espécies do mundo, mas mesmo a máquina de ressonância magnética mais potente nunca penetrará a mais peculiar das emoções.

Para comprovar, basta observar os ratos, que passam a vida evitando o olhar da humanidade. Lembra-se dos ratos de filmes como *Cinderela* e *Babe, o Porquinho Atrapalhado* cantando melodias doces e pungentes? Descobriu-se que ratos de verdade podem realmente cantar uns para os outros, em frequências altas demais para serem detectadas pelo ouvido humano. Usando microfones sensíveis, cientistas australianos descobriram que os ratos cantam um para o outro enquanto fazem a corte — baladas ultrassônicas que apenas eles conseguem ouvir.

Se conseguimos dormir alheios às canções de amor de nossos amigos minúsculos, então o que mais estamos perdendo? As maiores histórias de amor de nossos tempos podem estar acontecendo lá no alto do céu, nas profundezas do mar, no coração das florestas mais densas — ou, talvez, sob os nossos próprios pisos, na calada da noite.

A Alegria da Brincadeira

A brincadeira é mais antiga que a cultura, pois esta, ainda que inadequadamente definida, sempre pressupõe a sociedade humana, e os animais não esperaram que os seres humanos lhes ensinassem a brincar.

— Johan Huizinga, historiador holandês

A dra. Marina Davila-Ross estava intrigada. Especialista em comportamento de primatas pela Universidade de Portsmouth na Inglaterra, ela notou uma coisa estanha — depois que um gorila batia de leve em outro e saía correndo, o segundo gorila alcançava o primeiro e batia nele também. E corria.

Em outras palavras, os gorilas estavam brincando de pega-pega.

Curiosa para ver se esse comportamento era normal, Davila-Ross e sua equipe de pesquisadores analisaram vídeos de 21 gorilas de seis colônias em cinco zoológicos pela Europa. "Nossas descobertas sobre gorilas brincando mostram semelhanças importantes com a brincadeira de pega-pega infantil", relatou, em julho de 2010. "Em nosso estudo, os gorilas não só batiam em seus colegas e depois saíam correndo, perseguidos pelos outros, mas também alternavam os papéis ao bater, para que o pegador se tornasse a presa e vice-versa."[48]

Como qualquer pai ou mãe pode confirmar, crianças pequenas gritam de alegria ao serem perseguidos em uma brincadeira, assim como um corredor do ensino médio fica eufórico à medida que vai se aproximando da linha de chegada, desviando-se dos adversários e fazendo movimentos falsos para confundi-los. Adolescentes norte-americanos dos anos de 1980 eram fascinados pelo jogo de fliperama *Pac-Man*, em que controlavam uma valente bola comilona conforme ela ia enganando um grupo de fantasmas que a perseguiam. A emoção da perseguição está enraizada nas regiões mais profundas de nosso cérebro, e transcende espécies. "Quando um animal está fugindo de um predador de verdade, a força motivadora é o medo", explica Peter Gray, psicólogo pesquisador da Faculdade de Boston. "Quando um animal está praticando, na brincadeira, como se esquivar de um predador de mentirinha, a força motivadora é a alegria."[49]

A brincadeira é onipresente no reino animal. Ela existe entre humanos e cães, macacos e crocodilos. Por que brincar é tão universal? A teoria mais comum é que os animais brincam para desenvolver habilidades de sobrevivência. Outra teoria é que brincar ajuda animais jovens a percorrer hierarquias sociais na vida adulta. E, ainda assim, alguns animais — inclusive seres humanos — brincam apenas por diversão.

BRINCAR PARA SOBREVIVER

No final do século XIX, o famoso psicólogo Karl Groos sugeriu que o caráter universal da brincadeira pode ser explicado pela seleção natural. "Não se pode dizer que os animais brincam porque são jovens e brincalhões, e sim que eles têm um período de juventude para poder brincar", escreveu ele em seu livro de 1898, *The Play of Animals* [O Jogo dos Animais, em tradução livre]. "Apenas desse modo eles podem suplementar o dom hereditário insuficiente com a experiência individual, em vista das próximas funções da vida."[50] Em outras palavras, os animais, ao brincar, estão praticando habilidades das quais precisarão na vida adulta, quando os desafios são bem maiores. Portanto, de acordo com Groos, gorilas brincando de pega-pega pode parecer uma manifestação inocente de juventude, mas existe aí um propósito evolutivo maior.

Aparentemente, observações apoiam a teoria de Groos. Por exemplo, o comportamento brincalhão é mais percebido em animais jovens, assim como em seres humanos jovens. Estudos provaram que, entre mamíferos, esse comportamento diminui após a puberdade, o que significa que animais na fase adulta estão prontos para usar as habilidades que aprenderam ao brincar para fins mais úteis, como a caça. Groos dividiu a brincadeira em várias categorias, incluindo brincar de se mover, brincar de caçar, brincar de lutar e brincar de cuidar. A brincadeira animal observada poderia, então, ser devidamente alocada nas categorias que, em última instância, ela promovia.

Tome como exemplo os leões. Entre no YouTube e encontrará centenas de vídeos de leões jovens brincando de luta. Nessa idade, leões passam os dias caçando, saltando, arranhando, brigando e mordiscando, conforme aprendem as habilidades que um dia preservarão suas vidas. Vivendo em grupos muito unidos ou em bandos, leões são os mais sociáveis dos grandes felinos. As fêmeas, ou leoas, constituem o alicerce de cada bando. Protetoras ferrenhas de seus filhotes e cuidadosas com estranhos, com frequência elas lidam com as tarefas da caça, coordenando o movimento de outros leões para atacar a presa com eficácia. Por terem corações relativamente pequenos, os leões possuem rompantes muito curtos de energia — eles precisam conseguir abater a presa com ataques rápidos e potentes. Os filhotes aprendem essas habilidades após serem apresentados ao bando, brincando com outros para fortalecer os músculos. Isso é importante sobretudo para os filhotes machos, já que na maioria dos casos eles são expulsos do bando após atingir, aos três anos, a maturidade sexual, e precisam cuidar de si mesmos até formarem a própria família.

Não é preciso viajar ao Serengueti para testemunhar a teoria do brincar-para-sobreviver. Há chances de você ter olhado pela janela e visto dois esquilos correndo em fios elétricos ou em cima de árvores. Esquilos jovens se perseguem para desenvolver força e coordenação — habilidades cruciais para um animal que todos os dias salta em galhos muito frágeis e fios elétricos a dezenas de metros do solo. Brincadeiras de perseguir também preparam os esquilos para uma política complexa na idade adulta. Os esquilos mais ágeis perseguirão e morderão outros que começarem a se alimentar ou coletar bolotas em seu território, a fim de estabelecer uma "hierarquia" entre esquilos.

Truques de Esquilos

Um artigo de 2008 publicado no *British Journal of Animal Behaviour* fez uma pergunta curiosa: "Os esquilos apresentam comportamento ardiloso?"[51] Em outras palavras, esquilos mentem?

A resposta, aparentemente, é sim.

Esquilos-cinzentos são acumuladores famosos, estocando nozes para sobreviver aos invernos gelados e rigorosos. Como "acumuladores dispersos", em geral, os esquilos estocam suas bolotas em muitos lugares diferentes, no caso de seu tesouro ser pilhado por ladrões. Aparentemente, percebendo que rivais podem estar à espreita, os esquilos se valem de vários truques para esconder as provisões. Os pesquisadores descobriram que esquilos passam, de forma dissimulada, as bolotas das patas para a boca pouco antes de dar a impressão de enterrá-las. Quando um pretenso ladrão aparece para roubar as nozes, ele se depara com um buraco vazio e vai embora com o estômago na mesma condição.

A perseguição também é um componente essencial do acasalamento. Acredita-se que os machos podem farejar quando uma fêmea está pronta para se reproduzir. No fim do inverno e início da primavera, os machos perseguirão as fêmeas para sentir um pouco do cheiro delas. Quanto mais habilidades de perseguição os esquilos adquirem quando jovens, maior probabilidade têm de se reproduzir. Um estudo de esquilos terrestres de Belding — encontrados no alto de montanhas no oeste dos Estados Unidos — concluiu que o comportamento brincalhão "pode, no fim, influenciar sucessos reprodutivos em longo prazo".[52]

No início dos anos de 2000, uma equipe de pesquisadores da Universidade de Alaska Fairbanks tentou provar que brincar durante a infância poderia ajudar os animais a sobreviver na fase adulta. Instalados no coração do Alasca, os pesquisadores tiveram a sorte de estudar um dos mamíferos mais brincalhões da Terra: os ursos-pardos. Encontrados nas montanhas e florestas do norte da Europa, Ásia e América do Norte, os ursos-pardos estão entre os maiores carnívoros terrestres, rivalizando em tamanho apenas com seu parente próximo, o urso-polar. Há muitas subespécies de ursos-pardos, incluindo ursos-cinzentos, encontrados no Alasca, no oeste do Canadá, e até o sul de Wyoming, identificados por faixas cinzas ou amarelas "grisalhas" no pelo; ursos-pardos-do-alasca, mais escuros que os cinzentos e encontrados ao longo da costa do Alasca; e ursos-pardos eurasianos, ursos com pelagem castanha farta encontrados na Europa e na Rússia. Em geral, as fêmeas dão à luz de um a três filhotes de cada vez, que dependem da mãe durante uns três anos. Os machos não apenas não participam da criação dos filhotes de maneira alguma como com frequência matam ursos jovens, na esperança de acasalar com as mães deles. Por esse motivo, bebês ursos precisam aprender a se defender logo na infância, por meio da brincadeira.

Os pesquisadores da Universidade do Alasca observaram ursos-pardos que vivem em Admiralty Island, na costa sudeste do Alasca, no arquipélago Alexander. Os pesquisadores acompanharam dez mães diferentes que deram à luz 24 filhotes ao longo de dez anos. Esses filhotes brincavam juntos com frequência, inclusive de brigar, perseguir e outras formas de brincadeira de luta. "Em nosso estudo", escreveram os autores, "ursos jovens que brincavam mais tenderam a sobreviver melhor até a independência. Nossos dados sustentam a brincadeira como um fator de sobrevivência".[53] Ursos jovens adoram brincadeiras demoradas e difíceis, fortalecendo os músculos quando se erguem sobre as patas traseiras e brincam de luta com os irmãos. Apesar do tamanho gigante e da fama de agressivo, o urso é silencioso ao brincar e as mordidas são leves — como se ursos jovens compreendessem que precisam trabalhar juntos para ficar mais fortes, já que a mãe nem sempre estará por perto para defendê-los.

Predadores brincam. Suas presas, também. Para sobreviver, eles também precisam da brincadeira para ficarem mais fortes e mais ágeis. O cervo-de-cauda-branca, comum do Canadá até o Peru, precisa evitar mais que caçadores humanos e carros. Lobos, pumas, jacarés, jaguares, linces, ursos e carcajus — o cervo vive em um estado constante de tensão. Felizmente, eles podem fazer a maioria dos predadores comer poeira, disparando a uma velocidade de até 70km/h e dando saltos verticais de quase 3 metros. Essas habilidades são aprendidas na infância, quando cervos brincam juntos para fortalecer músculos e melhorar seus reflexos. Os cervos correm em círculos em volta das mães, com frequência saltando e mudando de rota; às vezes eles andam atrás da mãe e balançam a cabeça para frente e para trás, como um filhote, suplicando a ela que entre na diversão. Se a mãe tem certeza de que há poucos perigos, ela cederá ao filho e brincará de perseguir. Brincar também ajuda os cervos a desenvolver as habilidades sociais necessárias para interagir com outros de sua espécie, como lutas simuladas e posturas agressivas e submissas.

Do outro lado do mundo, outro animal frequentemente perseguido — a gazela — precisa aprender habilidades de sobrevivência desde muito cedo. Uma espécie de antílope, gazelas são encontradas sobretudo nos desertos e pastagens da África, bem como da Índia e do sudoeste da Ásia. Todas as subespécies de gazelas se caracterizam pela rapidez, e algumas são capazes de correr em disparada a aproximadamente 90km/h. Sua velocidade espantosa é uma necessidade evolutiva — entre os predadores das gazelas, estão os leões, guepardos, leopardos, chacais, hienas e até crocodilos. (Conforme evidenciado por pinturas rupestres antigas, humanos também caçavam gazelas há muito tempo, embora nos últimos anos caçadores ilegais tenham substituído lanças por jipes e rifles superpotentes.) Em um estudo de 2012, pesquisadores chineses revelaram como brincar ajuda as gazelas-persas, encontradas no Oriente Médio, na Índia e na China, a adquirir força muscular para fugir de predadores. Não surpreende que a forma mais comum de brincadeira seja a caça, com ataques curtos e intensos envolvendo mudanças de direção frequentes e velozes, saltos, pulos e coices. Essa agilidade incrível permite às gazelas que se esquivem com habilidade de predadores, como os guepardos, que podem atingir velocidades mais altas, mas se cansam rápido dos movimentos inesperados repetidos, falseadas e desvios que as gazelas dominam praticamente desde o nascimento, por meio de brincadeiras.

BRINCADEIRA SOCIAL

Brincar pode ter outro propósito além de desenvolver habilidades físicas de sobrevivência.

Ao estudar outros primatas, cientistas se depararam com uma segunda teoria sobre por que os animais brincam. Em vez de — ou, talvez, além de — brincar para se prepararem para a fase adulta, a brincadeira pode servir para estimular e fortalecer regiões do cérebro associadas ao aprendizado e à cognição, habilidades fundamentais para animais altamente sociais. Embora se acredite que primatas nasçam com todas as células nervosas (conhecidas como neurônios) que terão para sempre, supõe-se que por meio da brincadeira os animais possam fortalecer conexões no cérebro, ajudando-os a se adaptar e aprender novas habilidades. Logo, espécies que gostam de brincar possuem uma vantagem evolutiva. Pesquisas sugerem que certos tipos de brincadeira são associados a habilidades específicas. Por exemplo, a chamada brincadeira não social, em que primatas brincam sozinhos com objetos, como bolas, fortalece regiões do cérebro ligadas ao uso de ferramentas e à criatividade na fase adulta. Por outro lado, brincar com outros primatas está associado a comportamentos complexos, como a trapaça, usada para percorrer hierarquias sociais. Quanto mais os primatas brincam juntos, maior o tamanho de seus sistemas córtico-cerebelares — uma região de aprendizado altamente complexa do cérebro que usa informações sensoriais para desenvolver memória muscular. A diversão nos deixa mais espertos.

Em um experimento inquietante na Faculdade de Medicina de Yale, vários macacos-rhesus enjaulados — nativos do sul, do centro e do sudeste da Ásia — foram mantidos sob condições estressantes no laboratório e ensinados a jogar uma versão modificada de pedra, papel e tesoura [jokempô]. Qualquer ser humano que tenha jogado esse jogo entende a dor do arrependimento ao perder — *Por que eu não coloquei pedra?* —, e os macacos também demonstram arrependimento competitivo. No estudo, quando um macaco vencia um pesquisador em uma rodada, ele era recompensado com um copo de suco. Quando empatava, ele ganhava menos suco. Perder significava nada de suco. Os pesquisadores descobriram que, ao perder uma rodada, macacos tendiam a usar muito mais o sinal que teria vencido a rodada anterior — comportamento que não apenas demonstra uma inteligência elevada para planejamento e resolução de problemas, mas também arrependimento por ter tomado uma decisão ruim. Impondo equipamentos de imagem e implantando eletrodos nos cérebros dos macacos, os pesquisadores mostraram que, quando os macacos não venciam, os cérebros deles acendiam em duas regiões do órgão associadas ao arrependimento: o córtex dorsolateral pré-frontal, que envolve planejamento, memória e pensamento abstrato; e o córtex orbitofrontal, que envolve tomada de decisões e o aspecto emocional do arrependimento.

Uma disputa boba entre primatas, inclusive humanos, pode rapidamente se transformar em uma briga séria. Se ela de fato ocorrer, indivíduos sensatos podem aliviar depressa a situação e fazer as pazes. Quem primeiro observou essas táticas foi o primatologista holandês Frans de Waal, em meados de 1970. Seu artigo, publicado na revista *Behavioral Ecology and Sociobiology*, explicou que "Após interações combativas entre chimpanzés, ex-oponentes mantêm, com frequência, contato corporal não violento... Eles tendem a ter contato logo após o conflito e demonstram padrões especiais de comportamento durante esses primeiros momentos".[54] Esse comportamento de reconciliação inclui beijos, abraços, vocalização submissa e toques de mão. Outros estudos descobriram que a reconciliação entre chimpanzés resultava em melhores relacionamentos na vida adulta e menor probabilidade de comportamentos agressivos. Assim como você se sente aliviado depois que faz as pazes com um ente querido após uma briga, chimpanzés ficam menos estressados quando abraçados.

Os primatas provavelmente aprendem como se reconciliar quando são jovens. Em um estudo posterior, de Waal descobriu que, após uma multidão de macacos especialmente briguentos ter ficado junta por alguns meses, sua habilidade de reconciliação após uma disputa triplicou. E o que esses macacos jovens, que moram em florestas, gostam de fazer juntos? Brincar. Fazendo algazarra juntos — e, inevitavelmente, lutando — os macacos aprenderam que, para viver em paz, eles precisam aprender a fazer as pazes. Essa teoria foi confirmada em um estudo de 2016 envolvendo chimpanzés, quando pesquisadores britânicos descobriram que "chimpanzés imaturos geralmente se reconciliavam usando brincadeiras sociais".[55] Assim como crianças humanas aprendem a resolver disputas brigando no parquinho longe do olhar atento de um professor, nossos parentes primatas aprendem muitas habilidades sociais cruciais por meio de brincadeiras rudes.

BRINCANDO POR DIVERSÃO

Alguns animais brincam para aprender habilidades de sobrevivência; alguns, para desenvolver laços sociais fortes. Outros, ainda, parecem brincar sem nenhum propósito aparente, como é o caso dos suricatos — pequenos insetívoros pertencentes à família das fuinhas. Encontrados no deserto de Kalahari, em Botswana, no deserto da

Namíbia, na Namíbia e em Angola, e em partes da África do Sul, suricatos vivem em grupos de, aproximadamente, vinte membros, chamados bandos. Pesando cerca de 700g, suricatos possuem corpos compridos e esbeltos, com caudas grandes que o ajudam a se equilibrar quando ficam de pé sobre as patas traseiras.

Suricatos vivem embaixo da terra, em túneis que se interconectam com múltiplas entradas. Quando não estão buscando comida no lado de fora, eles cuidam uns dos outros em suas moradias apertadas. Suricatos também têm funções específicas em um bando, como montar guarda para alertar sobre a aproximação de predadores ou tomar conta de recém-nascidos. Quando filhotes, suricatos engatinham por aí e sobem uns nos outros, mordendo-se com delicadeza nos membros, orelhas e focinhos. Com uma semana de vida, eles ficam de pé sobre as patas traseiras e lutam de um jeito bem parecido com o de lutadores de sumô: balançando sobre as pernas troncudas conforme empurram e puxam, tentando derrubar o oponente. Quando um filhote finalmente vence, ele salta sobre a barriga do adversário e mordisca as orelhas e as patas dele.

Aparentemente, não há muito sentido evolutivo nas rotinas de brincadeiras dos suricatos. Eles tendem a brincar do lado de fora, totalmente expostos aos predadores, inclusive águias e chacais. Um suricato especialmente brincalhão poderia torcer a perna ou ferir a garra, o que o tornaria menos propenso a sobreviver e passar o DNA adiante. Ao longo de milhões de anos, a seleção natural tende a eliminar um comportamento que reduz a chance de sobrevivência de uma espécie, do menor dos roedores ao mais feroz predador. Suricatos nos mostraram que, às vezes, os animais apenas gostam de brincar. Que se dane a sobrevivência.

Lynda Sharpe, bióloga da Universidade Nacional da Austrália, vem estudando suricatos na África do Sul há anos. Em um experimento, ela acompanhou 45 filhotes de suricatos até a fase adulta. Os suricatos têm tantos predadores naturais, raciocinou Sharpe, que não arriscariam brincar do lado de fora a menos que fosse muito importante. A resposta mais provável era que brincar estabelecia laços sociais, fortalecendo, portanto, a chance de um bando sobreviver quando os filhotes chegassem à fase adulta, ou talvez a brincadeira os ajudasse a desenvolver habilidades de luta. Sharpe passou semanas perambulando por campos de ervas-azedas, que lhe chegavam até as coxas, e fugindo de abelhas para observar suricatos brincando. "Todos saltavam, mordiam e rolavam em um ritmo tão frenético que não consegui identificar quem fazia o quê", escreveu ela, mais tarde. "Com frequência, o grupo todo participava (até 30 animais), criando uma agitada bola de pelos e pernas se mexendo."[56]

Finalmente, ela conseguiu os dados. Será que muita brincadeira infantil tornava os suricatos lutadores melhores quando adultos? Os jogadores mais vigorosos viravam, mais tarde, estadistas habilidosos que zelavam pelo bem coletivo do bando? "Não, não, não!", resmungou Sharpe. "Brincar não tinha nenhuma influência em nenhuma dessas coisas." Descobriu-se que até os filhotes de suricatos mais indisciplinados não eram melhores lutadores quando adultos, tampouco eram mais propensos a se tornar membros de destaque no bando. Para os suricatos, uma brincadeira é só uma brincadeira. Se brincar nem sempre está voltado a um propósito definido, então por que uma atividade potencialmente perigosa como essa existe? Talvez a resposta esteja mais perto de nós, entre algumas das criaturas mais estudadas do planeta.

CACHORRINHOS BRINCALHÕES

Todo mundo que divide a casa com um cachorro sabe das dezenas de bolas de tênis encharcadas escondidas em vários cômodos da casa. Ou que, quando chega do trabalho, é provável que seu companheiro fique saltando pela sala para cumprimentá-lo e imediatamente implore para brincar — ou, talvez, implore para ir ao parque canino, onde pode pular e correr durante o tempo que você permitir. O que eles estão aprontando? Essa mistura de chihuahua que adora um carinho na barriga está realmente aprendendo como se tornar um predador melhor? Aquele filhotinho pegando um frisbee está praticando em detalhes uma nova habilidade de sobrevivência? Enquanto a ciência explica por que leões jovens e filhotes de urso brincam de lutar, é menos claro o motivo pelo qual os cães gostam de correr na praia, brincar de bola e outras atividades aparentemente sem utilidade. E, ao contrário de outros animais, que tendem a parar de brincar ao chegar à fase adulta, mesmo o cachorro mais velho e enrugado está disposto a brincar de buscar alguma coisa. Se suricatos não podem desvendar os mistérios da brincadeira, raciocinaram os cientistas, os cachorros poderiam.

Em um estudo de 2017, publicado na revista *Applied Animal Behaviour Science*, pesquisadores descobriram que a "brincadeira canina não é o único tipo de comportamento — há vários tipos, cada um deles servindo a um propósito diferente".[57] Primeiro, os cães brincam para desenvolver habilidades motoras. Se você observar de perto filhotes brincando, eles perseguem, rolam, mordiscam, pegam e movem objetos com a boca e brincam de puxar coisas. Por meio da brincadeira, os cães aprendem a usar o corpo, entender as próprias limitações, encontrar comida e se defender em uma briga. Segundo, os cães aprendem a treinar para o inesperado. Brincar com humanos e outros cães pode ser uma atividade volátil cheia de batidas, tombos e ganidos. Ao aprender a reagir bem à dor inesperada e rostos desconhecidos, os cães se preparam para lidar com fatores de estresse da vida real. É por isso que seu cachorro pode ficar empolgado ao ver uma bola nova ou um brinquedo de mastigar, mas um aspirador de pó que ele não conheça vai deixá-lo assustado. Por fim, os pesquisadores descobriram que brincar ajuda os cães a desenvolver relações de cooperação, mas não de domínio, na fase adulta — habilidades cruciais para animais de matilha que no passado viviam e caçavam juntos.

No mínimo, brincar revela como os cães são capazes de pensamentos emocionais complexos. Após observar pegadas de cachorros brincando, o cientista Marc Bekoff concluiu que eles demonstram um leque de emoções, incluindo alegria, indignação, culpa e ciúme. Por exemplo, se vários cães estão brincando no parque e outro morde com muita força ao brincar, os outros podem ignorá-lo durante o resto do dia. Isso, explica Bekoff, é uma forma básica de moralidade. Mais assustador ainda, os cães, aparentemente, exibem a habilidade conhecida como teoria da mente — que, como vimos no capítulo anterior, é a capacidade de compreender o que outro animal está pensando.

Por exemplo, afirma Bekoff, quando uma cadela quer brincar, primeiro ela tentará chamar a atenção de outro cão, mordiscando-o de leve ou saltando em seu campo de visão. A cadela entenderá que seu parceiro de brincadeiras não está atento, e não dará início ao jogo até obter a atenção dele. Essa habilidade pode parecer rudimentar, mas a teoria da mente é a base da empatia e o traço distintivo da inteligência humana.

GATINHOS SALTITANTES

Comparados com os cães, os gatos tendem a estar mais em sintonia com seus instintos predatórios. Suas brincadeiras se parecem mais com as de leões, tigres e outros felinos grandes que precisam aprender a sobreviver já na infância. Com apenas um mês de idade, os filhotes estão aprendendo técnicas básicas profundamente enraizadas em sua evolução, incluindo brincar de luta, espantar pássaros, pegar peixes e saltar sobre ratos. Filhotes de gatos que crescem em uma ninhada fazem uma brincadeira universal de morder a nuca dos irmãos, imitando técnicas usadas para pegar roedores. Esse tipo de luta, conhecido como brincadeira social, geralmente atinge o ápice por volta de doze semanas. Os filhotes de gato estão trabalhando para aprimorar a pontaria, aprendendo como se arrastar e saltar de lado, pular e emboscar os irmãos incautos. Para humanos que adotam um gatinho só, tornozelos e cachorros distraídos podem sofrer as consequências dessa brincadeira agressiva.

Em pouco tempo, filhotes de gato passam a brincar com objetos. Enquanto preferimos que nossos pequenos amigos felinos brinquem com brinquedos seguros, como ratos de pelúcia e postes de arranhar, eles inevitavelmente os trocam por papel higiênico e rolos de papel toalha. Isso porque a visão do gato é perfeita em captar movimentos repentinos, seja um rato fugindo ou um lenço de papel dançando sob um ventilador de teto. Quando objetos, irmãos ou tornozelos não estão disponíveis para a emboscada, os gatos entram, frequentemente, em uma brincadeira "autodirecionada", como correr atrás do próprio rabo e saltar sobre alvos imaginários. Como a maioria dos mamíferos, os gatos brincam menos após chegar à idade adulta, mas não param por completo. Mesmo quando adultos, os gatos continuam a pegar os irmãos com as patas, mordiscar as orelhas deles e a gostar de perseguições, correndo em alta velocidade ao redor, embaixo e em cima dos móveis da sala. Os gatos vão, com frequência, se alternar no papel do agressor — um jeito crucial de determinar se eles estão brincando ou lutando de verdade. Esse tipo de brincadeira fortalece os laços sociais entre gatos, libera a energia acumulada e reduz o estresse.

A predisposição dos gatos para caçar roedores e pássaros tem raízes evolutivas profundas. Ao longo de milhares de anos, os gatos tiraram partido de suas relações íntimas com seres humanos para colonizar todos os continentes, com exceção da Antártida. Geneticistas acreditam que os gatos foram domesticados pela primeira vez há cerca de dez mil anos por agricultores que valorizavam suas habilidades de caçar roedores. Os gatos eram venerados pelos antigos egípcios por volta do ano 3.000 a.C. e frequentemente obtinham os mesmos privilégios na mumificação geralmente reservados aos seres humanos mais ricos. Ao longo da Idade Média, gatos foram importantes em navios para controlar a população de roedores — motivo crucial pelo qual eles são encontrados em quase todos os lugares do planeta.

Isso levou a uma forma sádica de diversão felina, de acordo com algumas pessoas: "brincar" com a presa que ainda não está morta. Gatos não são Hannibal Lecters felinos; eles estão praticando uma habilidade que adquiriram no início de sua evolução. Ratos, ratazanas e outros roedores têm dentes afiados e revidam quando feridos, enquanto aves podem dar bicadas doloridas. Por terem focinhos curtos, os olhos e o rosto dos gatos são suscetíveis a ataques. Por esse motivo, gatos parecem brincar com a comida para deixá-la cansada — por exemplo, deixando um rato escapulir antes de pegá-lo de novo. Quando a presa estiver tonta o suficiente, um gato dará o golpe final em forma de uma mordida devastadora na coluna vertebral. Em vez de se divertir, no sentido humano da palavra, os gatos estão apenas seguindo seus instintos de predador, por mais macabro que isso possa parecer.

DIVERSÃO NA FAZENDA

As cabras são criaturas curiosas. Descendentes da cabra selvagem do sudoeste da Ásia e da Europa Oriental, as cabras domésticas de hoje são criadas no mundo todo por conta do seu leite, sua carne, pelagem e pele. Quando não confinadas em uma fazenda, as cabras são animais que gostam de pastar e cuja curiosidade as fazem andar por toda parte. Extremamente inteligentes e ágeis, as cabras testam os currais e exploram seus pontos fracos, muitas vezes subindo em cercas altas. As cabras ao redor observam de perto suas amigas e aprendem os mesmos truques. Frequentemente, isso leva a fugas de prisão em massa. Em agosto de 2018, mais de cem cabras atravessaram uma cerca de madeira e escaparam do curral em Boise, Idaho. De olho em pastagens mais verdes, as cabras saíram para dar uma volta a fim de comer a grama bem cuidada de um bairro residencial nos arredores.

Quando as cabras não estão ocupadas em alguma fuga, elas gostam de ficar perto de humanos felizes. Às vezes tudo o que se precisa para conquistar uma cabra é um sorriso vencedor. Em um estudo, após testes com vinte cabras, pesquisadores descobriram que elas se comportam de maneira semelhante à dos cachorros em sua habilidade de decifrar humanos. Foram mostradas às cabras fotografias de pessoas com várias expressões faciais, incluindo sorrisos e caretas. A maioria esmagadora das cabras fez fila para os humanos sorridentes e passou 50% a mais de tempo com eles. O pesquisador-chefe afirma: "O estudo tem implicações importantes quanto à maneira como interagimos com animais de fazenda, porque as habilidades dos animais para perceber emoções humanas podem ser mais amplas e não se limitar apenas a bichos de estimação."[58]

Porcos também demonstram formas apuradas de inteligência e ludicidade. Na verdade, eles são tão instigantes que o ex-presidente Harry Truman disse, certa vez, "Nenhum homem que não compreende os suínos deveria poder ser presidente". Quando em seus ambientes naturais — não em fazendas imundas e tristes —, os porcos são animais sociáveis, brincalhões e protetores que criam laços entre si, fazem ninhos, relaxam ao sol e se refrescam na lama. Sabe-se que os porcos sonham, reconhecem o próprio nome, aprendem "truques", como sentar-se por um petisco, e levam vidas sociais de uma complexidade observada anteriormente apenas em primatas. Há registros de porcos demonstrando empatia por outros porcos que estão felizes ou estressados. Muitos porcos, inclusive, dormem em "pilhas", como os cães. Alguns gostam de se aconchegar aos outros e alguns preferem espaço.

Pessoas que administram santuários de animais que incluem porcos reparam que eles são mais parecidos com os seres humanos do que se poderia imaginar. Eles gostam de ouvir música, brincar com bolas de futebol e receber massagem. Porcos podem até mesmo jogar videogame. Pesquisadores descobriram que porcos controlavam avidamente uma bola na tela usando o próprio focinho e um console. Eles apreenderam rápido os fundamentos do jogo: rolar a bola até áreas sombreadas na beira da tela, que ficam menores conforme o jogo avança, e ganhar um petisco de verdade. É claro que, na natureza, e não em um laboratório, é possível ver porcos brincando com alegria o tempo todo.

Porcos de Resgate

Sabe-se que os porcos salvam a vida dos outros, inclusive de seus amigos humanos. Conforme relatado pelo jornal londrino *Daily Mirror*: "Uma leitoa de estimação chamada Pru foi elogiada por sua dona após puxá-la de dentro de um lamaçal." A dona disse: "Estava entrando em pânico quando fiquei presa na lama. Não sabia o que fazer e acredito que Pru sentiu isso. Eu tinha uma corda comigo, que uso para guiar cachorros, e coloquei em torno dela. Eu ficava gritando 'vá para casa, vá para casa' e ela andou para a frente, puxando-me da lama, devagar."[59]

Além de Pru, há Priscilla, uma porca que salvou um garotinho que se afogava; Spammy, que levou os bombeiros até um celeiro em chamas para salvar seu amigo bezerro, Spot; e Lulu, que buscou ajuda para sua companheira humana que desmaiara por conta de um ataque cardíaco. Uma porca chamada Tunia afugentou um invasor, e outra, chamada Mona, segurou a perna de um suspeito em fuga até a polícia chegar.

UM ELEFANTE (NÃO) INCOMODA MUITA GENTE

Em 1942, quando os japoneses invadiram Burma, um britânico chamado James Howard Williams se juntou ao 14º Corpo do Exército, uma unidade militar especializada em guerrilhas. Cercada pelo inimigo, a companhia de Williams foi forçada a encarar uma travessia traiçoeira por várias cordilheiras para fugir para a Índia. Conforme caminhavam, Williams se deparou com elefantes usados anteriormente para carregar lenha, mas que haviam sido alistados à força para ajudar na evacuação de Burma. Williams se familiarizara com elefantes ao trabalhar como gestor florestal antes da guerra, e durante a retirada ele registrou as maneiras surpreendentes pelas quais os elefantes conseguiam se adaptar a qualquer situação, até mesmo a batalhas violentas. Durante a retirada desesperadora, os elefantes foram tirados à força de suas famílias e suportaram surras terríveis e outras técnicas cruéis de treinamento para aprenderem rapidamente a transportar troncos usados com objetivo de construir pontes em locais onde não era possível comprar equipamentos pesados.

Durante a retirada, Williams notou uma característica peculiar entre os elefantes: o humor. Um deles, Bandoola, gostava de jogar um jogo com seu treinador. Ao rolar os troncos da ponte até a margem do rio, Bandoola às vezes fingia ficar sem força no último minuto, arfando e bufando, e se esforçando para mover o tronco pelo último centímetro para dentro da água. Após esperar o treinador reclamar, Bandoola usava a tromba para deslizar o tronco para dentro do rio como se fosse um graveto. Quem contou a história jurou que conseguiu ver o elefante sorrindo, satisfeito com a pegadinha.

Os elefantes brincam, por todos os motivos e em todos os lugares possíveis. Por exemplo, banhos de lama. Sob o sol fortíssimo da África, o calor extremo e a radiação ultravioleta podem enfraquecer rapidamente os animais se eles não se refrescarem. Ao se cobrirem de lama, os elefantes formam uma camada protetora na pele para se abrigarem do sol, e também como um alívio para picadas de insetos. As mães estimulam os filhotes a se jogarem nas poças, e lá eles brincam, lutam e tomam um banho de lama delicioso.

De água, também. Embora sejam os maiores mamíferos terrestres do planeta e pesem quase 6 toneladas, eles não têm problema algum em mergulhar nos mares e nadar longas distâncias. Os elefantes desenvolvem músculos fortes de nado ao caminhar dezenas de quilômetros por dia em busca de comida e água e, por conta de seu peso, eles continuam flutuando mesmo quando param de nadar. Foram observados elefantes nadando até 48 quilômetros sem parar, e muitos especialistas acreditam que ancestrais dos elefantes que vivem no Sri Lanka nadaram até lá saindo do sul da Índia. Os elefantes nadam abaixados na água para evitar ondas, usando a tromba como um snorkel. A partir dos cinco ou seis meses de idade, elefantinhos adoram mergulhar na água e espalhar ondas, repetindo o processo várias vezes até ficarem exaustos. No entanto, o cativeiro os priva de todos esses prazeres e comportamentos naturais.

DIVERSÃO DE AVES

Seres humanos observaram brincadeiras sobretudo entre mamíferos terrestres. Mas elas existem em todos os lugares. Conforme salientado no capítulo anterior, corvos fazem funerais, mas também gostam de dar uma exagerada quando os humores estão mais leves. Como crianças pequenas que aprendem habilidades como resolução de problemas e noção de espaço ao construírem com blocos, também pode haver um propósito evolutivo na brincadeira dos corvos. Em particular, deve haver um elo entre a tendência dos corvos brincarem e usarem ferramentas, já que eles foram observados arrancando insetos de fendas minúsculas de árvores usando varinhas curvas e bordas de folhas dobradas.

Mas outras ferramentas não parecem tão úteis. O YouTube contém vários vídeos de corvos praticando surfe na neve em telhados, usando uma tampa de plástico. Os corvos não estão usando a tampa para se aproximar de fininho de um grilo incauto ou poupar energia do voo: Após chegar à beira do telhado, eles seguram a tampa com o bico, voam de volta até o topo e escorregam novamente. (Corvos também foram observados rolando e deslizando em telhados escorregadios, pregando peças e se lançando em rajadas fortes de vento e flutuando de volta, para baixo.)

Cientistas chamam essa prática de esqui na neve de "exploração de objetos sem recompensa". É um jeito chique de dizer que o corvo está se divertindo. Um cão que vai buscar algo e volta se sacudindo está esperando um petisco, mas não há nenhuma recompensa por praticar surfe na neve em um telhado. Especulou-se que, talvez, os corvos brincassem com objetos igualmente sem utilidade para testar se eles poderiam ser usados como ferramentas para propósitos mais sérios. Seis corvos, em condições de laboratório, conseguiram brincar com brinquedos, como um graveto, e então foram treinados para usar esses brinquedos para determinadas tarefas, como mexer na comida dentro de um tubo. Quem os estudou pensou que os corvos pudessem interagir com os brinquedos de maneiras diferentes quando entendessem o propósito deles. Só que não. Mesmo que as aves compreendessem que um graveto também poderia ser usado para conseguir comida, elas ainda brincavam com ele do mesmo jeito. Um estudo de 2018 revelou que os corvos podem até construir as próprias ferramentas usando peças separadas — por exemplo, unindo gravetos menores para formar um mais longo a fim de alcançar larvas em uma caixa. "A descoberta é marcante porque os corvos não receberam nenhuma assistência ou treinamento para fazer essas combinações, eles as descobriram por conta própria",[60] disse Auguste von Bayern, do Instituto Max Planck de Ornitologia e da Universidade de Oxford.

Gaivotas-prateadas, comumente chamadas apenas de gaivotas, são encontradas em regiões costeiras em todo o mundo. Conhecidas por seus "longos chamados" característicos — uma série de notas feitas ao mergulharem e levantarem a cabeça, usadas para qualquer coisa desde o cortejo até ameaças —, as gaivotas-prateadas são geralmente brancas com o dorso acinzentado, e têm asas cinzentas com as pontas pretas. Sua dieta é extremamente variada, e elas comem de tudo um pouco, desde ostras, caranguejos, ouriços-do-mar, até lulas, peixes, insetos e comida humana descartada.

Se você já dirigiu perto da praia, deve ter ouvido os pneus esmagando conchas. Muitas vezes, as gaivotas pegam mariscos e outros moluscos da água e os atiram em superfícies duras para um lanchinho suculento. Mas gaivotas mais jovens costumam transformar essa atividade em um jogo. Gaivotas travessas às vezes interceptam os mariscos ou as ostras de seus amigos em plena queda e brincam de bobinho. Esse jogo é mais comumente jogado em solo macio do que em solo duro, sugerindo que as aves tomaram uma decisão consciente de brincar e não de comer. Além disso, esse comportamento é mais comum com ventos fortes, aumentando o desafio e, portanto, a diversão.

Pássaros em Gaiolas

Pássaros em cativeiro levam uma vida difícil. Todas as aves engaioladas foram ou capturadas na natureza ou criadas em cativeiro; pássaros são contrabandeados para os EUA com mais frequência do que qualquer outro animal. Muitos são alimentados à força e têm as asas aparadas e os bicos fechados com fita antes de serem amontoados em qualquer coisa, de estepes a bagagens de mão. Não é incomum que 80% das aves em um navio contrabandeado morram. Pássaros criados em cativeiro não se saem muito melhor. Por não terem boas chances de venda em lojas de animais, pássaros com mais de oito a dez semanas são mantidos para reprodução e condenados a gaiolas pequenas, sem praticamente nenhum contato humano para o resto da vida.

Não existe esse negócio de "gaiola". Na natureza, esses seres encantadores nunca estão sozinhos. Se eles se separam por um instante dos companheiros, eles os chamam freneticamente. Eles limpam as penas uns dos outros, voam juntos e dividem a tarefa de chocar os ovos. Muitas espécies de aves mantêm um companheiro a vida toda e dividem as obrigações parentais. Infelizmente, para elas, suas qualidades, que achamos admiráveis e fascinantes — cores brilhantes, habilidades de comunicação, inteligência, ludicidade e lealdade —, fizeram delas o tipo de animal de companhia mais popular nos EUA, onde estima-se que 40 milhões de pássaros sejam mantidos em gaiolas e, muitas vezes, sem os cuidados adequados — entediados, sozinhos e a uma longa distância de casa.

MOLUSCOS BRINCALHÕES

Polvos são moluscos de corpos macios e maleáveis, dois olhos, uma boca e oito membros, chamados tradicionalmente de "braços". Eles vivem em todos os oceanos do mundo, desde recifes de corais e zonas intermareais até o fundo do mar. Eles variam imensamente de tamanho, desde o polvo pigmeu sugador de estrelas, com menos de 3 centímetros de comprimento e pesando menos de um grama, até o polvo-gigante-do-pacífico, que faz jus ao nome e pesa até 50 quilos, e pode disparar a 40km/h em pequenos trechos.

Tirando esses fatos básicos, é difícil, para os seres humanos, compreenderem os polvos. Mesmo um dos pais da filosofia ocidental, Aristóteles, os difamava. Em sua obra *História dos Animais*, escrito em 350 a.C., ele escreveu: "O polvo é uma criatura burra, pois se aproxima da mão de um homem colocada dentro da água." E então, após mencionar alguns boatos sobre os polvos, Aristóteles despreza os cefalópodes de 300 milhões de anos: "Isso é tudo que temos a dizer sobre os moluscos."[61]

Aristóteles estava equivocado. Os polvos são extremamente inteligentes. Estudos revelaram como eles são bons em solucionar labirintos, usar ferramentas, distinguir formatos e padrões e aprender por meio da observação. O polvo-venoso, encontrado em águas tropicais no oeste do Oceano Pacífico, tem o hábito de transformar cocos descartados em abrigos improvisados, usando-os inclusive como escudos conforme se movem pelo fundo do mar. Algumas espécies podem reconhecer faces de pessoas. Os polvos podem se comunicar uns com os outros ativando células epiteliais especiais para mudar rapidamente de cor e padrão — habilidade também usada para se camuflarem ao caçar ou fugir de predadores. Frequentemente surgem reportagens sobre polvos que fogem de aquários, e sabe-se que eles sobem em barcos de pesca e invadem os porões para comer caranguejos. Em 2016, um polvo chamado Inky, que vivia no Aquário Nacional da Nova Zelândia, conseguiu escapar do próprio tanque, deslizar pelo chão, navegar por um tubo de escoamento de 15 metros e fugir para o oceano.

Além disso, polvos gostam de brincar. Enquanto muitos animais, sobretudo invertebrados, rejeitam objetos que não podem ser comidos, os polvos não. Por exemplo, um estudo de 2006 observou um polvo brincando com peças de Lego, arremessando-as com os braços. "Os polvos têm complexidade cognitiva para demonstrar comportamento brincalhão?", escreveram os autores. "Sim, têm."[62] Os polvos também podem usar seu funil — uma abertura tubular localizada atrás da cabeça que pode expelir água em alta velocidade — para soprar objetos para cima e para baixo, muito semelhante a uma criança jogando uma bola contra a parede.

Conforme abordado anteriormente, comparar a inteligência relativa dos animais é quase impossível (e, indiscutivelmente, sem sentido, já que animais diferentes são melhores em coisas diferentes), mas é inútil sobretudo em relação aos polvos. Enquanto os vertebrados têm basicamente a mesma arquitetura de sistema nervoso — um cérebro centralizado, protegido pelo crânio —, o sistema nervoso dos polvos fica, quase literalmente, em todos os lugares. Apenas parte do sistema nervoso dos polvos é encontrada no cérebro. Dois terços de seus neurônios estão situados em agrupamentos de células nervosas interconectadas, chamadas gânglios, localizadas no corpo e nos braços. Ainda assim, alguns restaurantes cortam os braços fora, um a um, enquanto os animais ainda estão vivos, deixando o polvo com apenas um ou dois até o pedido do próximo cliente.

Em suma, os polvos têm a maior proporção cérebro/corpo entre todos os invertebrados — e maior que a de alguns vertebrados. Com tantos neurônios nos braços, os polvos possuem um controle impressionante sobre seus sugadores circulares e aderentes. Faça uma pausa e segure o polegar e o indicador juntos. Isso é conhecido como pinça, componente crucial da capacidade humana de interagir com o meio ambiente. Sem isso, provavelmente não teríamos evoluído para a espécie mais dominante do mundo. Um polvo pode manipular ambos os lados de cada sugador para criar centenas de pinças separadas, o que os torna, talvez, a criatura marinha mais hábil e graciosa.

Em última instância, a verdadeira extensão da inteligência dos polvos é provavelmente inexplicável para os humanos. Conforme concluído por um artigo de pesquisa: "Um obstáculo importante às investigações das capacidades de aprendizado dos polvos tem sido sua relativa intratabilidade como cobaias de experiências."[63] Eles quebram equipamentos de laboratório, fogem dos tanques, recusam-se a aprender truques bobos — e não gostam de ser tirados de seus lares para levar cutucões e picadas de humanos, simples assim.

A Realidade em Polvorosa

1. *Os polvos não possuem tentáculos.* Há muitas ideias equivocadas sobre os polvos — a principal delas é a de que eles possuem tentáculos. Os polvos têm oito braços, mas *braços* não são sinônimos de *tentáculos*, embora a diferença seja um tanto técnica: se há sugadores ao longo do membro todo, é um braço. Se os sugadores estão apenas no final, como em lulas e sépias, é um tentáculo. Observou-se que alguns polvos chegavam, inclusive, a se arrastar para fora da água e andar pela praia.

2. *Os polvos têm três corações.* Um coração bombeia sangue para o corpo todo, enquanto os outros dois circulam sangue para as guelras. O primeiro coração fica desativado quando os polvos estão em movimento, motivo pelo qual eles se cansam rápido. Essa é a principal razão pela qual eles preferem andar no fundo do oceano em vez de nadar.

3. *Os polvos fogem de inimigos como James Bond.* Sob a glândula digestiva do polvo há uma bolsa de tinta. Como o Aston Martin de 007, polvos podem escapar do perigo expelindo uma "cortina de fumaça" de camuflagem — nesse caso, uma nuvem escura de tinta misturada com muco. Graças a um composto tóxico chamado tirosinase, a tinta também fere fisicamente os inimigos, causando uma irritação ocular que cega.

4. *Os polvos têm sangue azul.* Muitas espécies de polvos vivem em águas muito profundas, onde as temperaturas giram em torno de -1 grau Celsius. A maioria dos animais possui hemoglobina no sangue, cujo componente — um composto ferroso chamado hemo — dá ao sangue sua cor vermelha característica. Os polvos, porém, têm sangue à base de cobre, o que permite que seus tecidos absorvam oxigênio com mais eficiência em ambientes frios. Ele também deixa o sangue dos polvos azul.

5. *Os polvos morrem depois do acasalamento.* Durante a reprodução, os machos inserem cargas de esperma na cavidade do manto da fêmea usando um braço especial chamado hectocótilo. Logo depois, os machos passam por um processo intenso de envelhecimento chamado senescência, em que as células não podem mais se dividir e crescer. Em poucas semanas, eles estão mortos. Enquanto isso, as fêmeas prendem dezenas de milhares de ovos fertilizados em pedras e fendas no fundo do mar, onde os guardam durante cerca de cinco meses. Ela é tão dedicada em proteger seus filhos não nascidos que

sequer se alimenta. Ela sobrevive até os filhotes nascerem e, então, morre. (Às vezes esse processo leva mais tempo. Em 2014, uma equipe de pesquisadores relatou que um polvo fêmea do fundo do mar guardou os ovos continuamente por quatro anos e meio até eles eclodirem, e pôde, enfim, morrer.)

SORRISOS DE CROCODILO

Os crocodilos são sobreviventes por excelência. Tendo surgido há uns 200 milhões de anos, eles viveram 65 milhões de anos a mais que os dinossauros, e todas as 23 espécies escaparam da extinção pelas mãos de caçadores ilegais. A palavra "crocodilo" vem da expressão em grego antigo *ho krokódilos tou potamoú*, "o lagarto do rio." Extremamente resistentes, esses animais enfrentam vidas violentas, mas conseguem viver décadas mesmo com ferimentos debilitantes, incluindo ficar sem membro, sem cauda e com as mandíbulas mutiladas por causa de disputas territoriais. Crocodilos vivem, sobretudo, em habitats de água doce, como rios, lagos e mangues, com destaque para a exceção dos crocodilos de água salgada, os maiores répteis da Terra, que preferem ambientes salobros como pântanos, estuários, deltas e lagoas. A variedade de tamanho entre os adultos também é imensa, desde apenas 1,50 metro e 40 quilos (crocodilos-anões) até 7 metros e 1 tonelada (crocodilos de água salgada). E, ao contrário dos tubarões, que quase nunca atacam nadadores humanos, os crocodilos do Nilo, e os de água salgada, são responsáveis por centenas de ataques fatais a pessoas todos os anos. (Outras espécies são menos perigosas. Por exemplo, crocodilos-americanos, encontrados principalmente na América Central e do Sul, são mais medrosos; ataques fatais são raros.)

Por serem muito diferentes da maioria dos animais — em termos biológicos, eles têm uma relação mais próxima com dinossauros do que com a maioria dos outros répteis — e porque são muito ferozes, brincar parece não fazer parte da vida deles. Logo, quando o zoólogo Vladimir Dinets ouviu falar que um crocodilo cubano em um zoológico de Ohio estava brincando com uma bola inflável, ele não acreditou. Porém, após passar mais de 3 mil horas observando crocodilos na natureza e em cativeiro, Dinets concluiu que esses répteis participam de brincadeiras variadas.

Entre os animais, brincadeiras motoras significam qualquer tipo de atividade lúdica envolvendo movimentos intensos, como lutas ou pega-pega. Em relação aos crocodilianos — ordem da qual fazem parte os crocodilos e seus parentes próximos, os jacarés, caimões e gaviais —, Dinets observou, principalmente, esportes aquáticos ousados, incluindo usar o corpo para surfar várias vezes nas ondas do oceano e escorregar em ladeiras lamacentas até cair no rio. Conforme testemunharam os tratadores em Ohio, crocodilos também adoram brincar com objetos. Eles são frequentemente avistados mordiscando seus brinquedos de madeira favoritos, sem mencionar o ato de atirar a presa no ar antes de consumi-la. Eles também parecem sentir atração especial por flores cor-de-rosa, muitas vezes segurando-as com delicadeza na boca enquanto espiam as margens do rio. Dinets também registrou como crocodilos, jacarés e caimões brincam de pega-pega, dão carona uns aos outros nas costas e se envolvem em lutas simuladas.

Crocodilos X Jacarés

Se você tem diante dos olhos um réptil semiaquático de 400 quilos, escamas que mais se parecem com armaduras e 80 dentes afiados, a última coisa que vai passar pela sua cabeça é identificar se ele é um jacaré ou um crocodilo. Contudo, se estiver curioso (e na segurança de sua casa), aqui estão as diferenças básicas.

- *O focinho*. Em comparação com os crocodilos, jacarés possuem focinhos mais largos e em formato de U. Crocodilos têm focinhos mais pontudos, em formato de V.

- *O sorriso*. Jacarés têm a mandíbula superior mais larga e a inferior mais estreita, o que significa que quase todos os dentes ficam escondidos quando fecham a boca. No entanto, quando um crocodilo fecha o focinho, você verá vários dentes da frente projetando-se sobre o lábio.

- *Nascidos nos EUA.* Há apenas duas espécies remanescentes de jacarés. A maior delas, o *Alligator mississippiensis,* é encontrada exclusivamente no sudeste dos Estados Unidos, enquanto o *Alligator sinensis*, criticamente ameaçado de extinção, é encontrado no leste da China. Em todos os outros lugares do mundo, você está olhando para um crocodilo.

- *A velocidade.* Se você não é bom de corrida, é melhor torcer que esteja fugindo de um crocodilo. Jacarés são menores, ligeiros e mais rápidos na terra. Na água, eles são absolutamente letais, capazes de nadar a velocidades de uns 30km/h.

Por que os animais brincam? Será que brincam para aprender habilidades de sobrevivência? Para se tornarem melhores caçadores? Para se transformarem em governantes especialistas em percorrer hierarquias sociais complexas? Ou por que é divertido?

Ninguém sabe ao certo. Alguns animais realmente brincam para aprender habilidades que serão úteis mais tarde. Outros parecem brincar de um jeito que desafia, com ousadia, as regras básicas da evolução. Qual possível propósito evolutivo corvos praticando surfe na neve, suricatos lutando ou gorilas brincando de pega-pega realmente atende? Talvez os animais da Terra conseguiram evoluir e subsistir apesar de sua paixão por aquilo que alguns biólogos podem ridicularizar como sendo "atividades sem propósito". Brincar talvez não seja uma habilidade social ou de sobrevivência, ou de qualquer outro tipo. A busca da diversão pode, simplesmente, estar gravada, enraizada nas regiões mais antigas do cérebro, que até o menor dos insetos e o maior mamute predador compartilham.

Como disse uma vez o naturalista John Muir: "É certo que todos os povos de Deus, não importa se sérios ou selvagens, importantes ou não, gostam de brincar. Baleias e elefantes dançando, mosquitos zumbindo e micróbios arteiros, quase invisíveis de tão pequenos, todos eles estão envoltos pelo calor da radiação divina e devem ter muita diversão dentro deles."[64]

SEÇÃO II

Como você observou até agora, durante as últimas décadas desvendamos uma quantidade impressionante de novos conhecimentos sobre os animais com os quais compartilhamos o planeta. Ainda assim, há muito mais o que aprender sobre suas habilidades incríveis, talentos extraordinários e vidas fascinantes. Nesse meio tempo, enquanto continuamos nos esforçando para compreender nossos amigos animais, apareceram pessoas inteligentes fazendo progressos extraordinários na ciência, tecnologia, medicina e na indústria — progressos que nos permitiram parar de usar e prejudicar os animais e, em vez disso, substituí-los por materiais melhores para roupas, métodos de pesquisa, alimentos e lazer. Demos grandes passos, mas estamos longe de esgotar tudo o que pode ser feito. Muito mais inovações notáveis esperam por nós e pelos outros animais.

Na seção a seguir, analisaremos como os animais têm sido explorados em quatro áreas específicas da vida humana — ciência, vestuário, lazer e alimentação. E mostraremos como a humanidade aprendeu a descobrir métodos inovadores e totalmente humanos para alavancar os próprios interesses sem explorar os animais. Tome como exemplo a pesquisa científica. Quarenta anos atrás, o teste de gravidez padrão consistia no envio de uma amostra de urina a um laboratório, injetá-la em uma rã, coelho ou rato, e verificar se o animal morria. Hoje em dia, é possível comprar um kit de teste de gravidez na farmácia e saber, em questão de minutos, se a família aumentará ou não. Quarenta anos atrás, apenas uma ou outra empresa de cosméticos se recusava a testar um produto novo besuntando-o nos olhos de coelhos vivos, em sua pele raspada ou derramando-o em suas gargantas. Hoje, poucas indústrias de cosméticos fazem testes em animais — na verdade, esse tipo de teste agora é ilegal na Europa e em boa parte da Ásia, e a maioria dos produtos não contém mais ingredientes derivados de animais, como óleo de vison, almíscar e placenta.

Duas gerações atrás, porcos eram queimados para o estudo do tratamento de queimaduras. Hoje, médicos podem solicitar, na parte da manhã, camadas de pele humana clonada, recebê-las via aérea em um hospital e enxertá-las em um paciente na parte da tarde, salvando muito mais vidas. Durante os anos de 1990, cientistas injetavam o vírus da AIDS em centenas de chimpanzés, na esperança de dar forma à doença. Atualmente, temos um coquetel de medicamentos contra HIV/AIDS desenvolvidos por um computador de alta velocidade, todos eles sem o som de pezinhos batendo ou pancadas da cabeça de um chimpanzé contra as paredes da gaiola. Também temos vacinas sintéticas que, ao contrário das antigas, à base de animais, não causam nenhum efeito colateral ou morte. A lista de melhorias é longa, mas o que vem pela frente, desde exoesqueletos que permitem que pessoas com deficiência andem e levantem objetos pesados até órgãos produzidos em laboratório, é tão promissor para a saúde humana quanto vital para o bem-estar animal.

Em relação ao vestuário, Scarlett O'Hara, do filme *E o Vento Levou*, costurou cortinas para fazer um vestido — a norma da época, já que as opções de materiais existentes eram escassas. As opções mais imponentes, como um casaco de pele, custavam mais do que o salário anual de muitas pessoas. Mas peles estavam na moda, embora nem sempre fossem uma opção prática. Molhar-se enquanto se estava usando peles significava ter um carpete encharcado e malcheiroso nas costas. Contudo, naquela época não havia sintéticos mais quentes à venda nas lojas; não havia pele falsa ou lã, muito menos couro vegano. Hoje em dia, uma série de opções sem produtos animais está criando um futuro fantástico em relação ao vestuário, já que estilistas jovens utilizam materiais de primeira qualidade que não envolvem nem prejudicam animais.

O entretenimento **também** percorreu um longo caminho. Durante muitos anos, a diversão era reservada para seres humanos, não para animais (que podem de fato se divertir, conforme detalhado na Seção I). Em uma era em que jogos de videogame eram apenas ficção científica, caravanas de circo rodavam pelas cidades e as crianças apareciam aos montes para ver, empolgadas, os animais "selvagens" — isto é, elefantes e tigres tão desmoralizados que faziam qualquer coisa que o homem com o chicote ordenasse que fizessem. Hoje, ao toque de um botão (ou com um comando de voz), crianças podem ver animais brincando em seus habitats naturais, e não em jaulas, usando enfeites de cabeça bizarros ou tentando se equilibrar em bolas de borracha. Óculos de realidade virtual nos permitem observar de perto ursos e panteras, e até entrar em seus covis, sem interferir. Atualmente, poucos filmes apresentam animais selvagens que são feridos de verdade ou, o que acontecia com frequência, mortos. A tecnologia computadorizada permite que animais realizem façanhas espantosas sem derramar uma gota de sangue (e não exige ninguém para limpar tudo depois).

Finalmente, há os alimentos. Não muito tempo atrás, um homem não era um homem sem um filé preparado pela "mulherzinha", uma imagem que hoje em dia parece mais um desenho animado que a vida real. Ocidentais consumiam carne, ovos, leite, carne, leite, mais carne e, às vezes, batatas. Hoje, a maioria das pessoas está atenta demais à própria saúde para adotar uma dieta composta totalmente de animais mortos. Elas também estão informadas sobre o meio ambiente, ou seja, os efeitos nocivos da pecuária sobre nossas hidrovias, oceanos e florestas (sem mencionar que estão informadas sobre as condições primitivas e cruéis da pecuária intensiva e do transporte).

Onde, antes, o leite de soja era encontrado somente em pó, em cooperativas, e tinha que ser misturado à mão, os supermercados de hoje vendem leite de soja, amêndoas, coco, aveia, cânhamo, avelã e outros, o bastante para deixá-lo tonto. Seleções de vegetais e frutas não dependem mais das estações; você pode comer mangas e aspargos em qualquer época. As livrarias estão cheias de livros de receitas veganas, de autoria de chefs a celebridades e atletas profissionais.

Em breve teremos a "carne limpa": carne de verdade feita de células animais em laboratório, sob condições que eliminam a *E. coli* e outras bactérias perigosas, preservam água e eliminam a matança de uma vez por todas. Cada vez mais alimentos com "gosto de", desde camarão até salsichas e frango, estão saindo da linha de produção — alimentos que poderiam enganar seu avô e fazê-lo acreditar que não há diferença alguma quando, na verdade, ela é total! Estamos entrando em uma nova era de vida, livre de produtos animais.

Apenas imagine um mundo inteiro sem maus-tratos aos animais. Isso seria maravilhoso!

Pesquisa Científica

Não há pesquisa mais valiosa que nossa própria integridade e coerência ética, e a maneira como tratamos os animais é um reflexo direto de nossos valores em relação à vida e ao outro.

— John P. Gluck, PhD., professor emérito de psicologia da Universidade do Novo México

Graças a uma rata chamada Ratsky, o Dr. Neal Barnard, fundador do Physicians Committee for Responsible Medicine (PCRM) [Comitê de Médicos para a Medicina Responsável, em tradução livre] e autor de *Your Body in Balance* e *The Cheese Trap* [respectivamente, Seu Corpo em Equilíbrio e A Armadilha do Queijo, em tradução livre], mudou a maneira como faculdades de medicina nos EUA e no Canadá usam animais.

Durante a graduação, Barnard, interessado no funcionamento da mente humana, matriculou-se em um curso de psicologia que envolvia colocar ratos em caixas e privá-los de comida e água para que eles pressionassem alavancas ou fizessem qualquer coisa que os pesquisadores quisessem. Certo dia, Barnard estava conduzindo um teste em que ele tinha de fazer furos na cabeça de um rato e inserir eletrodos no cérebro. Para não mexerem o crânio, os ratos tinham que ser colocados em um equipamento estereotáxico que os mantinha no lugar por meio de barras nos ouvidos. O professor de Barnard foi até ele e disse que o estereotáxico estava muito frouxo; quando Barnard o apertou, ele conseguiu senti-lo furando os tímpanos do rato. Ele relatou isso ao professor, que revidou: "Bem, acho que ele não conseguirá ouvir o rádio de manhã."[65]

Barnard ficou desconcertado. Ele sempre achara o professor uma pessoa gentil, mas, afirma ele: "Esse comentário insensível, essa falta de consideração pelo sofrimento dos animais, foi uma coisa muito diferente." Perturbado com essa atitude, Barnard pegou um dos ratos condenados à morte e levou para casa. Ele passou a ver, mesmo naquele corpo minúsculo, um ser senciente que abominava a dor, criava elos com outros, tinha uma vasta gama de emoções complicadas. Ele a chamou de Ratsky.

Ratsky viveu durante alguns meses em uma gaiola no quarto de Barnard. E, na gaiola, ela agiu da maneira que ele presumiu que ratos agiam. Porém, quando começou a deixar a porta da gaiola aberta para que ela pudesse andar por aí, ele começou a ver atitudes que não havia previsto. Após vários dias cheirando com cuidado a porta da gaiola, Ratsky começou a investigar o mundo lá fora. "Conforme explorava meu apartamento (sob meu olhar atento), ela ficava cada vez mais amigável. Se eu estava deitado de costas, lendo, ela chegava e sentava em meu peito", diz Barnard. "Ela esperava ser afagada, e, se eu não lhe desse atenção suficiente, ela mordia de leve o meu nariz e fugia. Eu sabia que seus dentes afiados poderiam perfurar minha pele, mas ela sempre era cuidadosa ao brincar."[66]

Pouco tempo depois, quando Barnard estava frequentando a Faculdade de Medicina da Universidade George Washington, um instrutor anunciou que um futuro experimento laboratorial envolveria dar a um cachorro medicamentos para o coração humano, a fim de registrar quaisquer reações. Todos os cães seriam mortos ao final do experimento. Barnard se recusou a participar. Além da crueldade explícita envolvida, ele também percebeu que os estudantes de medicina poderiam compreender adequadamente os conceitos de farmacologia sem uma demonstração gráfica (e fatal) com um cão. Em vez disso, Barnard e outro aluno entregaram relatórios dos efeitos fisiológicos esperados daqueles medicamentos. Ambos passaram no curso.

Anos depois, Barnard fundou a PCRM, cujo primeiro foco foi eliminar o uso de animais no ensino de medicina. A PCRM dedicou-se a produzir, estrategicamente, informações sobre alternativas, dialogando com a faculdade e os estudantes, oferecendo opções. Em alguns casos, diz Barnard: "Foi bem fácil, mas em outros foi uma discussão acirrada." Algumas faculdades concordaram rápido; outras lutaram até o fim. No entanto, no final, a PCRM venceu. Hoje, nenhuma faculdade de medicina nos Estados Unidos ou no Canadá usa animais para ensinar medicina. Por coincidência, hoje Barnard é Professor Adjunto da Faculdade de Medicina da Universidade George Washington.

A experiência do Dr. Barnard na faculdade de medicina não foi atípica. Animais foram usados para fins experimentais durante todo o tempo em que a medicina foi parte da civilização humana. Praticantes de medicina na Grécia antiga dissecavam animais para estudos de anatomia (em parte porque havia muitos animais, em parte por conta de tabus relacionados à autópsia de seres humanos). E isso não servia apenas para treinar profissionais; os animais também foram usados para um sem-número de procedimentos médicos. Hoje, no entanto, testes e experimentos em animais estão caminhando rumo à obsolescência no universo médico, graças a novos métodos e tecnologias inovadoras que são mais rápidas, mais baratas, mais precisas e não envolvem nenhum animal. Na verdade, Francis Collins, diretor do Instituto Nacional de Saúde, previu que em uma década os pesquisadores não estarão mais usando animais de forma alguma.

Ainda assim, muitas técnicas antigas excruciantes e dispendiosas persistem, muitas vezes, apenas para satisfazer a curiosidade, e não descobrir novos tratamentos. Milhões de animais — principalmente ratos e ratazanas, mas também coelhos, macacos, gatos, cães, aves, peixes, cavalos, ovelhas, répteis, polvos e gorilas — são feridos e mortos para estudos de produtos químicos, medicamentos ou doenças. Apenas alguns exemplos:

- Em abril de 2018, quatro babuínos espertos, mantidos em um curral externo no Instituto de Pesquisas em Biomedicina do Texas, em San Antonio, rolaram um barril de 200 litros até a parede, levantaram-no e o usaram como escada para escapar da prisão. Então, eles fizeram o que qualquer um que leve uma vida de cobaia faria: salvaram a própria vida, fugindo em meio ao trânsito. A instituição, que abriga cerca de 1.100 babuínos, foi citada e multada várias vezes por ferimento ou morte por negligência de animais sob seus cuidados. Além disso, o instituto do Texas administra um laboratório de risco biológico que contamina os quase 3 mil primatas abrigados ali com doenças infecciosas para as quais não se conhece tratamento ou cura. Enquanto os cientistas humanos usam equipamentos enormes de proteção, os macacos sofrem todos os efeitos dos vírus mortais. Cerca de 70 mil

- primatas não humanos são usados em pesquisas todo ano, apenas nos Estados Unidos — a maioria presa em fileiras de gaiolas pequenas, solitárias em espaços fechados.

- Durante décadas, Joseph Kornegay, cientista da Universidade A&M no Texas, conduziu experimentos com cães criados para sofrer de um tipo de distrofia muscular (DM) como um meio para estudar a doença em humanos. Por causa da enfermidade, os cachorros não conseguiam andar e mal podiam comer — ainda assim, não foi descoberta nenhuma cura para a doença em nenhuma das espécies, e os cães foram descartados como modelo para a forma humana de DM. Em todo o país, cachorros também são usados para testar pesticidas e outros produtos químicos em testes de toxicidade exigidos pelo governo federal. Esses cães podem receber injeções, ser forçados a tomar, ou ser colocados em salas fechadas como caixas onde são borrifadas substâncias nocivas. Cerca de 60 mil cães foram usados em experimentos em todos os EUA apenas em 2015.

- Os ratos sentem dor como qualquer cachorro e, no entanto, os que eram utilizados na Universidade de Pittsburgh tinham os intestinos perfurados de propósito para que as fezes e outras bactérias escorressem para dentro do corpo, causando septicemia, uma reação potencialmente fatal à infecção. Para estudar essa reação, que a ciência já demonstrou ser diferente em ratos e em humanos, os animais passavam por um sofrimento excruciante até morrerem. Estima-se que dezenas de milhões de ratos sejam usados em pesquisas todos os anos.

O apoio geral à vivissecção — a prática de fazer operações em animais vivos — diminuiu progressivamente ao longo dos últimos anos, ainda assim, mais do que nunca, muitos animais são usados em laboratórios. Uma análise publicada no *Journal of Medical Ethics*, em 2015, revelou que houve um aumento de 73% no uso de animais em pesquisas financiadas pelo governo dos EUA durante um período de 15 anos.

Talvez você esteja pensando, *Bem, não temos que comer ou vestir animais nem colocá-los em circos. Mas não precisamos usar animais para o progresso científico e para a medicina curar doenças e salvar vidas?*

Não, não precisamos.

COMO CHEGAMOS ATÉ AQUI?

Desde que a prática formal da medicina ocidental começou por volta do ano 3.000 a.C., no antigo Egito, seres humanos têm dissecado, cutucado, espetado e operado animais vivos na esperança de entender melhor sua anatomia, fisiologia e as doenças que temos em comum. Esses primeiros cientistas cortavam animais porque dissecar cadáveres humanos (e pessoas vivas, pior ainda) era considerado tabu.

A vivissecção era defendida por médicos-filósofos respeitados de Roma e da Grécia antiga, inclusive Aristóteles e, sobretudo, Galeno de Pérgamo, que usava pesquisas em animais para gerar um *corpus* de conhecimentos médicos (alguns deles precisos, outros não) que foi aceito por mais de mil anos. Até onde sabemos, poucos questionavam a ética de ferir animais em prol da ciência. Conforme discutido na Seção I, muitas sociedades humanas acreditavam em uma hierarquia fixa da natureza, com os humanos no topo (abaixo de Deus ou dos deuses) e animais selvagens na base. Essa noção foi reforçada conforme o Cristianismo vigorava, pelo ensinamento bíblico de que os animais, desprovidos de alma, estavam aqui apenas para servir a humanidade. Durante muitos séculos após a queda do Império Romano, a religião e a superstição deixaram de lado a pesquisa científica, e experimentos com animais caíram em descrédito. O uso de animais em pesquisas médicas e treinamento só foi retomado após o desenvolvimento do método científico — o processo padrão de observar, medir, experimentar e formular uma hipótese.

Cientistas filósofos do Iluminismo, incluindo o estadista britânico Francis Bacon e o francês René Descartes, racionalizaram que a vivissecção era eticamente aceitável. Descartes deu um passo além. Ele considerava os animais semelhantes a relógios: meras máquinas. (O desprezo de Descartes pelos animais era tão lendário que, conta-se, uma vez ele pregou o cachorro de sua esposa em uma parede, vivo, e abriu o animal para examinar seus órgãos.) Outros pensadores garantiram que os animais podem sentir dor, mas, como coloca o filósofo holandês do século XVII, Baruch Espinoza, em seu famoso tratado, *Ética*, os humanos podem se sentir à vontade para "usá-los como quiserem, tratando-os da forma que melhor servir a nós, pois a natureza deles não é como a nossa".[67]

Entretanto, experimentos com animais só começaram a fornecer respostas depois do século XVII, quando William Harvey, médico dos reis ingleses James I e Charles I, publicou uma descrição detalhada da circulação do sangue e funcionamento do coração com base, em parte, em estudos com animais que refutaram muitas das ideias de Galeno. No século XVIII, as primeiras faculdades modernas de medicina, ou *académies* [academias], foram inauguradas na França, e experimentos com animais se tornaram parte padrão do currículo. A situação piorou no século XIX, quando o pesquisador francês Claude Bernard — "o pai da fisiologia" — afirmou: "Experimentos em animais são totalmente conclusivos para a toxicologia e higiene do homem. Os efeitos dessas substâncias são os mesmos no homem e nos animais, salvo por diferenças em termos de intensidade."[68]

Essa crença se espalhou durante o fim do século XIX depois que o descobridor da vacina antirrábica, Louis Pasteur, infectou centenas de espécies animais para provar a ideia, então revolucionária, de que germes causam doenças. Esse êxito levou ao aumento exponencial do sofrimento de animais em pesquisas, inclusive primatas, que foram mortos aos milhares no desenvolvimento da primeira e desastrosa vacina contra a pólio.

Nem todo mundo pensava assim. Cientistas do século XIX, incluindo os defensores dos animais Charles Darwin e o médico Joseph Lister (que introduziu a assepsia cirúrgica), acreditavam que os animais só deveriam ser usados para pesquisas científicas quando absolutamente necessário, e que a dor deles deveria ser minimizada o máximo possível.

O MOVIMENTO CONTRA A VIVISSECÇÃO

Enquanto a vivissecção existiu, houve pessoas que lutaram contra ela. Contudo, levou muitos séculos para que surgisse uma oposição organizada, ainda que a vivissecção ficasse cada mais terrível e mais pública. Por exemplo, o médico do século XVII, Robert Boyle, como parte de sua pesquisa sobre respiração, fez várias vezes o "Experimento 41": prender um pássaro, rato ou lesma em uma câmara e deixar o público observar enquanto o animal convulsionava e, por fim, caía morto. Da mesma forma, no século XIX, o fisiologista francês François Magendie deixou as pessoas horrorizadas com suas apresentações sádicas de ciência, como dissecar o rosto de um cachorro vivo pregado em um quadro ou cortar nervos em cérebros de coelhos vivos.

Claude Bernard ficou famoso por esquentar animais vivos em fornos para estudar como o corpo mantém sua temperatura interna (sua esposa pediu o divórcio por conta disso). Esses experimentos extremos chamaram a atenção de figuras públicas influentes, inclusive a rainha Vitória, cuja oposição à vivissecção ajudou a fazer disso um dos tópicos mais fervorosamente debatidos da época. A compaixão pelos animais ajudou a abrir passagem para a Lei da Crueldade contra Animais pelo Parlamento Britânico, em 1835. Criada inicialmente para impedir brigas de galo e que ursos acorrentados fossem acossados por cães, a lei foi modificada em 1876 para regulamentar o uso de animais para fins científicos — a primeira lei desse tipo no mundo. Entre outras restrições, a lei exigia que instalações para vivissecção fossem licenciadas e impôs limites em quando e como dissecações em seres vivos poderiam ser feitas. No ano anterior, o sufragista irlandês Frances Power Cobbe fundou a Victoria Street Society for the Protection of Animals Liable to Vivisection [Sociedade Victoria Street para a Proteção dos Animais Ligados à Vivissecção, em tradução livre], a primeira sociedade protetora dos animais que visava acabar com todos os experimentos em animais. A oposição a pesquisas com animais também estava despontando nos Estados Unidos, levando à fundação da American Anti-Vivisection Society (AAVS) [Sociedade Antivivissecção Norte-Americana, em tradução livre] em 1883.

O uso de anestesia durante cirurgias em humanos, introduzido em 1846, fez com que se retomasse o interesse pela vivissecção, com o prognóstico dos cientistas de que, já que os animais estariam entorpecidos ou inconscientes durante experimentos, não havia limite para o número e o tipo de aplicações a que eles poderiam ser submetidos. Por volta dos anos de 1920, o movimento antivivissecção havia perdido a importância.

A VIVISSECÇÃO SE TORNA LEI

A vivissecção voltou a se tornar uma prática padrão, com levantamentos à época revelando que a vasta maioria dos norte-americanos a apoiavam. Um motivo possível foi o uso crescente, desde 1900, de ratos especialmente criado, e outros roedores pequenos e dóceis que, durante muito tempo, foram estigmatizados como pragas dispensáveis.

Por fim, *permitir* que animais fossem usados em experimentos passou a ser *exigência* do governo. Nos EUA, essa prévia foi estabelecida em 1937, quando a indústria farmacêutica S. E. Massengill Company comercializou um elixir feito com um solvente chamado dietilenoglicol (DEG). Os químicos da empresa não sabiam, mas o DEG é extremamente tóxico. Depois que mais de 100 pessoas morreram ao usar o produto, o Congresso aprovou, em 1938, a Lei Federal de Alimentos, Medicamentos e Cosméticos, supervisionada pela Food and Drug Administration (FDA) [Administração de Alimentos e Medicamentos, em tradução livre]. Essa foi a primeira lei a exigir testes de segurança para produtos, estipulando, posteriormente, que medicamentos e produtos químicos fossem primeiro testados cruelmente em animais antes de poderem ser vendidos a pessoas, criando uma falsa impressão de segurança, conforme o tempo diria.

Testes de cosméticos em animais não são mais exigidos pela lei dos EUA, mas a FDA continua aceitando os resultados de testes de pesquisas com animais feitos por empresas para ter seus produtos aprovados. A China, por sua vez, ainda exige testes em animais para cosméticos, embora a União Europeia e muitas outras nações não exijam mais.

Hoje, estudos com animais continuam sendo pré-requisito para testes de medicamentos clínicos em humanos, com a intenção de assegurar que descobertas e tratamentos médicos sejam seguros e eficazes, e para determinar quais compostos químicos são tóxicos em espécies variadas — ainda que eles nem sempre prevejam o efeito em seres humanos. O mesmo acontece em vários outros países, que exigem testes de toxicidade em animais para a venda ou importação de substâncias químicas e produtos. (É comum que animais sejam alimentados à força com megadoses da substância por meio de um tubo de alimentação, ou que fiquem presos e forçados a inalá-la em forma líquida ou gasosa.) Mesmo que os seres humanos ainda sofram efeitos colaterais, alguns bem sérios, por causa dessa dependência de testes em animais, estes ainda pagam o maior preço.

POUCAS PROTEÇÕES PARA ANIMAIS

Mesmo que normas para testes em animais tenham sido criadas a fim de proteger a saúde pública, por muitos anos houve poucas diretrizes para proteger os animais explorados em pesquisas científicas. A exceção foi a Grã-Bretanha, cuja Lei da Crueldade contra Animais foi a única legislação do tipo em países ocidentais durante décadas, embora na prática não fosse cumprida e tivesse várias inadequações.

Mais tarde, em 1950, a Federação das Universidades pelo Bem-Estar Animal do Reino Unido contratou dois cientistas, William Russell e Rex Burch, para elaborar um conjunto de princípios mais humanos para testes em animais, conhecidos como os 3Rs. Os Rs são de *reposição* (evitar animais e usar outra coisa); *redução* (usar a menor quantidade possível de animais para obter os dados necessários); e *refinamento* (usar técnicas que reduzam a dor e o estresse em quaisquer animais). No entanto, os 3Rs só "pegaram" a partir do início dos anos de 1970, com a ascensão do movimento moderno pelos direitos animais provocada por livros como *Libertação Animal*, de Peter Singer e, mais tarde, *The Case for Animal Rights* [O Caso dos Direitos dos Animais, em tradução livre], de Tom Regan. Esses best-sellers insistiam para que as pessoas considerassem o que o biólogo Nuno Enrique Franco chamou de "a ideia central de que há limites absolutos, e não negociáveis, em relação ao que pode ser feito com os animais".[69] Os 3Rs foram adotados no mundo todo, se não em atos, em palavras, conforme inúmeros artigos revelam, e passaram a ser inscritos em acordos internacionais, como a Declaração de Bolonha dos 3Rs, de 1999, e a Declaração de Basileia, de 2011. Entretanto, menos males ainda são males: a Declaração de Basileia admite que "os cientistas signatários esperam que a sociedade reconheça que experimentos com animais são cruciais para avanços na medicina, agora e no futuro".

Há duas regulamentações principais nos EUA que, atualmente, regem alguns aspectos da pesquisa com animais, mas não todos. O Animal Welfare Act [Lei do Bem-Estar Animal, em tradução livre], de 1966, (AWA) é uma lei federal "doméstica" que define requisitos mínimos de encarceramento, alimentação, manejo e cuidados veterinários para animais vivos usados em pesquisas, testes, ensino e outras áreas. Mas ela não exige alívio da dor ou estabelecimento de medidas para impedir que qualquer experimento, não importa o quanto seja fútil, seja realizado. "Animais" quer dizer cães, gatos, porquinhos-da-índia, hamsters, coelhos e primatas não humanos. Os 99% dos animais restantes — incluindo galinhas, perus, ratazanas, ratos, vacas, cavalos, porcos e a maioria dos animais invertebrados, como polvos — não são contemplados de forma alguma.

Empresas que usam esses animais em pesquisas financiadas com recursos federais precisam se registrar no Departamento de Agricultura dos EUA (USDA), e instalações com animais regulamentados devem ser inspecionadas pelo governo, mas essas inspeções são raras, sendo, muitas vezes, uma "aparição" rápida a cada três anos, mesmo que a instalação abrigue milhares de animais. Multas são ainda mais raras. A USDA é responsável por reforçar a AWA, mas é muito criticada, mesmo pelo Congresso dos EUA, por falhar no cumprimento de seu dever.

Onde as inspeções são exigidas, os orçamentos são limitados. Em 2016, havia apenas 112 fiscais de proteção animal e médicos veterinários oficiais responsáveis por realizar a maior parte das inspeções em mais de 7.400 instalações registradas. Flagrar abuso e negligência frequentemente é deixado para ativistas e delatores. Quando os problemas são identificados, as multas são normalmente aplicadas para criar o que a USDA chama de "momento de aprendizagem". No raríssimo caso de uma audiência, o resultado é pouco mais que um puxão de orelhas: a multa máxima por violação é de US$10 mil.

O segundo conjunto de normas, recomendações simples, está contido na US Public Health Service Policy on the Humane Care and Use of Laboratory Animals [Política de Serviços Públicos de Saúde sobre Cuidados Humanos e Uso de Animais de Laboratório nos EUA, em tradução livre], e abrange instalações que fazem pesquisas com animais financiadas por uma agência de serviços de saúde. Teoricamente sob tutela do National Institutes of Health's Office of Laboratory Animal Welfare (OLAW) [Sede do Bem-Estar de Animais de Laboratório do Instituto Nacional de Saúde, em tradução livre], a intervenção chega sem a força de lei. Pelo fato das inspeções não serem obrigatórias, a execução é baseada sobretudo no autorrelato. A penalidade para infratores é a perda do financiamento federal, mas, por motivos óbvios, quase nunca se ouve falar disso.

Organizações que se candidatam para vender remédios e equipamentos médicos precisam seguir, também, as diretrizes de criação animal das Good Laboratory Practice for Nonclinical Laboratory Studies [Boas Práticas Laboratoriais para Estudos Não Clínicos de Laboratório, em tradução livre] da FDA, e as instalações precisam permitir inspeções, mas, de novo, conforme delatores e investigações secretas mostraram vezes sem fim, o cumprimento quase não existe.

Vivissecção Não Vale a Pena

Algumas pessoas argumentam que testes em animais são um mal necessário para proteger a saúde de todos. No entanto, muitas das objeções mais fortes a essa crença vêm de dentro da própria comunidade científica. Aqui estão apenas alguns motivos:

- Nossos companheiros animais nunca podem ser substitutos seguros para cobaias humanas; mesmo que, sem dúvida, eles sintam dor e medo como nós, a anatomia, fisiologia e bioquímica de outras espécies não são parecidas o suficiente com as nossas. Até chimpanzés e bonobos, que compartilham cerca de 99% de nosso DNA, possuem diferenças importantes. Reflita: até que ponto faz sentido colocar espécies diferentes em ambientes artificiais sob grave estresse? Estudos revelam que a adrenalina, a pulsação e os batimentos cardíacos dos animais aumentam quando eles veem a maçaneta da porta do laboratório girando.

- Mais de 90% das descobertas científicas a partir de experimentos com animais não levam a tratamentos para humanos, de acordo com um relatório publicado no *Journal of the American Medical Association*. Os autores alertaram: "Deve-se esperar replicações fracas por quem realiza pesquisas clínicas, até mesmo de estudos animais de alta qualidade."[70]

- Pesquisas com animais envolvem muito desperdício. Experimentos repetidos que paralisavam cães para simular a distrofia muscular humana não nos deixaram mais próximos da cura para a doença. Dezenas de potenciais vacinas contra a AIDS que funcionaram em primatas e milhares de remédios experimentais contra o câncer que foram eficazes em animais acabaram não protegendo ou curando seres humanos — desperdiçando anos na obtenção de uma cura. Conforme aponta Richard Klausner, ex-diretor do Instituto Nacional do Câncer: "A história da pesquisa sobre o câncer foi uma história de curar o câncer em

ratos. Curamos cânceres de ratos durante décadas e isso simplesmente não funcionou em seres humanos."[71]
- Testar medicamentos em animais pode acabar prejudicando também as pessoas. O analgésico Vioxx teve que ser retirado do mercado, mesmo após testes exaustivos em animais, porque aumentava o risco de ataque cardíaco e derrame em seres humanos.

Testes clínicos em humanos levaram aos progressos mais importantes na saúde, incluindo as relações entre o fumo e o câncer e entre o colesterol e doenças cardíacas. Nunca saberemos quantos remédios novos que fracassaram em estudos bilionários com animais teriam funcionado para nós.

PESQUISA CIENTÍFICA SEM ANIMAIS

Conforme há cada vez mais entendimento científico em relação às vidas, à saúde e à incrível complexidade dos animais (veja a Seção I deste livro), a vivissecção vai ficando obsoleta. É por isso que houve um esforço para focar a parte da "reposição" dos 3Rs.

Nos Estados Unidos, um órgão governamental chamado Interagency Coordinating Committee on the Validation of Alternative Methods (ICCVAM) [Comitê de Coordenação Interinstitucional para Validação de Métodos Alternativos, em tradução livre], composto de representantes de 16 agências federais, foi fundado em 1993 e se tornou permanente em 2000. Sua missão: identificar e promover métodos cientificamente sólidos, testes de segurança e pesquisas médicas que usem menos ou nenhum animal e, então, compartilhar as informações entre as agências.

Também a partir de 1993, cientistas e legisladores do mundo acadêmico, corporativo, e de grupos de defesa do bem-estar animal de todo o globo, passaram a se encontrar a cada dois ou três anos no World Congress on Alternatives and Animal Use in the Life Sciences [Congresso Mundial sobre Alternativas e Uso de Animais em Ciências Biológicas, em tradução livre]. Esses encontros existem para compartilhar os avanços em áreas como engenharia biomédica e ciências da computação, ao lado de novas maneiras de analisar problemas científicos antigos, que podem poupar animais em pesquisas e testes. E, em 2007, a Academia Nacional de Ciências dos EUA publicou o relatório *Toxicity Testing in the 21st*

Century: A Vision and a Strategy [Testando a Toxicidade no Século XXI: Visão e Estratégia, em tradução livre], a pedido da EPA, com um apelo explícito para reformular o sistema, sem "modelos" animais "que consomem tempo e recursos intensivos", rumo a métodos de alta tecnologia com o uso de células e dados de seres humanos.

TÉCNICAS DE VANGUARDA E LIVRES DE CRUELDADE

Enquanto alguns órgãos governamentais foram lentos para tomar uma atitude, outros foram solícitos, como institutos de pesquisa, públicos e privados, e empresas técnicas que desenvolveram métodos novos, não invasivos e livres de crueldade para estudar como produtos químicos e medicamentos afetam nosso corpo, a fim de compreender melhor as doenças e explorar tratamentos mais eficazes — e até personalizados. A maioria deles usa máquinas ou pessoas de verdade — seus tecidos, dados e até seus corpos — sem prejudicá-las. Isso é muito mais eficiente que criar, abrigar e alimentar animais para cada teste ou experimento. Agora os pesquisadores podem usar as mesmas amostras várias vezes, processar números de muitas formas diferentes etc., e fazer isso em minutos, não em anos. E isso pode lhes poupar — e aos contribuintes — milhões de dólares.

Algumas dessas práticas de vanguarda têm sido usadas há algum tempo; muitas outras ainda estão sendo aperfeiçoadas e desenvolvidas — muitas delas são tão boas quanto, ou até melhores, que práticas tradicionais que envolvem animais.

Talvez a lição mais importante que aprendemos com milhares de anos de testes em animais seja esta: nenhum ser vivo deveria ter que passar por experimentos cruéis. É por isso que cientistas estão desenvolvendo técnicas novas capazes de testar produtos químicos e remédios com mais segurança e mais precisão, sem colocar a vida humana em risco. Estas são apenas algumas:

TÉCNICAS IN VITRO

Ao ouvir o termo in vitro, talvez você imagine um casal concebendo um bebê no laboratório de uma clínica de fertilidade. Assim como cientistas podem desenvolver um embrião fora do corpo de uma mulher, juntando óvulo e espermatozoide em uma placa de Petri, eles também podem cultivar células humanas em um ambiente precisamente controlado. (Cultivar significa fornecer nutrientes e outras condições que incentivam uma célula única a começar a se dividir, fazendo cópias idênticas de si mesma repetidas vezes.) Essas células humanas cultivadas podem, então, ser estudadas e manipuladas para fins de pesquisa. Laboratórios usam "linhagens celulares" existentes com a mesma herança genética conhecida ou novas células extraídas de tecidos esterilizados, doados por voluntários ou descartados de cirurgias ou biópsias.

Além de células provenientes de um órgão ou tecido específico, pesquisadores usam células-tronco, que são capazes de se dividir indefinidamente e se transformar em muitos tipos diferentes de células no corpo. Células-tronco pluripotentes induzidas (iPSCs) são células-tronco adultas com um superpoder: elas podem ser "reprogramadas" para voltar a um estado embrionário e, então, se transformar em qualquer tipo de célula que for necessário. Cientistas podem desenvolver amostras celulares a partir de pele humana, coração, pulmões, estômago e, assim por diante, para estudar processos patológicos e efeitos de remédios e produtos químicos — nenhum deles causando dor ou despendendo vidas animais. Entre outras coisas, pesquisas in vitro já trouxeram avanços importantes na compreensão e no tratamento do câncer.

ORGANOIDES

Outra técnica in vitro avançada usa conjuntos de células-tronco programadas para gerar organelas (também denominadas organoides). Elas são versões em miniatura dos intestinos, fígado, mamas, pulmões e outros órgãos humanos feitos ao se cultivarem células em um gel especial sob condições similares ao modo como elas se desenvolvem dentro do corpo humano. Esses órgãos minúsculos podem, inclusive, ser construídos usando uma impressora 3D, assim como o Wake Forest Institute for Regenerative Medicine [Instituto Wake Forest de Medicina Regenerativa, em tradução livre] procedeu para criar um coração batendo em 2015. Organoides são estruturados e funcionam como órgãos de verdade, mas em um nível muito mais simples, e podem durar meses. Eles podem ser usados para estudar doenças, remédios e testar a segurança de produtos químicos. Eles também são promissores para pesquisas básicas, em que um mini rim produzido a partir das células dos rins de uma pessoa doente pode ser comparado com um feito a partir das células dos rins de uma pessoa saudável. Talvez os organoides, em breve, sejam usados para remédios personalizados, para testar como uma pessoa reagiria a determinado tratamento.

Tecidos tridimensionais podem ser feitos inclusive a partir de células humanas descartadas de cirurgias ou de cadáveres. Empresas como a MatTek Corporation (financiada pela International Science Consortium do PETA — Associação Científica Internacional, em tradução livre) e a Epithelix Sàrl vendem esses tecidos, que incluem modelos dermatológicos, oculares, respiratórios, intestinais, orais e vaginais de doadores saudáveis ou falecidos. Esses tecidos podem ser usados para pesquisas básicas, desenvolvimento de produtos, ou para cumprir requisitos de testes regulamentares de agências governamentais. Por exemplo, modelos de tecidos oculares e epiteliais podem ser usados no mundo todo, em vez de testes regulamentares que, no passado, exigiam uso de coelhos. Esses modelos também têm sido usados para estudar administração de fármacos, metabolismo, inflamações e fibrose, entre outras aplicações.

ÓRGÃOS-EM-CHIP

Cientistas têm projetado modelos de órgãos-em-chip, que reproduzem com mais profundidade as entranhas humanas e nos permitem estudar de que maneira tendemos a reagir em um ambiente na vida real. Esses chips plásticos flexíveis, quase do tamanho de uma caixa de fósforos, contêm canais preenchidos por um fluido circulando, semelhante ao sangue, e linhas de células vivas que simulam o comportamento de tecidos de verdade e o funcionamento dos órgãos. Dessa forma, um órgão-em-chip pode reproduzir as reações químicas e físicas que cientistas veriam no corpo humano reagindo a um germe, nutriente, medicamento ou gene. Órgãos-em-chip permitem aos pesquisadores, inclusive, recriar estados patológicos. Existem órgãos-em-chip para rins, ossos, olhos, cérebro e etc.

HUMANOS-EM-CHIP

A ferramenta mais ambiciosa até então está agora em fase de elaboração. A Food and Drug Administration, o National Institutes of Health e a Defense Advanced Research Projects estão trabalhando juntas em um ser humano-em-chip, mais uma máquina "viva" do que um ciborgue. A ideia é integrar dez organoides diferentes, impressos em 3D, a um hardware digital para criar um sistema conectado que funcionaria de maneira similar ao corpo humano, simulando circulação, digestão, respiração e assim por diante. (Até o momento, outros cientistas conseguiram conectar vários miniórgãos de uma vez.) O ser humano-em-chip poderia revolucionar o estudo das doenças, os testes de toxicidade e outras pesquisas relacionadas à saúde.

USANDO MÁQUINAS E MATEMÁTICA DE BIG DATA

Simulações de computador. Da mesma forma que jogos multiplayer sofisticados podem recriar mundos online, simulações de computador permitem a cientistas que façam experimentos com visualizações digitais e outras representações da biologia humana. Os pesquisadores, então, podem fazer perguntas do tipo "e se" e testá-las sob condições diferentes sem sequer sair da sala. Simulações de computador têm sido usadas para modelar os efeitos de remédios em células cancerosas, estudar o funcionamento do coração e analisar de que maneira doenças como a hepatite C atuam no corpo.

Bioinformática. A bioinformática é uma área científica que integra técnicas das ciências da computação, matemática e engenharia para coletar ou estudar dados biológicos. Cientistas podem criar grandes bases de dados (ou usar os já existentes) de quantidades imensas de registros sobre produtos químicos, medicamentos e pacientes, e armazená-los em computadores centralizados. Usando programas avançados, eles podem recuperar e processar informações que os ajudem a localizar padrões para identificar riscos e efeitos colaterais de produtos químicos e remédios, reações a tratamentos, e assim por diante.

USANDO VOLUNTÁRIOS HUMANOS
(MAS SEM FERI-LOS)

Imagens Médicas não Invasivas. Equipamentos geralmente encontrados em consultórios médicos, desde máquinas de ultrassom e de ressonância magnética até aparelhos de tomografia computadorizada, tomografia por emissão de pósitrons e por emissão de fóton único, podem "ver" por dentro, com segurança e rapidez, os corpos e funções vitais de pessoas doentes e saudáveis, e registrar essas informações de maneira permanente. Usando ondas sonoras, ímãs, corantes, raios gama e outras ferramentas, cientistas podem estudar como nosso cérebro funciona, efeitos de remédios e processos inflamatórios, entre outras coisas.

Ensaios Clínicos Completos. Esse é o modelo de excelência para pesquisas médicas, em que pessoas com doenças comuns e graves, ao lado de participantes saudáveis de "controle", se voluntariam para estudos de medicamentos em curto ou longo prazo, tratamentos, ou outros tipos de experimentos ou pesquisas para ajudar outras pessoas e, possivelmente, elas mesmas. (Os animais, por sua vez, nunca podem escolher.) Evidentemente, ensaios clínicos são uma das formas mais precisas de coletar informações sobre a saúde humana. O Yerkes National Primate Research Center [Centro Nacional de Pesquisas de Primatas Yerkes, em tradução livre], um dos sete laboratórios do tipo, financiado pela NIH, ainda usa macacos para pesquisas, inclusive para mal de Alzheimer. No entanto, ensaios envolvendo idosos com Alzheimer permitem aos cientistas que observem, conversem e deem assistência a seres humanos de verdade — uma abordagem muito mais realista.

Microdosagem. A microdosagem é, basicamente, o menor ensaio clínico sobre a eficácia de remédios do mundo, em geral envolvendo apenas uns poucos voluntários humanos. (Na verdade, é considerada um ensaio clínico de Fase Zero.) Nele, as pessoas recebem uma dose extremamente baixa de um remédio — pequena demais para afetar todo o organismo ou causar sintomas, mas alta o suficiente para pesquisadores observarem como as células dessas pessoas o processam. Esse tipo de teste ajuda a descartar remédios novos logo no início, se eles não tiverem os efeitos desejados.

Epidemiologia. Estudo da saúde e da doença em populações humanas, a epidemiologia é a investigação do panorama geral. Ela ajuda os pesquisadores a entender padrões de risco a partir de informações coletadas sobre onde, quando, como e em quem a doença ocorre. Alguns estudos epidemiológicos envolvem voluntários que respondem a levantamentos e são monitorados com o passar do tempo; outros envolvem processamento de dados existentes.

Um dos exemplos mais famosos de epidemiologia aconteceu durante o verão de 1854 em Londres, no distrito de Soho. A cidade estava no meio de um surto terrível de cólera, uma doença bacteriana infecciosa que matara dezenas de milhares de residentes desde o início de 1830. A teoria vigente era de que a cólera era causado pela inalação de um "miasma na atmosfera", mas um obstetra chamado John Snow suspeitou que a causa era mais terrestre: água potável poluída. Snow reparou que o surto mais recente estava agrupado em torno de uma única bomba de água. Sua teoria era de que a água potável estava contaminada com esgoto, mas as autoridades da cidade não acreditaram nele; um ministro local tentou refutar a teoria de Snow afirmando que a culpa era da "mão divina". Contudo, após rastrear quase todos os casos de cólera no Soho de volta até a bomba de água, Snow enfim descobriu que uma moradora lavara as fraldas de seu bebê, que tinha contraído cólera, em uma fossa vizinha, contaminando a água e dando início ao surto.

Esse tipo de raciocínio dedutivo também ajudou a estabelecer a relação entre o fumo e câncer de pulmão, e a exposição a produtos químicos industriais e doenças laborais. Um dos estudos mais extensos já existentes, o atual Estudo de Framingham, projeto do National Heart, Lung and Blood Institute [Instituto Nacional do Coração, Pulmões e Sangue] e da Universidade de Boston, começou em 1948. Ele revelou muito do que já sabemos sobre os riscos de cardiopatias, incluindo pressão alta, colesterol, obesidade, fatores sociais e mais.

Autópsias e Estudos de Órgãos Post-mortem. A medicina aprendeu muito com a dissecação de cadáveres humanos. Autópsias examinam tecidos e órgãos para identificar doenças latentes ou a causa da morte. Muitas enfermidades, outrora desconhecidas, foram descobertas com base em análises de autópsias, incluindo a doença do legionário e a anemia, doença sanguínea aplástica. Autópsias de vítimas de combate da Guerra da Coreia ajudaram pesquisadores médicos a perceber que a aterosclerose — o acúmulo de placas nas artérias, que leva a doenças cardíacas — começa muito cedo na vida, décadas antes dos desconfortos coronários (resultado, agora sabemos, de uma dieta rica em produtos animais).

Enquanto corpos usados em autópsias geralmente são devolvidos à família do falecido, pessoas que escolhem doar seus órgãos (e registros médicos) à ciência, como um banco de órgãos por exemplo, permitem que eles sejam estudados em um futuro distante. O Harvard Brain Tissue Resource Center [Centro de Recursos de Tecidos Cerebrais de Harvard, em tradução livre], em Massachusetts, por exemplo, coleta e distribui amostras de tecidos de cérebros humanos, que pesquisadores usam para estudar doenças neurológicas como mal de Parkinson, epilepsia, síndrome de Tourette e muitas outras.

Nos últimos anos, uma onda de suicídios de ex-jogadores da Liga Nacional de Futebol levou pesquisadores a acreditar que traumatismos cranianos repetidos poderiam danificar o cérebro e causar alterações graves de humor, depressão e demência precoce. A doença, encefalopatia traumática crônica (CTE), só pode ser diagnosticada na autópsia. Essas descobertas resultaram em processos multimilionários de ex-jogadores contra a NFL, afirmando que a liga não revelou os riscos do futebol, bem como em melhorias na tecnologia de capacetes, que reduziram a incidência de concussões.

Testando Cosméticos e Produtos sem Usar Animais

Por décadas, a forma padrão para testar se um produto de cuidados pessoais, como maquiagem ou xampu, irritava os olhos era o temível teste de Draize. Substâncias cáusticas seriam colocadas dentro dos olhos de um animal preso, sem anestesia ou mesmo um analgésico, causando, possivelmente, males que variavam de vermelhidão e inchaço até hemorragia e cegueira. Mesmo hoje, alguns cosméticos ou produtos usados na pele humana são testados para irritação cutânea e alergia em coelhos: técnicos de laboratório raspam uma parte pequena do corpo dos animais e aplicam compostos potencialmente danosos na pele, às vezes deixando-o lá durante semanas, para verificar, entre outros efeitos, se os produtos químicos chegam até os órgãos e os corroem.

Nos EUA, a lei Federal de Alimentos, Medicamentos e Cosméticos não exige testes em animais para produtos de beleza. Muitas marcas de cuidados com a pele tomaram medidas para não mais usar métodos cruéis, mas, no momento da escrita deste livro, algumas marcas famosas, incluindo Maybelline, Clinique, Avon, Estée Lauder e outras, ainda vendem maquiagem na China, que continua a conduzir esses testes em laboratórios próprios.

Para uma lista, em constante atualização, de métodos aprovados de testes livres de crueldade animal para quaisquer produtos, de lubrificantes pessoais até antitoxinas, verifique o site da Associação Científica Internacional do PETA em http:// www.piscltd.org.uk. [conteúdo em inglês].

NOVAS MANEIRAS

Hoje, graças às técnicas in vitro, células de pele humana de verdade — restos de cirurgia, esterilizados e doados por hospitais, de pacientes que passaram por abdominoplastia, biópsia, circuncisão ou outro procedimento — podem ser manuseadas para crescer em uma placa de laboratório, a fim de compor discos transparentes, do tamanho de uma moeda, nos quais vários produtos, desde maquiagem e hidratantes até xampus etc., podem ser aplicados para testar seus efeitos. Dessa forma, empresas podem identificar uma reação adversa antes que a fórmula seja comercializada e desenvolver outras, melhores. Essas peles humanas substitutas, sem pelo e nervos, são produzidas em massa e enviadas a empresas e laboratórios do governo sob nomes de marcas como EpiDerm (feita pela MatTek) e SkinEthic (feita pela EpiSkin), tornando-se as preferidas do ramo. Testes de sensibilidade aos produtos também podem ser feitos em tecidos cultivados de células de muitas outras partes do corpo humano, incluindo olhos, pulmões, intestino, vagina e boca.

Outros tipos de avanço com base em técnicas in vitro estão sendo elaborados. Pesquisadores da gigante dos cosméticos L'Oréal desenvolveram dois novos métodos de exame sem animais para testar fórmulas de produtos para possíveis reações alérgicas.

A U-SENS usa células epiteliais cultivadas que comportam moléculas "marcadoras imunitárias" específicas, que avisam nosso sistema imunológico que há um invasor em nosso corpo. O teste Human Corneal Epithelium Eye Irritation (HCE EIT) [Teste de Irritação Ocular do Epitélio Córneo Humano, em tradução livre] reproduz um modelo em 3D do tecido epitelial da córnea humana (que simula o comportamento da verdadeira) para testar irritação ocular. Esses métodos foram aprovados pela Organização para a Cooperação e Desenvolvimento Econômico, e estão disponíveis para uso no mundo inteiro. Enquanto isso, a companhia Genoskin, com sede em Boston, inventou uma maneira de manter viva por vários dias a pele humana doada, usando um método patenteado para "reciclá-la" utilizando um material biológico especial em um teste laboratorial. Ele pode ser usado para testar os efeitos de cosméticos, fármacos e outros produtos químicos na pele humana.

Testes de Toxicidade Sem Animais

Compreensivelmente, o governo dos EUA — inclusive a USDA, FDA, EPA, o Programa Nacional de Toxicologia e o Departamento de Transportes — exige que se estudem venenos humanos comuns usados ao redor da casa, como herbicidas, removedores de tinta e produtos químicos, a fim de que se possam estabelecer níveis "seguros" e de exposição letal para proteger as pessoas. Como exemplo de teste de toxicidade, durante anos o teste LD50 (dose letal de 50%) foi o padrão, em que ratos e ratazanas recebem doses à força, injeções ou borrifos de produtos químicos para descobrir a quantidade que mata imediatamente a metade deles. Alguns testes como esses matam milhares de animais a cada vez que são aplicados.

AS NOVAS MANEIRAS

Cientistas do hospital Cedars-Sinai, em Los Angeles, desenvolveram uma técnica in vitro usando células-tronco humanas pluripotentes (que podem ser refinadas em laboratório para se tornarem qualquer tipo de célula no corpo) para testar os efeitos de produtos químicos sintéticos chamados desreguladores endócrinos. Desreguladores endócrinos simulam hormônios e são conhecidos por causar doenças. Os desreguladores endócrinos BHT, PFOA e TBT, produtos químicos sintéticos encontrados em itens domésticos comuns, incluindo cereais, artigos para cozinha e tinta, foram relacionados à obesidade, mas testes anteriores em animais foram inconclusivos.

Os pesquisadores Dhruv Sareen e Uthra Rajamani extraíram células sanguíneas de voluntários humanos e usaram suas células-tronco para desenvolver tecidos epiteliais produtores de hormônios (que revestem o intestino) e tecidos do hipotálamo (de uma região do cérebro que controla o apetite e o metabolismo). Em seguida, eles expuseram os tecidos aos produtos químicos. Após examinar os efeitos nas células do tecido, os pesquisadores descobriram que os produtos químicos danificam os hormônios que nosso sistema digestivo usa para "falar" com nosso cérebro enquanto comemos, avisando que estamos satisfeitos. Isso ajuda a explicar por que pessoas com exposição regular a BHA, PFOA e TBT tendem a comer demais e ganhar peso.

Essa descoberta, publicada na revista *Nature Communications* em 2017, abre as portas para testes seguros, e relativamente rápidos, de desreguladores endócrinos, antigos e novos, e outros produtos químicos no laboratório. Há dezenas de milhares desses elementos no mercado, mas sabemos pouco sobre os efeitos deles na saúde porque, até agora, não havia nenhuma maneira segura de testá-los.

ToxCast. A Agência de Proteção Ambiental dos EUA usa bioinformática e triagem de alto rendimento automatizada — técnica frequentemente usada na indústria farmacêutica, em que robôs ou computadores testam as propriedades de grandes quantidades de combinações químicas diferentes — para reunir informações sobre o comportamento e a segurança de produtos químicos conhecidos. Ao compilar esses dados em uma base de dados chamada ToxCast, a agência pode prever se um novo produto químico tende a ser tóxico, com base em sua similaridade com outros produtos existentes. A ToxCast é projetada para substituir certos estudos com animais sobre desreguladores endócrinos e, um dia, também será usada para avaliar outros tipos de produtos químicos.

Glow Lights. A pesquisa feita pela toxicologista da EPA, Elizabeth Medlock Kakaley, e sua equipe, publicada na revista *Environmental Science and Technology* [Ciência Ambiental e Tecnologia, em tradução livre], descobriu uma forma de usar bioluminescência e triagem de alto rendimento para testar produtos químicos que podem prejudicar o sistema reprodutor humano e o desenvolvimento fetal. Eles alteraram certas proteínas em células reprodutoras para emitir luz quando expostas a substâncias químicas que podem ser tóxicas para elas. A maioria dos testes toxicológicos demora pelo menos um dia para mostrar resultados, mas essa técnica de "luz instantânea" fornece respostas em segundos. Ela também pode ser adaptada para identificar produtos químicos que podem ser tóxicos para outros processos no corpo humano.

Fígado-em-Chip. A Emulate, uma empresa de biotecnologia de Boston, produz um fígado-em-chip desenvolvido para testar medicamentos. O pequeno retângulo plástico é projetado para conter vários tipos de células hepáticas humanas, mantidas vivas em um líquido semelhante ao sangue. No início de 2017, a FDA tornou-se a primeira agência do mundo a começar a usar o fígado-em-chip para testar se novos aditivos alimentares, suplementos dietéticos e cosméticos são tóxicos para pessoas. Eles até mesmo examinaram como germes contraídos por meio de alimentos afetam o fígado (que desempenha muitas funções no corpo, sobretudo na digestão e remoção de resíduos). Os cientistas da FDA também planejam fazer experimentos com rins, pulmões e intestinos em chips para testar essas substâncias. A esperança é que empresas sejam autorizadas a usar dados seguros obtidos com os chips, em vez de testes em animais, ao solicitarem a aprovação da FDA para uma nova fórmula.

TESTANDO REMÉDIOS SEM USAR ANIMAIS

Por lei, fabricantes da maioria dos remédios farmacêuticos e vacinas (e alguns equipamentos médicos) precisam testá-los em animais. Considerando que todo medicamento novo precisa ser testado de acordo com muitos critérios diferentes em experimentos com animais, e que dezenas ou até centenas de bichos são usados para cada tipo de teste, a quantidade de sofrimento e morte encarada pelos animais todos os dias é impressionante. Por exemplo, um teste para verificar se um composto causa malformações congênitas geralmente necessita de 900 coelhos e 1.300 ratos. Isso *antes* que os remédios sejam testados em humanos. Quando testes com seres humanos fracassam, é hora de voltar à estaca zero e repetir o ciclo.

NOVAS MANEIRAS

Testes Clínicos em um Tubo de Ensaio. O sistema Modular IMmune In vitro Construct (MIMIC©) pela Sanofi Pasteur VaxDesign elabora um sistema imunológico do tamanho de uma moeda, feito de células humanas doadas. Ele vem sendo usado para testar a eficácia da vacina contra a gripe, e outras, e seus módulos variados podem ser utilizados para testar reações do sistema imunológico a outros remédios, produtos químicos e até cosméticos.

Coração-em-frasco. Com sede em Vancouver, a empresa Novoheart está desenvolvendo corações pulsantes em miniatura para testar medicamentos. A empresa usa células sanguíneas humanas integradas em células-tronco pluripotentes, formando uma solução gelatinosa que pode ser transformada em um "coração" que simula funções cardíacas. A MyHeart Platform já está caminhando a passos largos: um estudo, no outono de 2017, feito por pesquisadores da Novoheart revelou por que alguns medicamentos, aprovados pela FDA, que ajudam a regular as batidas do coração, na verdade, causam arritmias fatais em alguns pacientes. O coração-em-frasco poderia ajudar empresas a prever mais cedo quais remédios novos são (ou não) seguros, sem prejudicar animais.

Intestino-em-chip. O intestino humano em chip produzido pela empresa Mimetas, com sede na Holanda, é usado exaustivamente em experimentos por pesquisadores da Universidade de Leiden. Em um teste, o pesquisador de remédios Sebastiaan J. Trietsch e sua equipe expuseram mais de trezentos dos dispositivos a aspirinas, durante longos períodos, e descobriram que, assim como em pessoas vivas, o medicamento tem um potencial efeito colateral de causar problemas gastrointestinais graves. Essa descoberta ajuda a demonstrar que modelos de órgãos reagem como os reais.

Pesquisas Médicas Sem Animais

Para compreender a saúde e as doenças humanas e elaborar tratamentos, pesquisadores deixam, literalmente, os animais doentes. Experimentos infectam, com doenças debilitantes e fatais, todas as espécies de animais, desde roedores até gatinhos e macacos; eles os cegam, ensurdecem ou paralisam; os queimam, recusam-lhes comida ou água; induzem convulsões ou os colocam sob condições que causam doenças mentais.

Quando os estudos são concluídos, os animais são mortos e jogados no lixo com outros pretensos resíduos médicos. Se pesquisadores dizem às entidades regulamentadoras que isso é necessário, eles chegam a infligir dor e sofrimento sem anestesia ou analgesia e, conforme documentado por um sem-número de investigações, diretrizes humanas para tratamento animal são ignoradas e não aplicadas, inclusive nas universidades e centros de pesquisa mais importantes e respeitados.

NOVAS MANEIRAS

Desenvolvimento de Fármacos. Com sua equipe, a pesquisadora em câncer Matsamitsu Konno, da Universidade de Osaka, no Japão, desenvolveu uma fórmula matemática para avaliar, com rapidez, drogas quimioterápicas e avaliar novos "alvos" no corpo para estudar futuros tratamentos contra o câncer. Usando células-tronco gastrointestinais humanas e programas de computador, eles converteram big data sobre como os genes se comportam em uma equação mais fácil de analisar, a fim de identificar genes-chave relacionados ao desenvolvimento do câncer e resistência a medicamentos. Em um artigo publicado na *Scientific Reports,* em 2016, eles relataram que o método lhes permitiu descobrir um novo medicamento-alvo para cânceres humanos gastrointestinais que já havia sido estudado em ratos. No futuro, a matemática talvez substitua o rato.

Tumores Customizados. Duas empresas de biotecnologia, a Cellink, na Suécia, e a CTI Biotech, na França, uniram-se para criar organelas tumorosas feitas de células tumorosas de pacientes individuais e, então, imprimiram-nas em 3D usando "tinta viva", uma mistura de géis contendo açúcar e bactérias. Os tumores customizados são desenvolvidos para uso em pesquisas sobre câncer, incluindo estudos sobre como tipos específicos de câncer evoluem e qual tipo de medicamentos poderia ser mais eficaz em seu tratamento. Um objetivo é a medicina personalizada: descobrir alternativas à quimioterapia e à radioterapia com tratamentos customizados para as células de uma só pessoa. Chega de injetar células cancerosas humanas em animais!

Risco-de-Câncer-de-Mama-em-Chip. Cientistas da Universidade de Purdue, em Indiana, criaram um aparelho para identificar riscos de câncer de mama. "Queremos ser capazes de compreender como o câncer começa para que possamos preveni-lo",[72] de acordo com a pesquisadora Sophie Lelièvre. É claro que é perigoso expor pessoas a substâncias potencialmente causadores de câncer, mas genes animais são muito diferentes dos nossos para que o estudo valha a pena. O aparelho de risco-de-câncer-de-mama-em-chip cria um microambiente repleto de fluidos e equipado com sensores em um pequeno retângulo plástico. Os pesquisadores acrescentam tecido mamário humano, e então introduzem possíveis carcinógenos para observar como as células reagem a nível genético. Por haver muitos tipos diferentes de câncer de mama, e o risco ser diferente para mulheres de etnias distintas, o aparelho pode ser adaptado para estudar inúmeros tipos de células.

Educação e Treinamento Sem Animais

Cerca de dez milhões de sapos, gatos, fetos de porcos, tartarugas etc., vivos ou mortos, ainda são dissecados no ensino médio e torturados em salas de aula em faculdades — tudo isso para os alunos aprenderem a anatomia particular de um animal, não importa seus planos de carreira futuros. Investigações da PETA nas principais empresas de suprimentos biológicos, que compram animais e seus corpos e, então, os vendem para as faculdades, revelaram um tratamento monstruosamente cruel dispensado aos animais, incluindo afogamento de coelhos e pombos, e injeção de látex em lagostins vivos. Incontáveis anfíbios são capturados em seus lares naturais, e tanto gatos de companhia quanto selvagens são levados de abrigos, celeiros e ruas.

NOVAS MANEIRAS

Simulações por programas de computador (frequentemente animadas, com narrações explicativas) estão sendo anunciadas, por professores de biologia e alunos, como alternativa à dissecção. Essas soluções digitais permitem aos alunos fazerem dissecções virtuais, com grande riqueza de detalhes e quantidade ilimitada de vezes, em um animal que existe apenas em pixels. Elas também removem o fator de asco, que pode atrapalhar o aprendizado, e o contato com os conservantes usados nos corpos dos animais.

O Froguts Dissection Simulator [Simulador de Dissecção de Rãs, em tradução livre], da Froguts Inc., é um conjunto de módulos de programas online que permitem à K–12, e alunos de faculdade, dissecar sapos, lulas, estrelas-do-mar, olhos de vaca e fetos de porcos. Cada unidade é organizada de acordo com o sistema corporal, e usa narrativas em áudio, texto e simulações visuais interativas, como bisturis virtuais, para manipulá-los. Em breve haverá as primeiras versões em 3D desses simuladores, executadas por realidade aumentada que pode até mesmo ser usada em um smartphone. A Digital Frog [Rã Digital, em tradução livre], da Digital Frog International, é similar, mas o pacote de programas também inclui demonstrações de minifilmes de anatomia e fisiologia animal, e até uma unidade sobre ecologia. Isso ajuda os alunos a entender como os animais realmente *vivem* em seus habitats (algo que não se pode aprender dissecando cadáveres).

Ensino de Medicina e Treinamento em Colégios Militares

Conforme observado anteriormente, faculdades de medicina norte-americanas e canadenses não usam mais animais para ensinar futuros médicos. Mas outros tipos de programas médicos, a exemplo da EMTs [Estimulação Magnética Transcraniana], ainda treinam profissionais de saúde humana usando procedimentos invasivos, e até fatais, em animais, incluindo cortar gargantas ou esfaquear cães, porcos, ovelhas e cabras.

Enquanto isso, o Departamento de Defesa dos EUA ainda está realizando exercícios de treinamento em traumatismo em que animais, como porcos e cabras, são terrivelmente feridos e, então, mortos em práticas cruéis desenvolvidas com negligência para ensinar recrutas militares a cuidar de soldados machucados. Eles foram baleados, esfaqueados, queimados e sofreram fraturas ou amputações em campo. Além de estimular a crueldade, esses métodos podem pôr em risco os soldados envolvidos. Conforme afirma o veterano da guerra do Iraque e cirurgião da Faculdade de Medicina da Universidade de Indiana, Michael P. Murphy: "Nenhum modelo animal pode reproduzir a anatomia e a fisiologia dos ferimentos infligidos ao corpo humano em uma guerra."[73]

Durante anos, médicos e técnicos em medicina emergencial praticaram operações em animais vivos. No entanto, essas práticas vêm sendo extintas. Em 2017, por exemplo, a Guarda Costeira dos EUA tornou-se a primeira força militar a parar de usar por completo animais em exercícios de treinamento em traumatologia. Uma solução inteligente, tanto para faculdades quanto para quartéis, é o TraumaMan, um simulador cirúrgico, fabricado pela Simulab Corporation, usado em larga escala no mundo todo para treinamento cirúrgico básico e avançado. Semelhante a um manequim, o TraumaMan é um modelo portátil e anatomicamente correto de cabeça e torso feito de material sintético (e *nenhum* tecido animal!). Ele é equipado com muitos tipos diferentes de "tecidos" substituíveis, e até "solta" um sangue falso. O sistema não apenas permite aos praticantes que abram um corpo semelhante a um humano, como também que treinem procedimentos como drenagem torácica, cateterismo, inserção de drenos, cricotireoidostomia (abertura cirúrgica das vias aéreas) e incisão venosa (para evitar choque).

Considerando todos esses progressos, não há necessidade alguma de usar animais em testes médicos — motivo pelo qual há um movimento crescente no governo dos EUA e nas indústrias para integrar novas metodologias de abordagem, ou NAMs, a práticas padrão. Em 2017, o Congresso dos EUA aprovou a Frank R. Lautenberg Chemical Safety for the 21st Century Act [Lei de Segurança Química de Frank R. Lautenberg para o século XXI, em tradução livre], exigindo que a Agência de Proteção Ambiental, que regulamenta produtos químicos tóxicos e avalia seus riscos, priorize informações reunidas usando os métodos de vanguarda discutidos anteriormente antes de solicitar quaisquer testes em animais. Ela também pediu à EPA que elaborasse um plano estratégico para promover e desenvolver essas alternativas, em 22 de junho de 2018. A lei menciona, de maneira explícita, a "qualidade e a relevância" de métodos de testes sem animais, que pode ajudar a aliviar a avaliação exaustiva dos 8.000 compostos existentes cuja segurança ainda precisa ser comprovada.

No dia 30 de janeiro de 2018, o Programa de Toxicologia Nacional da NIH anunciou seu próprio plano estratégico de *substituir o uso de animais em testes de toxicidade* de remédios e produtos químicos por métodos mais relevantes para humanos. Desenvolvido pela ICCVAM, com participação do Physicians Committee for Responsible Medicine [Comitê de Médicos pela Medicina Responsável, em tradução livre] e da International Science Consortium [Agência Científica Internacional, em tradução livre] da PETA, uma equipe de 19 cientistas, a *Strategic Roadmap for Establishing New Approaches to Evaluate the Safety of Chemicals and Medical Products in the United States* [Roteiro Estratégico para o Estabelecimento de Novas Abordagens de Avaliação de Produtos Químicos e Médicos nos Estados Unidos, em tradução livre] pretende estimular a aplicação de novas tecnologias, ajudando a conectar criadores de novos métodos de estudo com quem possa usá-los melhor no governo e nas indústrias. O plano estipula o que o governo, cientistas, indústrias, e outros, precisam fazer para atingir esses objetivos. Conforme coloca Warren Casey, PhD, diretor do NTP's Interagency Center for the Evaluation of Alternative Toxicological Methods [Centro Interagências para Avaliação de Métodos Toxicológicos Alternativos da NTP, em tradução livre]: "Se quisermos que aconteça um progresso ativo nessa área, as agências precisam assumir a liderança."

Em 2018, a EPA tomou duas medidas importantes para ajudar os animais. Primeiro, a agência divulgou o esboço de um documento que destaca um processo para identificar métodos alternativos de testes e estimular seu uso na indústria química e em procedimentos decisórios regulamentadores. Em seguida, a EPA anunciou que havia começado a aceitar métodos sem uso de animais para detectar sensibilidade cutânea e o potencial alergênico de pesticidas e outros produtos químicos.

Enquanto isso, na Europa e em dezenas de países, testar cosméticos em animais foi proibido. Nos termos do programa European Union's Registration, Evaluation, Authorisation and Restriction of Chemicals (REACH) [Registro, Avaliação, Autorização e Restrição de Produtos Químicos da União Europeia, em tradução livre], testar produtos químicos tóxicos em animais é permitido somente como último recurso, e quem realiza a pesquisa deve compartilhar os resultados com os outros para que os testes não se repitam. E na China, cujo governo exigiu testes em animais para cosméticos fabricados ou vendidos no país, reguladores concordaram, no último outono, em aceitar dados de métodos de testes sem animais para avaliar a segurança de um produto. O governo também inaugurou um laboratório de testes sem uso de animais perto de Xanghai, onde fará parceria com o Institute for In Vitro Sciences [Instituto de Ciências In Vitro, em tradução livre], sem fins lucrativos, para aumentar o uso de técnicas de vanguarda.

O que Você Pode Fazer

Há progresso sendo feito, porém muito mais pode ser realizado — mas apenas se as pessoas se fizerem ouvir e tomarem uma atitude. Torne-se parte dessa mudança. Aqueles que causam danos a animais pela ciência e pelo lucro estão se conscientizando de que suas práticas geram uma publicidade ruim e prejudicam suas marcas. Quem faz a coisa certa precisa de seu apoio para que os outros sigam seus passos.

COMPRE CERTO

Compre somente produtos sem crueldade, pessoais e para a casa.

Há mais de três mil empresas grandes e pequenas à escolha. Algumas opções favoritas são a Nature's Gate, 365 (Whole Foods), The Body Shop e Aubrey Organics. Está um pouco hesitante em relação a suas marcas favoritas? Ligue para elas, envie um e-mail ou verifique uma destes bancos de dados de pesquisa:

- A Beauty Without Bunnies, da PETA (http://features.peta.org/cruelty-free-company-search/, conteúdo em inglês), permite que você pesquise empresas que testam em animais; empresas sem crueldade por tipo de produto; empresas trabalhando em mudanças regulatórias; produtos livres de crueldade em cada país; e fabricantes de comida para animais domésticos. Também há um app útil da PETA que você pode usar: https://www.peta.org/action/bunny-free-app [conteúdo em inglês].

- A Cruelty Free International tem um programa de certificação mundialmente reconhecido para cosméticos, produtos de cuidados pessoais, e para a casa, chamado Leaping Bunny. Você pode procurar o logo dela na loja ou pesquisar seu banco de dados em: https://www.crueltyfreeinternational.org/LeapingBunny [conteúdo em inglês].

Boicote marcas que testam em animais. Entre em contato com essas empresas e avise-as que você não comprará os produtos delas até que parem os testes. Não sabe quem é quem? Verifique uma das listas a seguir. Algumas das empresas mais famosas a evitar, até que mudem, são Procter & Gamble, Johnson & Johnson e Estée Lauder.

Escreva, ligue ou use as mídias sociais para chegar até o CEO, o agente de responsabilidade corporativa ou os gerentes de marca. Seja educado e especifique sua solicitação. Nomes e informações de contato geralmente podem ser encontrados no site da empresa.

COLOQUE SEU DINHEIRO ONDE ESTIVEREM SEUS VALORES

Faça doações apenas para instituições de caridade relacionadas à saúde que não apoiem pesquisas com animais.

Muitas instituições, inclusive a March of Dimes, a American Cancer Society e a National Multiple Sclerosis Society usam parte das doações para financiar experimentos cruéis em animais, enquanto outras não fazem isso. Difícil acreditar? Em apenas um exemplo, pesquisadores financiados pelo March of Dimes cegaram gatinhos costurando os olhos deles, injetando produtos químicos em seus crânios por semanas para estudar o desenvolvimento cerebral antes de matá-los. Por sua vez, a Easterseals, organização sem fins lucrativos que atende pessoas com deficiência e outros necessitados, não financia experimentos com animais de maneira alguma.

Mesmo que pesquisas médicas para curar doenças sejam vitais, há abordagens mais relevantes e de melhor custo-benefício para estudá-las. Suas contribuições são mais bem direcionadas para grupos que apoiem estudos livres de crueldade e estejam fazendo progressos reais.

Visite http://www.peta.org [conteúdo em inglês] para descobrir quais instituições de caridade financiam, e quais não financiam, pesquisas com animais. Entre as últimas: Avon Foundation for Women, Children's Oncology Group e Spina Bifida Association of America. A organização que você deseja ajudar não está na lista? É só perguntar qual é a política dela. Se ela bancar experimentos com animais, diga-lhe que ela não verá a cor do seu dinheiro.

Você faz doações à sua universidade? Entre em contato com a associação de alunos de sua faculdade ou universidade e diga a eles que não contribuirá para campanhas de angariação de fundos enquanto experimentos com animais forem realizados no campus. Geralmente, os sites de faculdades e universidades, bem como boletins estudantis, exibem seus projetos de pesquisa e os principais subsídios; departamentos ou centros de ciências biológicas e ciências sociais os destacarão em suas páginas de entrada ou páginas da web dos professores. Se souber ou descobrir que animais estão sendo usados nesses estudos, avise-os de que isso é motivo de vergonha, não de orgulho.

Experimentos com animais realizados em universidades são comuns. Até o momento, aqui estão apenas algumas das escolas envolvidas: Wayne State University (induzindo parada cardíaca em cães); Universidade de Utah (muitos tipos de experimentos, com frequência em animais trazidos de abrigos, ao lado de constante violação das leis de bem-estar animal); e cada uma das universidades Ivy League: Brown, Columbia, Cornell, Dartmouth, Harvard, Princeton, Universidade da Pennsylvania e Yale. Todas elas receberam milhões, e até bilhões, de financiamento governamental para pesquisas, apesar de várias e repetidas violações do bem-estar animal.

Faça doações a organizações sem fins lucrativos e grupos de reflexão que trabalham em alternativas à pesquisa com animais [conteúdo em inglês]:

- PETA International Science Consortium [Agência Científica Internacional]: https://www.piscltd.org.uk
- Physicians Committee for Responsible Medicine [Comitê de Médicos pela Medicina Responsável]: http://www.pcrm.org/
- Harvard Wyss Institute for Biologically Inspired Engineering [Instituto Wyss de Harvard pela Engenharia de Inspeção Biológica]: https://wyss.harvard.edu/

ESPALHE A MENSAGEM

Há muitas formas diferentes de instruir as pessoas a respeito dos maus-tratos a animais para pesquisa e testes, e as alternativas que são melhores para todos nós. As atitudes mais simples podem ser tomadas de qualquer lugar onde haja uma conexão de internet.

Compartilhe vídeos de laboratórios no Instagram, Facebook, Twitter etc., para ajudar a esclarecer pessoas que, de outra maneira, talvez não tenham conhecimento da realidade da crueldade animal sistêmica. Certifique-se de descrever por completo e de maneira precisa o que está sendo mostrado: inclua quem, o quê, quando e onde, e diga às pessoas quais atitudes tomar para ajudar a parar com isso. Como a maioria das imagens é perturbadora, inclua um aviso de que a gravação pode ser difícil de assistir, mas que é importante vê-la.

Seja ousado! Reúna alguns amigos ou vá sozinho ficar na frente de lojas, parques públicos ou seu campus da faculdade. Elabore ou disponibilize panfletos sobre temas livres de crueldade e vivissecção. Dê-os às pessoas que estiverem passando. Prepare-se para responder às perguntas do pessoal e mantenha uma discussão civilizada. Sugira alternativas a produtos que elas possam estar usando e outras atitudes que podem tomar (como as encontradas neste livro).

EXIJA RESPONSABILIDADE GOVERNAMENTAL

Pressione, escreva ou assine petições direcionadas a tomadores de decisão governamentais sobre leis e políticas relacionadas ao bem-estar animal.

Historicamente, os maiores avanços aconteceram quando tiveram respaldo da força da lei. Mesmo com todas as falhas, políticas como a Lei REACH, da União Europeia, a Lei do Bem-Estar Animal, dos EUA, e a Lei da Crueldade contra Animais, da Grã-Bretanha, fizeram diferença, e nossos representantes não saberão que queremos legislações melhores se não falarmos.

O Friends Committee on National Legislation [Comitê de Amigos da Legislação Nacional, em tradução livre] disponibiliza uma cartilha sobre como pressionar um representante nos EUA aqui: https://www.fcnl.org/up-dates/how-to-meet-with-congress-19 [conteúdo em inglês]. Resumindo: Saiba sua "pergunta", escolha sua equipe, marque um encontro, prepare suas declarações, comunique-se de maneira respeitosa e sempre investigue. Os mesmos princípios se aplicam ao se encontrar com líderes estaduais e locais.

A companhia de cuidados pessoais livre de crueldade The Body Shop está lançando uma campanha de apelo às Nações Unidas para adotar uma convenção internacional que proíba testes em animais para cosméticos e seus ingredientes no mundo todo. Você pode assinar uma petição específica para seu país aqui: https://

foreveragainstanimaltesting.com/page/9583/petition/1 [conteúdo em inglês].

Ligue, escreva ou assine petições direcionadas aos Institutos de Saúde dos EUA, que financiam agências governamentais, universidades e outras pesquisas envolvendo animais. Quase metade das pesquisas financiadas pela NIH, pagas com bilhões de dólares do contribuinte, usa animais. Diga a eles, com educação, que experimentos com animais são antiéticos e que você não deseja custear esses experimentos por nenhum motivo. Em vez disso, peça a eles que redirecionem o financiamento para o uso de estudos epidemiológicos, clínicos, in vitro, órgãos-em-chip e modelagem por computador.

Envie todas as correspondências para:

Francis S. Collins, MD, PhD, Director, National Institutes of Health, Shannon Bldg., Rm. 126,

1 Center Dr., Bethesda, MD 20892

Ou envie um e-mail para francis.collins@nih.gov.

Se quiser se aprofundar um pouco mais, é fácil descobrir quais instituições estão recebendo financiamento da NIH. Visite a página Research Portfolio Online Reporting Tools (RePORT) [Ferramentas de Relatório Online do Portfólio de Pesquisa, em tradução livre] da NIH em https://report.nih.gov/ e pesquise usando os formulários disponibilizados. Entre outras coisas, ele rastreia premiações por local, organização e pesquisador.

FAÇA UMA RECLAMAÇÃO DIRETA

Escreva ou ligue para centros universitários, governamentais e empresas (como indústrias farmacêuticas), e avise-os que você se opõe a pesquisas e testes com animais. Não deixe que eles se safem com respostas prontas e clichês. Continue escrevendo se você recebê-las, até conseguir a resposta que deseja.

Incite os cientistas a investir em métodos que não usem animais, salientando que eles estão ficando para trás do crescente número de cientistas que estão adotando técnicas de vanguarda, que são mais baratas, mais rápidas e mais precisas que usar animais. O site da PETA tem uma lista das campanhas mais recentes abordando assuntos específicos, e pode ajudar você a descobrir se há um laboratório que faça experimentos com animais perto de você.

Instituições registradas de pesquisa com animais precisam enviar relatórios anuais sobre o seu trabalho. Para descobrir o tipo de testes em animais que empresas e instituições estão fazendo, e para encontrar relatórios de inspeção da USDA sobre essas instalações (que incluem quaisquer violações descobertas e ações recomendadas), visite: https://www.aphis.usda.gov [conteúdo em inglês]. Esteja ciente de que isso pode levar anos, por conta de tentativas iniciadas em 2017 de dificultar que até mesmo a obtenção de informações exigidas por lei fosse divulgada.

Torne-se um delator, reportando qualquer crueldade animal que descobrir em um laboratório ou centro de pesquisas. Se você está trabalhando ou apenas visitando uma instalação de pesquisas científicas, fique de olho em cobaias animais. Fique alerta com o que vê, ouve, ou mesmo cheira — em relação a qualquer indício de que animais estejam sendo negligenciados ou maltratados, ou que as regras para a saúde e a segurança deles não estejam sendo observadas. Se vir algo, diga alguma coisa a um supervisor e informe um grupo antivivissecção. Sempre que possível, tente registrar o que vê usando vídeo, fotos ou gravações de áudio.

Se nenhuma atitude for tomada, sempre notifique uma organização de proteção animal. Você pode entrar em contato com a PETA enviando um e-mail para whistleblower@peta.org, ligando para 757-962-8383 [número internacional] ou usando este formulário: https://www.peta.org/issues/animals-used-for-experimentation/hero-animals-labs [conteúdo em inglês]. Você também pode contatar o Departamento de Agricultura dos EUA, encarregado de elaborar e reforçar regulamentações sobre o bem-estar animal. Encontre o escritório regional de Animal and Plant Health Inspection Service da USDA [Serviço de Inspeção Sanitária dos Animais e das Plantas, em tradução livre] mais perto de você aqui: https://www.aphis.usda.gov [conteúdo em inglês] e acompanhe-o, ou nada poderá ser feito.

Algumas das campanhas antivivissecção e processos jurídicos mais bem-sucedidos foram levados a cabo por meio da coragem de pessoas que registraram e tornaram pública a crueldade de pesquisas com animais. É devastador assistir a gravações chocantes e reais, e elas não podem ser ignoradas.

DÊ O EXEMPLO

Se você é cientista, veterinário ou profissional de saúde humana — ou deseja ser um — não conceba ou participe de nenhum experimento ou sessões de treinamento com animais vivos.

Explique sua postura a seus colegas ou professores e esclareça-os a respeito do sofrimento (e deficiência científica) envolvido em usar modelos animais. Compartilhe as informações deste livro, e outras fontes, sobre métodos mais novos, e sem uso de animais, que não são apenas mais humanos, como também mais eficazes. Use essas técnicas em sua pesquisa e ajude a desenvolver inovações! E não tenha medo de manter uma atitude ética forte.

Além de se manter a par com as revistas profissionais de sua área, você pode se inscrever em atualizações por e-mail sobre as descobertas mais recentes pelo Physicians Committee for Responsible Medicine: http://www.pcrm. org/ [conteúdo em inglês]. Se for aluno, exerça seu direito de não participar de dissecações em aulas de ciências e insista, em vez disso, em uma simulação por software. Se sua escola não estiver em um dos 38 estados que proporcionam esse direito, peça aos administradores que adquiram softwares de dissecção virtual e busquem alternativas à dissecção.

TORNE-SE ATIVISTA

Ser um ativista pelos direitos dos animais pode ser tão simples quanto esclarecer outras pessoas, assinar uma carta, distribuir materiais, postar vídeos em mídias sociais, fazer uma ligação telefônica ou enviar um e-mail a quem tem condições de fazer mudanças efetivas. Melhor ainda, fique de prontidão para tomar uma atitude coletiva quando escândalos envolvendo experimentos com animais vierem à tona ou uma campanha nova começar. Você também pode se juntar a uma lista de ativistas e se preparar para protestar pacificamente quando necessário.

Vestuário

Nascida em 1896 em Lancashire, Inglaterra, Dorothy Gladys "Dodie" Smith cresceu com a mãe e outros parentes após a morte do pai, quando ela tinha apenas dois anos. Esses tios, tias e avós eram fãs ardorosos de teatro. Eles sugeriram a Smith que se tornasse atriz, carreira que não teve êxito, e depois a estimularam a escrever peças, o que deu resultado. Nos anos de 1940, após conhecer seu marido, Alec Macbeth Beesley, na loja de móveis onde trabalhava para se sustentar enquanto escrevia, ela havia composto várias peças de relativo sucesso.

Quando a Segunda Guerra Mundial teve início, Beesley correu risco de ser preso por ser um opositor consciente, então, o casal se mudou para os Estados Unidos. Lá, adotou um belo dálmata chamado Pongo, que por fim gerou a própria ninhada — um dos filhotes, que parecia ter nascido morto, foi milagrosamente reanimado por Beesley. Ao longo das décadas seguintes, Smith e Beesley integraram mais nove dálmatas à família. Em fotografias, é possível ver o casal feliz em uma praia com um grupo de cães malhados, radiantes. Certo dia, uma amiga de Smith, admirando a bela pelagem manchada de Pongo, sugeriu que o cão daria um lindo casaco. Smith ficou horrorizada e, em vez de deixar o comentário de lado, ela o transformou em inspiração para a história infantil que posteriormente ensinou gerações de norte-americanos sobre os horrores da indústria de peles.

Os Cento e Um Dálmatas, publicado em 1956, apresentou ao mundo Cruela Cruel, uma mulher tão obcecada por sua paixão por casacos de pele que raptou dezenas de filhotes de dálmatas para transformá-los exatamente no tipo de casaco que a amiga de Smith tinha imaginado para Pongo. Com o lançamento da versão animada da Disney para o cinema em 1961, a janela aberta pelo livro em relação à indústria de peles foi encenada para uma audiência ainda maior.

Porém, enquanto é fácil ridicularizar uma personagem de desenhos como Cruela Cruel, muitas pessoas fazem escolhas diárias de moda que, sem querer, apoiam crueldades contra animais tão graves, se não piores, quanto a crueldade que estaria à espera de Pongo e dos filhotes de dálmata se Cruela tivesse conseguido o que queria.

A crueldade contra animais em nome da moda acontece de várias formas, muitas vezes inusitadas. Por exemplo, enquanto é óbvio que animais têm de ser mortos para se produzir um casaco de pele, uma bolsa de couro ou um par de sapatos de camurça, é menos evidente que materiais como lã, seda ou plumas, que servem de enchimento para casacos de inverno, sejam tiradas de animais por meio de procedimentos estressantes, torturantes ou até letais.

Felizmente, hoje em dia é fácil se vestir de maneira estilosa ou prática sem produtos animais. Tecidos à base de vegetais, como algodão e linho, que estiveram em uso durante milênios, estão se associando a materiais inovadores como rPET [tereflatato de etileno], fibra de liocel e "peles sem pele". As maiores estilistas de moda, como Stella McCartney e Diane von Furstenberg, estão adotando opções que deixam fora da passarela materiais feitos à custa de sofrimento animal. Graças a avanços tecnológicos e à crescente conscientização popular do dano causado pelo uso de roupas tiradas, literalmente, das costas dos animais, as pessoas estão se vestindo na moda, com funcionalidade, responsabilidade e empatia.

Mas isso nem sempre foi tão fácil.

Não sabemos exatamente como eram as primeiras roupas, mas antropólogos em geral concordam que passamos a usar peles, couros e pelos de animais desde a primeira vez em que o conceito de vestuário ocorreu entre os seres humanos. As primeiras agulhas de costura, feitas de ossos, foram encontradas em cavernas na Eslovênia, Sibéria e África do Sul, o que sugere que seres humanos começaram a trabalhar com pele e couro em um período compreendido entre 47 e 60 mil anos atrás.

No entanto, é provável que a invenção das roupas tenha ocorrido mais cedo, antes que os primeiros humanos deixassem a África, entre 50 mil e 100 mil anos atrás. Conforme saíam da África rumo ao Mediterrâneo — e, mais tarde, aos climas mais frios da Europa, Escandinávia, Rússia, China, Sibéria e América do Norte, por meio do estreito de Bering —, humanos primitivos provavelmente não tiveram escolha se não usar produtos animais para sobreviver nos ambientes inóspitos que encontraram, conforme a população de nossa espécie se espalhava pelo planeta.

Não obstante, em algumas das civilizações humanas mais antigas, sobretudo as de clima quente como Egito, México e Índia, as pessoas descobriram alternativas inovadoras ao uso de pele animal. Como exemplo, tem-se o cultivo de algodão, desenvolvido de maneira independente no mundo antigo tanto nas Américas (no México) quanto no sul da Ásia (na Índia). E, no Egito, as águas férteis do Nilo transformaram os antigos egípcios em mestres no cultivo do linho, do qual obtemos o tecido de mesmo nome. Na Índia Antiga, algumas tribos evitavam expressamente usar produtos animais de qualquer tipo, sentindo uma afinidade religiosa com outros seres vivos, e algumas, em vez disso, escolhiam fabricar roupas a partir do junco encontrado em pântanos verdejantes.

Couro, pele, grama e linho foram partes importantes da gradativa expansão humana pelo mundo. Contudo, na maior parte da história, escolher qual tipo de roupa usar foi uma decisão baseada em sobrevivência, não em moda. A história de como, quando e por que isso mudou é, sob vários aspectos, a história das roupas de pele: não só porque os primeiros seres humanos queriam o calor proporcionado pela pele para atingir as regiões mais frias do planeta, mas também porque, com o tempo, o comércio de peles ficou tão insaciável que instigou os europeus a explorar o continente vasto e inexplorado da América do Norte.

PELE

Durante séculos, sobretudo na Europa, as roupas eram usadas mais por suas características práticas do que como um indicativo de classe social. Dos nobres aos criados humildes, os primeiros homens e mulheres da Europa vestiam túnicas simples de lã e roupas íntimas de linho que variavam muito pouco, em tamanho ou corte, entre classe e sexo. Mesmo caras, as peles ainda podiam ser obtidas pelos pobres, e eram consideradas essenciais para sobreviver ao rigor do inverno. Um casaco de pele poderia custar algumas semanas de salário para um plebeu, portanto, poucas famílias podiam comprar mais de um ou dois, enquanto os ricos podiam ter um armário cheio deles. Porém, durante a maior parte da história europeia, esses casacos tendiam a ser usados com a pele voltada para dentro, a fim de maximizar o conforto e a sua capacidade natural de isolamento, e não para exibir riqueza ou status. E esse hábito perdurou durante séculos: do início da Idade Média até meados de 1300, os estilos de roupa na Europa mudaram muito pouco.

Como chegamos de lá até aqui, de usar peles como necessidade até a obsessão por status de Cruela Cruel? De acordo com o historiador de moda James Laver, aconteceu uma mudança profunda na Europa no início dos anos de 1300 que modificou para sempre a maneira como as pessoas pensavam em roupas. De acordo com Laver, esses anos marcaram o começo da *moda* — e o mundo do vestuário na civilização ocidental nunca mais foi o mesmo.

O que causou essa mudança? Muito provavelmente, a Peste Bubônica. A peste atingiu a Europa em 1347, e em apenas alguns anos reduziu a população do continente de 30% a 60%. Os que tiveram sorte o bastante para sobreviver descobriram um lado positivo inusitado: menos pessoas significava mais terra, dinheiro e comida para todos. A riqueza individual cresceu e, pela primeira vez, mais cidadãos comuns conseguiram investir em alguns luxos. Isso, por sua vez, levou a uma explosão nas variedades de roupas.

Esse novo excedente econômico não foi uma bênção para os animais. Um interesse repentino pela moda significou um surto de exploração animal. A demanda por peles ficou tão grande que, em 1363, o Parlamento Inglês aprovou uma lei suntuária, o Estatuto sobre Dieta e Vestuário, decretando que certos nobres podiam usar peles exóticas como arminho, lince, marta, castor e esquilo do Báltico, enquanto os demais ficaram restritos a peles locais, como de ovelha, coelho, gato e raposa. Leis como essa foram explicitamente aprovadas para proteger os pobres de despesas altas demais, mas na realidade essas restrições provavelmente foram concebidas para manter a separação de classes.

Como o ensaísta francês Michel de Montaigne observou anos depois, em 1580, leis como essa frequentemente saíam pela culatra:

A maneira como nossas leis tentam regulamentar despesas fúteis e vãs com carne e roupas parece surtir o efeito contrário ao fim designado. Pois que outra razão há para decretar que ninguém além de príncipes deve comer linguado, usar veludo ou rendas de ouro, e proibir essas coisas ao povo, se não para colocá-los em um apreço maior, e deixar todos mais ávidos por comê-los e vesti-los?

Em outras palavras, limitar o uso de peles mais luxuosas por cidadãos comuns apenas aumentou a percepção de valor dessas peles, estimulando ainda mais demanda. No final do século XIV, começou a surgir uma população variada de castores na Europa. Em um século, todos os castores haviam desaparecido do Velho Mundo, exceto na Escandinávia e na Sibéria, e no século XX, o castor eurasiano, que existira em grandes quantidades durante milênios desde a Europa até a Ásia, foi reduzido a uma população de apenas 1.200.

Com a descoberta das florestas amplas e intocadas da América do Norte, cheias de castores, o comércio de peles adquiriu um novo fôlego. No decorrer de 300 anos, o comércio de castores atraiu exploradores para o oeste, facilitou contatos comerciais com a população de nativos norte-americanos e, além disso, transformou a América do Norte. O comércio de peles se espalhou no mundo todo. Ao longo dos séculos, animais de todos os continentes — chinchilas, raposas, coelhos, e até cães e gatos — foram caçados, pegos em armadilhas e, mais recentemente, assim como em relação a outras formas de exploração, criados especificamente para serem mortos por causa da pele.

No século XXI, a China despontou como a maior exportadora de peles do mundo. O vison, acima de todas, tornou-se a preferida, e corresponde a 85% da indústria de peles de hoje. Em 2015, foram vendidas 8,4 milhões de peles de vison.

A indústria de peles continua a funcionar em larga escala na China e na América do Norte, e a crueldade contra os animais criados por conta de sua pele nunca foi pior. Em uma típica criação de martas em Wisconsin, por exemplo, uma investigação sobre práticas de criação revelou que os animais viviam em gaiolas minúsculas e secas, com suas fezes se acumulando entre si em pilhas de 30cm de altura. Funcionários faziam lavagem de alta pressão nas gaiolas enquanto os animais ainda estavam dentro delas, para que as peles deles continuassem o mais impecáveis possível. As martas ficavam tão assustadas que tentavam escapar mastigando as gaiolas, ferindo a cara.

Nos últimos momentos desses animais, os funcionários os agarravam pelas caudas sensíveis e os amontoavam, gritando e lutando, dentro de barris metálicos cheios de monóxido de carbono proveniente de um motor em funcionamento. Chamadas de "caixas de matar", essas câmaras, ao que parece, asfixiavam as martas — mas, já que o carbono não tem filtro e o motor fica quente, a morte não é rápida ou indolor. Quando se descobre que uma marta sobreviveu, o animal infeliz é batido contra o tambor metálico na tentativa de quebrar seu pescoço, enfiado na caixa de matar para outra rodada, ou simplesmente largado para morrer no curso de, no máximo, 20 minutos.

Na China, as condições são piores. Lá, investigadores viram raposas eletrocutadas, cachorros espancados até a morte, e coelhos e cães-guaxinins esfolados vivos. Mesmo cães e gatos são comumente mortos e esfolados por conta de sua pele, apenas para serem vendidos a ocidentais incautos que não têm a menor ideia de que a pele que compraram foi feita de animais iguais aos que têm em casa e amam.

COURO

A China também é a principal exportadora de couro do mundo — e seu recorde nesse setor é tão horrível quanto seu recorde na indústria de peles. De fato, muitos acessórios de couro vendidos no mundo ocidental — incluindo luvas de trabalho e da alta moda, cintos, acabamentos em jaquetas e até brinquedos para gatos e outros acessórios — na verdade são feitos de pele de cães domésticos, embora obviamente você jamais vá encontrar a etiqueta "couro de cachorro" neles. Esses cães são tratados de um jeito que poderia fazer Cruela Cruel estremecer: uma investigação em um curtume chinês mostrou funcionários tentando encurralar cachorros, segurando os seus pescoços com pinças de metal e, então, esmagando suas cabeças com tacos de madeira. Isso deixava alguns dos cães inconscientes, mas outros permaneciam despertos, gritando de agonia. Alguns desses cachorros continuavam conscientes mesmo depois de terem a garganta cortada, e davam os últimos suspiros apenas alguns instantes antes que sua pele fosse tirada de seus corpos. Essa instalação esfolava e espancava até 200 cães por dia, fabricando 30 mil peças de couro canino para serem vendidas no mundo todo, em produtos comuns.

Curtir e secar peles de animais e transformá-las em couro tem ocorrido desde o surgimento da vida humana. É provável que o primeiro couro tenha sido extraído de restos de peles de animais mortos por conta da carne. Desde sapatos primitivos, vestuário, material para tendas indígenas e outras formas de abrigo, até couro de tambor, pergaminho usado para a escrita, os primeiros barcos e cantis, o couro teve um papel fundamental nas primeiras sociedades humanas. Os pares de sapatos de couro mais antigos já conhecidos, encontrados em uma caverna na Armênia, datam de 5.500 a.C. e eram feitos de uma única peça de couro moldada para caber nos pés tamanho 40 do dono. Mesmo os cadarços resistiram até nossos dias.

Hoje, o couro é produzido e vendido em uma escala tão gigantesca que a crueldade extrema contra animais se tornou onipresente. Em 2015, a JBS, a maior produtora de couro do mundo, com 26 fábricas em três continentes, produziu dez milhões de peles de vaca, bezerro e boi, fornecendo couro para o interior dos veículos das montadoras mais exclusivas. Porém, uma investigação de fazendas brasileiras de gado da JBS, feita por uma ONG do Brasil, mostrou vacas e touros tendo as caras marcadas com ferro em brasa sem alívio da dor, vacas tendo os ânus penetrados por varas com pontas de metal e bastões de choque elétrico, bezerros sendo tirados das mães e animais pisando uns nos outros em calhas estreitas. As feridas sangrentas e abertas das vacas não recebiam cuidados e eram infestadas por vermes.

Embora muitas dessas vacas seriam mortas de qualquer forma por conta da carne, o mesmo não se aplica a avestruzes e jacarés, criados e mortos apenas por causa de suas peles, ainda que a carne também seja comestível. Uma investigação de 2015 de um matadouro de avestruzes que fornece peles para marcas como Hermès, Prada e Louis Vuitton revelou que as penas eram arrancadas das peles de aves totalmente conscientes, que então eram viradas de cabeça para baixo em uma máquina e levavam choques elétricos antes de ter as gargantas cortadas. Essas aves inteligentes e curiosas, que podem viver até os 40 anos, raramente passam do primeiro aniversário quando criadas por causa de suas peles.

Crocodilos e jacarés, abatidos para extração de couro usado em pretensos relógios de pulso, bolsas, botas, carteiras e cintos exóticos, recebem os mesmos maus-tratos. São necessários dois ou três crocodilos pequenos para fazer uma única bolsa de mão, que pode ser vendida pelo valor absurdo de US$50 mil ou muito mais. Esses animais passam a vida amontoados em celas úmidas de concreto, cobertos pelos próprios dejetos, esperando uma morte dolorosa. No Vietnã, Texas e na África, funcionários matam crocodilos fazendo um corte longitudinal na parte superior das costas com uma faca e enfiando uma vara de aço em sua coluna; muitos continuam conscientes até uma hora depois de suas medulas espinhais terem sido esmagadas.

A triste surpresa para a maioria das pessoas que não se interessa por uma bolsa de mão feita de pele de crocodilo é que elas estão apoiando a crueldade contra animais mesmo quando compram um suéter de lã aparentemente inocente.

LÃ

Em um dia ensolarado de setembro em 2015, um caminhante em Camberra, na Austrália, avistou uma coisa incomum no mato: "Era como se uma nuvem tivesse caído do céu ou uma bola de algodão tivesse tomado esteroides",[74] relatou o *Washington Post* alguns dias depois. Após um exame mais atento, o caminhante percebeu que aquela bola de algodão com esteroides era, na verdade, um ser vivo, mastigando com indiferença e aparentemente escondido em um grande chumaço esbranquiçado. Mais tarde, descobriu-se que era uma ovelha que, de algum modo, havia se desgarrado do rebanho alguns anos antes. Ela ficara presa em seu enorme casaco de lã, sem tosa há vários anos. O caminhante imediatamente entendeu o perigo: com a rápida aproximação do verão australiano, a ovelha poderia superaquecer e morrer se alguém não tomasse uma atitude. Era difícil acreditar que a ovelha ainda estivesse viva; um casaco daquela densidade podia facilmente ter sido um criadouro de doenças cutâneas como miíase, com frequência fatal em ovelhas. Também era um milagre que ela ainda conseguisse andar ou comer, ou que não tivesse virado comida de algum predador. Se a ovelha caísse, haveria uma boa chance de ela nunca mais conseguir ficar em pé de novo. Chamada de Chris pelo caminhante que a encontrou, a ovelha foi imediatamente levada para a Sociedade Real Australiana de Prevenção à Crueldade contra Animais, que postou um apelo no Twitter em busca de um tosador experiente. Levou 45 minutos para remover 40 quilos de lã de Chris, que, deitado entre os restos de seu antigo casaco, parecia ter acabado de nascer de um casulo de lã. Debaixo de todo aquele pelo, Chris pesava apenas 43 quilos — nem a metade do que pesava horas antes. De acordo com alguns relatos, a lã removida de Chris seria suficiente para fazer 30 ternos masculinos, ou equivalia a oito vezes o que uma tosa anual média de uma ovelha-merino produziria.

Muitas pessoas ficam surpresas em saber que as ovelhas nem sempre tiveram tanta lã, mas foram deliberadamente criadas para maximizar a produção de lã, com frequência prejudicando a si mesmas. Pense no muflão, ameaçado de extinção, um carneiro selvagem encontrado no Iraque, Irã e na Turquia, tido como o primeiro ancestral da ovelha domesticada. De cor marrom-escuro, e não branco lanoso, com pelagem grossa, em vez do pelo torcido e enrolado de ovelhas criadas para extração de lã, os muflões nos mostram a aparência provável das ovelhas cerca de 10 mil anos atrás. Possivelmente, essas ovelhas antigas tinham pelo grosso e longo no verão, mas desenvolviam um subpelo felpudo no inverno para se manter aquecidas. Com o tempo, seres humanos primitivos começaram a fazer criação seletiva de ovelhas com subpelo especialmente grosso, produzindo descendentes ainda mais felpudos. Na Austrália, criadores de ovelhas importavam merinos da Espanha, uma raça inadequada para o clima australiano, agravando seu infortúnio nos verões quentes e secos ao praticar cruzamentos consanguíneos entre as que tinham o velo [lã que cobre a pele da ovelha] mais grosso.

O velo recordista não tosado de Chris talvez tenha sido o maior de todos os tempos, mas com certeza ele não foi a primeira ovelha a escapar da tosa. Antes de Chris houve Shrek, um merino que cresceu em uma fazenda de ovelhas na Nova Zelândia e ganhou certa fama quando o então recorde mundial de 27 quilos de lã foi retirado dele em 2005. Todo ano, ovelhas são reunidas para serem tosadas, mas Shrek teve a espertéza de se esconder em uma caverna vizinha, que seu dono não conhecia, durante seis anos seguidos.

Por que Shrek e Chris suportam extremos potencialmente fatais para fugir de um "corte de cabelo"? A maioria dos tosadores recebe pelo número de ovelhas que tosquiam. Ser gentil significa gastar mais tempo e, portanto, ganhar menos dinheiro e, assim, a tosa geralmente é um ritual violento e aterrador para as ovelhas. Com tantas ovelhas — só em 2013, 3,7 milhões desses animais foram tosquiados nos EUA, e na Nova Zelândia há seis deles para cada humano —, a crueldade é excessiva. Por exemplo, uma equipe de sete tosadores em um rancho de Utah ousou revelar a investigadores que poderia "fazer, tipo, mil por dia".[75] Para tosar com tanta rapidez essa quantidade de ovelhas, cada funcionário teria que gastar menos de três minutos e meio em cada um dos animais. Na prática, essa velocidade estimula o trabalho rápido e impaciente que pode deixar feridas abertas e sangrentas nas ovelhas — cortando, inclusive, tetas, partes de orelhas e, pelo menos em um caso analisado pelos investigadores, rasgando o pênis de um dos animais.

As ovelhas são privadas de comida e água antes da tosa, a fim de ficarem mais fáceis de controlar e para que não percam o controle da bexiga ao entrar em pânico. E, por serem o tipo de presas para quem ser retido à força significa a morte, elas entram em pânico de fato. Quando isso acontece, filmagens feitas em galpões de tosa em todos os continentes, com exceção da Antártida, mostram que tosadores pisam ou ficam em pé sobre as cabeças e pescoços das ovelhas, desferem chutes nelas e as jogam contra pisos de madeira. Investigadores viram funcionários golpear e espancar a cara de ovelhas com punhos, pinças afiadas de metal e, até, martelos. Em um dos casos filmados, um tosador torceu o pescoço de uma ovelha até ela morrer, e chegou a pegar uma ovelha viva pela pele das costas e usar o corpo dela para enxugar sua urina no chão.

Outra prática cruel, o *mulesing*, foi inventada em 1920 e persiste ainda hoje. Para entendê-la, você precisa saber que moscas gostam de botar ovos na lã de ovelhas, geralmente em lugares molhados perto da parte traseira do animal, onde então as larvas penetram em sua pele. Chamada de miíase, essa condição pode ser fatal a esses animais. O resultado é uma lã esverdeada, malcheirosa, e há tanta coceira que as ovelhas, com frequência, tentarão comer a própria pele. Para evitar a ameaça aos próprios rendimentos, os fazendeiros geralmente usam uma tesoura de jardim para cortar uma faixa de pele de cada lado da traseira dos cordeiros, formando uma cicatriz ao ser curada, para que a lã não cresça mais ali, reduzindo cruelmente, dessa forma, o risco de miíase. Mas esse procedimento extremamente doloroso muitas vezes é feito sem anestésico, o que significa que milhões de cordeiros a cada ano têm suas partes traseiras dolorosamente mutiladas. Muitos deles não conseguem andar durante dias, e seus níveis de adrenalina se elevam por conta do estresse supremo — mesmo havendo métodos mais humanos de evitar a miíase. Em 2018, produtores australianos de lã declararam que, apesar de promessas anteriores de eliminar gradualmente o *mulesing*, feitas em resposta a grupos de defesa do bem-estar animal e a queixas de distribuidores, não têm intenção alguma de cumpri-las.

Esses tipos de tratamentos abusivos estão em todo lugar: uma investigação secreta divulgada pela primeira vez pela NBC revelou que em 19 galpões de tosa em Victoria e Nova Gales do Sul, na Austrália, 70 funcionários empregados por nove empresas de tosquia foram culpados de maus-tratos a ovelhas. Os Estados Unidos não se saíram melhor, onde investigadores visitaram 14 ranchos no Wyoming, Colorado e Nebraska, registrando com exatidão abusos e negligência dispensados a ovelhas em cada local. No Reino Unido, o registro de abusos em galpões de tosquia ingleses e escoceses em 2018 foi igual, se não pior.

Criamos esses lindos animais para uma vida de dor. Ou os maltratamos para que a lã possa ser vendida a empresas de confecção, ou — como Chris e Shrek — eles correm perigo por causa de seus velos anormalmente grossos.

PENUGEM

A penugem — camada de penas macias, isolantes, encontradas sob a camada mais grossa das penas externas na maioria das aves — é outra substância termal da qual os seres humanos dependeram para se manter aquecidos por milhares de anos. Patos e gansos perdem naturalmente a penugem todos os anos durante a estação da muda, e essas penas geralmente eram recolhidas mais tarde. A penugem de águias e corvos chegou a constituir uma parte importante de cerimônias religiosas lideradas por indígenas das planícies, pelos Hopi, Zuni e outras aldeias nativas norte-americanas. Mas hoje, casacos de inverno, travesseiros ou edredons escondem uma crueldade contra animais tão nociva quanto a que as ovelhas sofrem por causa de sua lã.

Hoje em dia, com raras exceções, trabalhadores não esperam até que um pato ou um ganso tenha passado pela muda; as penas são "extraídas vivas", ou arrancadas do corpo de uma ave viva enquanto um funcionário a prende, horrorizada, entre os joelhos. A extração rasga sua carne e gera feridas sangrentas. Às vezes aves feridas são abandonadas para morrer. As que sobrevivem levam pontos sem anestésico, se as feridas forem graves, ou são deixadas tremendo de medo e dor. Quando as penas crescem de novo, o processo se repete. As fazendas podem produzir até 15 toneladas de penugem, extraídas de aves vivas, por ano e, considerando que um ganso produz apenas 50 gramas de penugem por ano, isso dá 250 mil extrações anuais em uma única fazenda.

Mesmo que alguns distribuidores, como a Canada Goose, afirmem que se dedicam a "obter todo o material animal de maneira ética" na produção de seus casacos de penas, eles se recusam a divulgar quaisquer detalhes. A realidade é sombria para as aves, ainda que, como afirma a companhia, as penas tenham sido extraídas depois do abate. Em uma fazenda que fornece aves à Canada Goose, investigadores presenciaram pássaros sendo esmagados até a morte, passando a noite sem água ou comida, carregados de cabeça para baixo por uma perna e enviados ao abate em um longo trajeto dentro de caminhões abertos em pleno inverno.

Por mais que seja tentador adquirir um casaco de penas, afundar-se em um travesseiro de plumas ou tirar uma soneca embaixo de um edredom feito com esse material, é quase impossível comprar penugens que tenham origem ética, e há inúmeras alternativas.

SEDA

Talvez você ache fácil ter compaixão pelo sofrimento de animais como guaxinins, vacas, cães, ovelhas, gansos e patos. E pelas larvas, o que você sente?

Bichos-da-seda foram cultivados durante milhares de anos por conta de sua seda brilhante. De acordo com o filósofo chinês Confúcio, a seda foi descoberta no século 27 a.C. por uma jovem imperatriz chamada Lei Zu, quando um casulo de seda caiu de uma árvore dentro de sua xícara de chá. O processo permaneceu um segredo guardado a sete chaves na China durante os 3 mil anos seguintes, tanto é que o imperador bizantino Justiniano enviou dois monges à China para contrabandear bichos-da-seda para a Europa, escondendo-os dentro de caniços de bambu.

A seda é um material delicado, e para cultivá-la, distribuidores precisam ferver os bichos vivos dentro dos próprios casulos para matar as larvas e enrolar os fios de seda. Como o bicho-da-seda é, na verdade, apenas o estágio larval de uma mariposa adulta delicada e bela, significa que a vasta maioria dos insetos criados pela indústria da seda não vive após a fase de pupa; eles são submetidos a vapor ou intoxicados vivos dentro dos casulos ainda na adolescência. Por serem necessários uns 3 mil bichos-da-seda para fazer um único quilo de seda, e 50 mil desses animais para fazer um único sári indiano, o número de insetos mortos todos os anos pela indústria da seda é realmente impressionante.

Não é tão fácil amar um bicho-da-seda quanto uma ovelha fofa, mas talvez todos os organismos vivos mereçam tratamento melhor. Felizmente, seja em relação a larvas ou ovelhas, cães ou vacas, hoje em dia é fácil se vestir sem apoiar a crueldade animal, e é fácil ficar bonito fazendo isso.

Vestuário sem Animais

Filha do cantor dos Beatles Paul McCartney, a estilista de moda Stella McCartney, há muito tempo ativista ferrenha pelos direitos dos animais, nunca usa couro, seda ou pele em suas criações. Então, se você não sabia, deve ter sido um choque quando, em março de 2015, modelos elegantes caminharam por uma passarela em Paris durante a semana de moda usando casacos de pele suntuosos, e calças e jaquetas chiques de camurça e couro, todos assinados por McCartney. Foi um espetáculo repleto de celebridades que se importam com os animais, mas ninguém contestou.

O que estava acontecendo?

McCartney deu um salto à frente usando materiais inovadores e livres de animais que se pareciam realmente com pele e couro. Era impossível distinguir essas criações belas e elegantes do artigo genuíno: a pele nos casacos "de pele livres de pele" era, na verdade, feita de materiais como poliéster e acrílico, e a "pele sem pele" de McCartney era um tipo de couro vegano, geralmente feito de materiais como poliuretano.

No passado, McCartney, de modo geral, resistia a usar materiais como esses em suas criações porque queria convencer as pessoas de que era possível ter estilo sem a aparência de peles ou couro. "Evitei isso por muitos anos, mas quis mostrar ao consumidor e à indústria da moda que, na verdade, não é mais preciso usar peles", disse ela. "Você não consegue dizer a diferença quando elas estão na passarela. Peles modernas falsas são tão parecidas com peles de verdade que, no momento em que deixam o ateliê, ninguém consegue dizer se elas são ou não reais. E eu lutei contra isso. Mas nos últimos tempos conversei com mulheres mais jovens a respeito e elas sequer querem peles de verdade. Então, percebi que talvez as coisas tivessem mudado, e chegou a hora, e podemos fazer produtos que se pareçam com peles se os levarmos a outros lugares."[76]

A maioria dos outros principais estilistas de moda também se posicionou contra peles de verdade. Michael Kors, Gucci, BCBG, Furla, Donna Karan, Galiano, Tom Ford e Givenchy deram depoimentos contra o uso de peles, prometendo adotar materiais de pele falsa livres de crueldade. Ralph Lauren, Giorgio Armani, Tommy Hilfiger, Calvin Klein, Net-a-Porter, Burberry e Selfridges também rejeitaram peles em suas criações. E, em março de 2018, Donatella Versace — a estilista italiana que fez das peles de animais uma parte essencial de seu trabalho por décadas — disse à revista *Vogue* que havia cansado de peles: "Peles? Estou fora", afirmou ela. "Não quero matar animais para fazer moda. Não é certo."[77]

O mesmo vale para muitos jovens aspirantes a estilistas. Em 2016, Cathryn Wills, diretora de criação de uma marca australiana de acessórios de couro, a Mimco, assistiu a *Cowspiracy*, um documentário sobre o impacto ambiental da pecuária animal, e logo depois pediu demissão do trabalho. "O fato de que eu estava à frente de uma grande empresa de acessórios de couro ficou cada vez mais incongruente para mim", disse ela ao *The Australian Financial Review*, em 2018. "Quando me afastei, em meados de 2016, precisei dar um tempo para pensar no que viria a seguir — mas eu sabia que tinha de ser criativo e sem o uso de couro."[78]

Sua nova empresa, a Sans Beast, faz parte de um mercado em expansão repleto de alternativas estilosas e acessíveis ao couro, projetado para se tornar um nicho de US$85 bilhões em 2025. Disponibilizando bolsas chiques de cores ousadas e formatos elegantemente volumosos, Willis está se unindo a estilistas como Mat & Nat e LaBante, que estão combinando estilo acessível e ética humana. Mesmo concessionárias de luxo, como a BMW, Mercedes-Benz, Lexus e Ferrari, oferecem, hoje, opções de bancos de couro vegano. Como disse Stella McCartney, após estrear sua coleção de peles livres de pele: "Fiz uma pergunta sincera à indústria sobre por que alguém ainda precisa usar couro."[79] McCartney e Wills são apenas as últimas de uma fila comprida e notável de pessoas inteligentes fascinadas por alternativas a roupas à base de animais. Para descobrir quem é a primeiríssima, você precisa voltar ao início da história.

UMA BREVE HISTÓRIA DO VESTUÁRIO LIVRE DE CRUELDADE

O antigo escritor grego Heródoto é considerado o primeiro historiador, daí o codinome "Pai da História". Suas *Histórias*, compostas no século V a.C., foram a primeira tentativa conhecida de organizar os eventos e o conhecimento humano em uma cronologia, e são um dos trabalhos mais importantes para compreender a vida no mundo antigo. *Histórias* contém a primeira narrativa registrada de uma sociedade que prezava tanto pelos animais que seus cidadãos se recusavam a feri-los para quaisquer fins, inclusive de vestuário. Moradores da Índia Antiga, escreveu Heródoto, "se recusavam a matar qualquer animal... Vegetais são seu único alimento". Heródoto estava descrevendo os primeiros veganos conhecidos. Ele também descreveu uma tribo que morava em pântanos e "usa roupas de junco, que eles cortam no rio e trituram; depois, fazem tapetes com elas, e as usam como nós usamos uma armadura".

Ainda mais notáveis que essa tribo que se vestia de grama, eram as árvores especiais que cresciam na Índia, conta Heródoto. O autor escreveu: "E, além disso, há árvores que crescem livremente aqui, cujo fruto é uma lã que excede a da ovelha em beleza e qualidade. Os nativos fazem suas roupas com a lã dessa árvore." Era o algodão — a fibra branca felpuda que cresce naturalmente em cápsulas ao redor das sementes da planta do algodão, e que, conforme mostram evidências modernas, tem sido cultivada no subcontinente indiano há 8 mil anos. Como um sinal de que uma boa ideia é universal, o cultivo do algodão se desenvolveu mais ou menos ao mesmo tempo, de maneira totalmente independente, a meio mundo de distância, no antigo México.

O algodão ainda é uma alternativa excelente à lã, que não apenas evita as crueldades associadas à criação, manutenção e tosquia de ovelhas, como também é totalmente natural. Proveniente das fibras da cápsula do algodão, essa "lã de árvore" é mais macia que a lã, mas sua celulose lhe confere uma força, durabilidade e capacidade de absorver umidade incríveis. De fato, ela é mais forte molhada do que seca. E, mesmo que possa parecer difícil vencer a lã se você precisa se agasalhar para conservar o calor, não é. Lonas e flanelas de algodão são, na verdade, alternativas excelentes. A flanela não só é grossa e mais isolante que muitos outros materiais, ela é também durável e arejada ao mesmo tempo.

A produção de tecidos feitos com plantas data de épocas ainda mais antigas que Heródoto e sua lã de árvore. Um pano enrolado no esqueleto de uma criança encontrada em um sítio arqueológico do Neolítico, na atual Turquia, revela que as pessoas teciam linho e cânhamo juntos para fazer tecidos finos, e é provável que tenham comercializado esses tecidos no mundo antigo há nove mil anos.

Mais tarde, os antigos egípcios fizeram da produção de produtos têxteis à base de plantas uma forma de arte. O linho — transformado no tecido de mesmo nome por meio de um processo de debulha, maceração, batedura, desfibramento e tecelagem — crescia com facilidade, e em quantidade, ao longo das margens do Nilo, deixando o Egito famoso no mundo antigo pela beleza de seu linho. Inscrições e pinturas de parede antigas, repletas de imagens de mulheres em vestidos simples de linho branco, homenageavam a habilidade e a destreza da produção egípcia de linho. Por causa do cuidado que os antigos egípcios tinham com os mortos, algumas amostras desse linho duraram até hoje, preservadas dentro de túmulos que ficaram lacrados durante milênios. O Museu de Arte Metropolitana tem um desses fragmentos em sua coleção: com 200 por 100 fios por polegada quadrada, pode ser tosco para os padrões modernos, mas para aquela época representa um feito impressionante.

O linho ainda é uma alternativa excelente para materiais à base de animais. Assim como o algodão, ele fica mais resistente quanto mais é usado, mas também mais macio, e permanece fresco e seco ao toque, mesmo com a umidade. O linho é reciclável, é um dos tecidos naturais mais fortes, e é duas vezes mais resistente que o algodão, e é confortável tanto no verão quanto no inverno. Desde roupas fresquinhas de verão até cobertores e pijamas que fazem uso de sua capacidade de isolamento, o linho é um dos tecidos mais confortáveis, elegantes e versáteis que existem. Todo mundo pode andar como uma egípcia ao optar por um par de calças largas de linho.

O algodão e o linho não são as únicas alternativas incríveis à lã. Hoje em dia, tecidos confortáveis e duráveis são produzidos de fontes distintas, como bambu, cânhamo, madeira, soja e até algas marinhas. A fibra de bambu, por exemplo, é comparada, muitas vezes, à textura da lã de merino, ao mesmo tempo que é mais resistente, mais macia e mais respirável, além de menos malcheirosa e mais barata. Tecidas sozinhas, ou misturadas com algodão, cânhamo ou sintéticos como poliéster e lycra, roupas feitas de bambu são confortáveis, chiques e ecológicas.

O cânhamo também pode ser cultivado facilmente, sem necessidade de pesticidas ou fertilizantes químicos, e tem a vantagem de ser amigo do meio ambiente: quando suas raízes afundam no chão, elas se estendem por até 1 metro, fixando-se no solo e protegendo o terreno da erosão. O cânhamo é semelhante ao linho, mas é três vezes mais forte que o algodão e resiste até aos raios ultravioleta e ao mofo. Suas fibras são naturalmente vazadas, tornando-o fresco no verão e térmico no inverno.

O liocel tem capacidades ainda mais diversas para substituir produtos à base de animais. Feito de fibras de madeira, esse tecido imita pele de toupeira, camurça, couro, seda ou lã, dependendo de como é processado. Muitas pessoas o preferem como roupa de viagem por conta de sua leveza, durabilidade e resistência a vincos. Outra opção excelente é o modal. Embora não seja exatamente classificado como uma fibra natural, devido ao processo envolvido em sua produção, o modal, todavia, provém de fibras de faia renováveis. E ele não apenas absorve 50% a mais de água que o algodão: é facilmente tingido, tem um bom caimento e conserva o formato mesmo após várias lavagens.

Roupas também podem ser feitas de soja: fabricantes pegam resíduos da produção do tofu e os transformam em um tecido que tem o conforto da caxemira, as qualidades de caimento e durabilidade do algodão, e a maciez e o brilho da seda. Roupas feitas de soja são biodegradáveis, e mais resistentes que a lã ou o algodão.

A soja não é a alternativa natural mais estranha à lã: o SeaCell é um tecido que mistura celulose com algas marinhas esmagadas. Varejistas afirmam que esse material estimula a regeneração celular, limita inflamações, alivia coceiras e até promove um detox corporal. Usar algas marinhas o colocará na companhia da tribo que vestia roupas de junco na Índia Antiga, como descrito por Heródoto. Algumas modas são realmente atemporais.

Também há ótimas alternativas sintéticas à lã. Acrílico, velo polar, poliéster, lycra e nylon são todas boas opções, sobretudo em situações esportivas em que o calor é necessário. Um desses materiais é especialmente ecológico: o tereflatato de polietileno reciclável, ou "rPET". O rPET é um material de poliéster feito de plástico reciclado. Quando você joga fora uma garrafa de plástico que contém uma etiqueta do símbolo de reciclagem Nº 1, ela pode voltar como uma garrafa ou como um velo elegante. Tecidos de rPET são duráveis, acessíveis, respiráveis, confortáveis e, em termos de pegada de carbono, têm 90% a menos que o nylon, 75% a menos que o poliéster virgem e até mesmo 50% a menos que o algodão orgânico.

E os fabricantes de penas que afirmam que as obtêm "com responsabilidade e ética"? Surpresa: é mito. Se você compra penas de qualquer tipo, é como se estivesse comprando um produto de uma empresa que possui uma operação antiética, com penas "vivas", em algum lugar de sua cadeia de suprimentos, ou pelo menos que apoia a criação intensiva e a matança de gansos. A maioria das empresas que exagera nas afirmações recusa a transparência. A única maneira garantida de saber que você não está apoiando, sem querer, a crueldade contra animais é evitar as penas por completo.

Por sorte, alternativas sintéticas às penas são acessíveis e eficazes. Por exemplo, em 2013, a The North Face apresentou sua tecnologia Thermoball, que imita penas com seus conjuntos pequenos, redondos e leves de fibras sintéticas, chamadas PrimaLoft. A Thermoball exibe as mesmas qualidades isolantes que a classificação 600 de penas de ganso [30 gramas de plumas cobrem 600 polegadas cúbicas] — e, melhor que as penas, mantém suas capacidades térmicas mesmo quando úmidas. Recentemente, a Patagônia entrou no mercado de penas sintéticas com seu isolamento PlumaFill para jaquetas e sacos de dormir, que a empresa exibe como a melhor relação entre calor e peso "já obtida — com penas ou materiais sintéticos". O isolamento Featherless da Marmot também é (conforme descrito pela própria Marmot) "melhor que penas". Um número cada vez maior de marcas de artigos esportivos decidiu eliminar por completo as penas, incluindo a Big 5 Sporting Goods, Baum's Sporting Goods e The Coleman Company, a maior fabricante de equipamentos para atividades ao ar livre do mundo.

Para os que preferem tirar o cochilo da tarde sob um edredom confortável em vez de aguentar uma tempestade em um saco de dormir isolante, em dezembro de 2017, uma empresa norte-americana chamada Buffy apresentou seu Edredom Buffy, que trocou penas "vivas" por uma combinação de tecnologia de microfibras de eucalipto e infusões minerais. A companhia afirma que, para cada edredom que produz com essa tecnologia, ela evita que doze gansos sejam depenados vivos.

O que Você Pode Fazer

As inovações em alternativas para roupas feitas com produtos animais estão em constante expansão, facilitando a eliminação por completo de peles de animais, lãs e penas de seu armário.

USE ROUPAS E ACESSÓRIOS LIVRES DE CRUELDADE

Não use peles, casacos com acabamentos em pele ou chapéus com pompons ou franjas de pele. Considere alternativas com pele falsa, que em geral são mais acessíveis que o artigo genuíno.

Não use roupas, acessórios e móveis de couro, como pastas, malas, sofás ou cadeiras. Escolha uma entre as inúmeras opções de couro falso. Fibras de água de coco, abacaxi, soja, restos de frutas, maçã, papel, madeira, cortiça, cogumelos e até substâncias derivadas de chá de kombucha e folhas de uvas estão sendo usadas para fabricar couro vegano. A pioneira em termos de sapatos veganos é a empresa Vegetarian Shoes, que teve início em Brighton, Inglaterra, e é patrocinada por Sir Paul McCartney, entre outros. Ela envia sapatos para o mundo inteiro, então visite-a em https://www.vegetarian-shoes.co.uk [conteúdo em inglês]. Mas empresas de sapatos veganos estão surgindo em todos os lugares, inclusive Nova York e Los Angeles, onde a MooShoes tem pontas de estoque (e vende online: https://mooshoes.myshopify.com, conteúdo em inglês). Até Yves Saint Laurent e Steve Madden disponibilizam seleções de sapatos masculinos veganos.

Evite a seda. Existem várias opções mais acessíveis, mais duráveis, além de superconfortáveis e luxuosas. Considere o liocel ou o modal. Não confie em distribuidoras de seda que vendem seda Ahimsa, também conhecida como "seda da paz". A seda Ahimsa é supostamente produzida por um método que permite às mariposas passarem por seus ciclos de vida naturais e saírem do casulo como insetos maduros antes que os casulos sejam coletados e transformados em seda. A realidade é que não existe nenhuma autoridade que julgue essas normas, e a seda tradicional cultivada com o uso de práticas cruéis às vezes é vendida como "seda da paz".

Fique longe da lã. Há alternativas maravilhosas e elegantes para roupas de lã, e graças ao avanço da tecnologia, muitos dos usos pelos quais a lã foi valorizada por muito tempo (por exemplo, conservar o calor em climas úmidos e frios ou ao fazer exercícios pesados e transpirar) agora podem ser alcançados de uma forma melhor por meio de tecidos sintéticos, como o velo polar. Mesmo empresas que afirmam cultivar a lã com responsabilidade, como a Patagônia, foram desmascaradas por usar fornecedoras acusadas de extrema crueldade contra ovelhas.

Não compre casacos de penas da Canada Goose, ou qualquer outro casaco ou edredom de penas. Não acredite em etiquetas afirmando que as penas de um casaco foram colhidas com responsabilidade, já que não existe nenhuma definição de "responsabilidade" e, em geral, nenhuma transparência na cadeia de suprimentos. A Restoration Hardware, Williams-Sonoma, Pottery Barn e a West Elm oferecem uma opção sintética para quase todos os itens de penas que vendem. Na verdade, a Williams Sonoma recentemente se comprometeu a aumentar em 1.230% suas opções de enchimentos sintéticos. A Crate and Barrel e a CB2 disponibilizam enchimentos de penas sintéticas para suas almofadas decorativas — e a Land of Nod, com foco em artigos para dormir, oferece um enchimento sintético chamado Natural Harmony. Algumas distribuidoras do Reino Unido baniram completamente as penas, entre elas: Adolfo Dominguez, a marca particular da ASOS, Boohoo (matriz da Nasty Gal), Dr. Martens, Fat Face, Hobbs, Jigsaw. Monsoon Accessorize Ltd., Nigel Hall Menswear, Reiss, Topshop, Primark, Warehouse, Whistles e White Stuff.

FAÇA VIAGENS LIVRES DE CRUELDADE

Se pretende ir para o meio do mato, selecione marcas como a Marmot e a North Face, que oferecem alternativas de isolamento térmico sem penas que o manterão aquecido e seguro aonde quer que suas aventuras o levem. Há dezenas de alternativas à lã e às penas que toda pessoa ativa deveria conhecer: usando tecnologias como a Polartec, Thermogreen, Omni-Heat, PrimaLoft, rPET, Gore-Tex, ThermoBall, Plumtech, modal, ThermaFill e ThermaCheck, marcas para amantes de aventura de todos os lugares estão levando produtos livres de crueldade às condições mais inóspitas que a Mãe Natureza pode proporcionar a você.

Se prefere dirigir a caminhar, tome boas decisões ao comprar um carro novo. Diga ao vendedor que você não quer olhar nenhum modelo com interior revestido de couro. Não apenas porque isso pode baixar alguns milhares de dólares do preço sugerido, mas também porque em torno de 3 a 8 animais são mortos para produzir o típico interior de couro. Escolher um interior vegano ajuda a enviar a mensagem aos produtores mundiais de couro que a crueldade que infligem aos animais é inaceitável hoje.

CHAME ATENÇÃO

Quer dar um passo além? Use roupas que afirmem seu ponto de vista anticrueldade em alto e bom som, por meio de lemas que farão você — e seus valores — ser notado. Marcas como Vegan Police, Veganized World, In The Soulshine, Wholesome Culture, Alba Paris Art, Viva La Riva, Barefoot Bones, Vegetaryn, Wear Bare Bones, Crazies and Weirdos, The Tree Kisser e Raw Apparel produzem camisetas e acessórios com estampas de lemas como: "Meat Sucks [Carne é Ruim, em tradução livre]", ou "Talk Vegan to Me [Fale Comigo em Vegano]". Muitas dessas marcas também vendem versões livres de crueldade de acessórios como carteiras, cintos, bolsas e outros, geralmente feitos de couro. A Herbivore Clothing Company, em Portland, Oregon, por exemplo, não só oferece camisetas elegantes com frases do tipo "Eat Like You Give a Damn [Alimente-se como Você se Importasse]", como também proporciona uma variedade de cintos, carteiras e bolsas de mão de couro vegano. A empresa de agasalhos Save the Duck produz casacos confortáveis com o símbolo de um pato feliz na manga.

Uma alternativa é não usar roupa alguma. Junte-se a Gillian Anderson, Tommy Lee, Khloe Kardashian, Eva Mendes e Pink, tomando uma atitude e dizendo que prefere andar pelado do que usar roupas feitas de animais.

FAÇA VALER SEU DINHEIRO

Não deixe seu ativismo guardado no armário. Escreva uma carta ou envie tuítes para marcas que continuam a explorar animais. Diga a elas por que você parou de comprar seus produtos. Seja educado, mas específico e firme. Escrever para uma marca grande pode parecer sem sentido, mas nunca duvide do poder de sua voz. Se um CEO perceber que muitos consumidores estão ativamente escolhendo outras marcas, devido à posição da empresa em relação ao bem-estar animal, é muito mais provável que essa marca mude suas práticas empresariais, identifique um novo fornecedor ou suspenda por inteiro uma linha de produtos.

Telefonar ou enviar uma carta a seus legisladores locais pode causar impacto. Assim como se envolver na política local, participando de reuniões de comitês, encontros e outros eventos comunitários. Você encontrará mais pessoas em sua comunidade que têm os mesmos valores que você, mais do que imagina.

Por exemplo, em 2018, São Francisco votou pela proibição total da venda de peles, tornando-se a primeira das principais cidades norte-americanas a fazer isso (Los Angeles rapidamente a seguiu). Essa vitória foi consequência de semanas de apelos, feitos por ativistas de direitos animais, ao Conselho de Supervisão de São Francisco. Esses cidadãos discutiram com distribuidores de peles locais em reuniões de comitê, promoveram encontros na prefeitura e mantiveram a pressão sobre os legisladores, até que o Conselho de Supervisão votou, unanimemente, por aprovar a proibição de vendas de peles. E a atriz Alicia Silverstone escreveu uma carta ao conselho, explicando que a proibição a deixaria "ainda mais orgulhosa de chamar São Francisco de lar". Contudo, você não precisa ser famoso para que suas cartas façam a diferença. Legisladores estimam que, para cada carta que recebem sobre determinado assunto, há milhares de eleitores a mais que se importam na mesma proporção. Torne a escrita de cartas a seus representantes estaduais e federais uma parte de sua rotina, e peça a outras pessoas que se juntem a você. A proibição de peles de São Francisco e outros feitos notórios nunca teriam ocorrido sem cidadãos solidários que escolheram fazer suas vozes serem ouvidas.

VIRE O JOGO

Você realmente se importa com animais e tem uma queda por moda? Você poderia fazer parte de uma onda crescente de estilistas comprometidos a levar produtos livres de crueldade animal ao universo exclusivo da alta moda. O Fashion Institute of Technology (FIT) [Instituto de Tecnologia da Moda, em tradução livre], de Manhattan, forma milhares de estudantes a cada ano, que acabam se tornando grandes nomes do ramo. Nos últimos anos, o FIT acrescentou à grade curricular uma Sustainability Awareness Week [Semana de Conscientização da Sustentabilidade] anual. Um dos painéis, "How to Make it in (Vegan) Fashion [Como se Dar Bem com Moda (Vegana)]" inclui uma banca com curadoria especial dos maiores estilistas veganos. A mensagem é clara: tecidos veganos são o futuro do setor, e também criações veganas. Se você quer criar roupas que não causem sofrimento e morte de animais, agora é a hora de pensar em uma carreira como estilista.

É SÓ COMEÇAR

E se você só começou há pouco tempo a dar um passo para ter um guarda-roupas livre de crueldade? O que fazer com os suéteres de lã, jaquetas e acessórios de couro ou casacos de pele antigos que costumava usar? Agora que tomou a decisão de se vestir com mais compaixão, pode parecer estranho — ou, mesmo, totalmente errado — conservar suas roupas antigas feitas de produtos animais.

Pode parecer caro substituir suas roupas, a não ser que você seja um consumidor moderno ou compre coisas usadas.

Não se preocupe: se não quiser fazer tudo de uma só vez, considere substituir itens antigos por alternativas livres de crueldade à medida que eles forem ficando velhos, ou quando você decidir que não há mais utilidade para eles. Pense em doar para instituições de caridade tudo o que for feito com produtos animais. A Goodwill, a Salvation Army [Exército da Salvação] e abrigos para sem-teto poderiam fazer bom uso de suas roupas velhas para quem não pode se dar ao luxo de escolher. Todos os itens de pele podem ser bem-vindos em um centro de vida selvagem local, em que podem ajudar a manter bebês animais órfãos aquecidos e seguros, até que estejam saudáveis o bastante para andar ou voar por conta própria. Grupos de proteção animal também lhe darão uma dedução fiscal por suas peles, e as usarão em mostras educativas ou as enviarão para centros de refugiados no exterior.

Para mais ideias sobre como reaproveitar suas roupas antigas, dê uma olhada em www.veganrabbit.com [conteúdo em inglês].

NUNCA É TARDE DEMAIS

Talvez você tenha uma alimentação vegana, faça doações às organizações certas, nunca tenha pensado em usar um casaco de pele e seja o dono orgulhoso de uma coleção de camisetas com frases atrevidas e inteligentes pró-veganismo — mas seu armário abriga uma fila de sapatos de couro lustrosos ou ternos de lã.

Você não é o único. Sinta orgulho das mudanças que fez até agora. O mais importante é que nunca é tarde para fazer mais uma mudança. Nos anos de 1990, a atriz e defensora dos direitos animais Pamela Anderson começou a usar botas de peles de ovelha da Uggs, com seu icônico maiô vermelho, para se manter aquecida no set de *S.O.S. Malibu*, deixando em extrema evidência a marca de botas norte-americanas, de inspiração australiana, e associando-a a um luxo sexy e confortável. Foi somente muitos anos mais tarde, em 2007, que Anderson soube que as Uggs eram feitas de pele de ovelha de verdade:

"Sinto-me tão culpada por toda aquela loucura que começou na época do *S.O.S. Malibu* — eu costumava usá-las com meu maiô vermelho para me aquecer — sem nunca saber que aquilo era PELE!",[80] escreveu ela em um diário online. Hoje, Anderson tem sua própria linha de roupas veganas, que vende produtos de pele ecológica e lingeries, e trocou suas botas da Uggs pelos sapatos de Stella McCartney e botas veganas da Juicy Couture. Sem querer, Anderson inspirou uma loucura que fez com que botas produzidas com pele de ovelha se tornassem extremamente populares. Mas isso não a impediu de trocá-las por botas sem crueldade, nem de manifestar com honestidade seus arrependimentos.

Não sabe por onde começar? O Cruelty-Free Shopping Guide [Guia de Compras Livres de Crueldade] da PETA inclui uma e-newsletter mensal, guias de bolso para uma vida livre de crueldade, cupons e ofertas especiais de empresas sem crueldade, e mais informações sobre companhias e instituições de caridade livres de crueldade. Saiba mais em: https://www.peta.org/living/personal-care-fashion/order-cru-elty-free-shopping-guide/ [conteúdo em inglês].

Entretenimento

Estrelando Rene Russo e Alan Cumming, o filme *Buddy*, de 1997, contava a história real de uma mulher excêntrica (Russo) que traz para casa um jovem gorila, chamado Buddy, para viver com sua família, formada por chimpanzés travessos, um gatinho, um cavalo, gansos, um guaxinim e um papagaio atrevido, entre outros vários bichos. Após um início promissor, a vida de Buddy não vai bem na casa da mulher, e, por fim, ela se vê obrigada a levá-lo a um santuário, onde ele vive feliz para sempre.

Mas a vida também não correu bem para um chimpanzé real chamado Tonka, que atuou ao lado de Russo e Cumming. Duas décadas após o lançamento do filme, Cumming escreveu uma carta ao presidente da Missouri Primate Foundation [Fundação pelos Primatas do Missouri]:

> Trabalhei de perto com [Tonka] no filme *Buddy*, de 1997. Meu personagem tinha muitas cenas com ele, e desenvolvemos uma camaradagem muito próxima durante os meses de filmagem. No final das gravações, seus treinadores o deixavam cuidar de mim. Era uma amizade especial — que eu sempre prezarei. Tive esperança de ver Tonka no ano seguinte, na estreia do filme, mas me disseram que ele não estava mais tratável e havia "se aposentado em Palm Springs". Durante os últimos 20 anos, eu o imaginei vivendo seus anos pós-Hollywood em um santuário imenso.[81]

Cumming descobriu, no entanto, que, mesmo tendo ouvido a promessa de que Buddy iria para um santuário em Palm Springs, o animal, na verdade, havia sido aprisionado em uma pequena gaiola em uma instalação de Festus, no Missouri — que várias vezes havia sido mencionada pelo governo dos EUA por violar regulamentações federais de bem-estar animal. Mesmo que seja verdade que animais podem ser extremamente divertidos, conforme milhões de vídeos no YouTube têm provado, frequentemente eles sofrem abuso no processo. Cumming está fazendo o que pode para ajudar seu colega de trabalho — mas acontecem muitas outras coisas a vários outros animais usados para divertir humanos.

Humanos têm usado animais para o próprio entretenimento desde que temos registros históricos desses fatos — e, talvez, até antes disso. Escavações arqueológicas na Macedônia revelam que, pelo menos desde 2.000 a.C., leões e outros animais selvagens eram mantidos em jaulas para entreter seus captores. Outras civilizações antigas — egípcios, chineses, babilônios, assírios — também capturavam e aprisionavam animais selvagens, incluindo elefantes, girafas e ursos. Animais domesticados também eram usados: os antigos romanos, por exemplo, faziam corridas de carruagem que, muitas vezes, acabavam em morte, às vezes de humanos e, mais frequentemente, de cavalos. Circos antigos em que animais eram torturados e, em muitos casos, mortos com requintes de crueldade eram imensamente populares. Com frequência, os espetáculos não envolviam nada além de morte: no ano 13 a.C., um antigo circo romano massacrou pelo menos 600 animais "exóticos" trazidos da África.

Algumas pessoas notaram essa falta de humanidade, como o cientista e historiador romano Plínio, que escreveu como os animais eram inteligentes. Em sua *História Natural*, ele afirma: "Sabe-se que um elefante que era bastante lento para compreender instruções que lhe davam, e foi punido com várias pancadas, foi encontrado durante a noite praticando os exercícios."

Em muitos casos, esses antigos tipos de entretenimento envolviam humanos usando animais para corrida, ou para duelos cara a cara, mas os animais também eram capturados e criados para lutar uns contra os outros, como em brigas de cães, populares na Roma Antiga; brigas de galos, que têm pelo menos 6 mil anos; lutas de cães com ursos acorrentados, esporte popular europeu; e touradas, que podem datar de tempos ainda mais antigos na história e existem ainda hoje.

Com a queda do Império Romano, o entretenimento com animais se tornou raro, assim como todas as formas de entretenimento em massa. No entanto, em poucos séculos, novos reinos e impérios começaram a surgir, assim como a volta de animais usados para diversão. No final do século VIII, o imperador do Sacro Império Romano Carlos Magno possuía três zoológicos particulares, abrigando os primeiros elefantes em cativeiro na Europa desde épocas romanas, assim como outros animais exóticos capturados na natureza ou dados como presentes por líderes de outros países. (A prática de líderes governamentais de dar animais selvagens como presente continua no século XXI. Por exemplo, o ex-presidente do Zimbábue Robert Mugabe enviou várias girafas, zebras e filhotes de elefantes, alguns dos quais morreram no caminho, para a Coreia do Norte e a China. O presidente russo Vladimir Putin recebe vários animais selvagens, inclusive leopardos persas e cavalos árabes puro-sangue, de líderes mundiais.)

No final do século XI, William, o Conquistador, fundou seu próprio zoológico particular, com linces, camelos e, aparentemente, um porco-espinho. Dois reis ingleses depois, Henrique I criou o zoológico particular real da Grã-Bretanha, na cidade de Woodstock. Posteriormente, essa coleção, ampliada pelo rei John, foi transferida para a Torre de Londres, onde permaneceu por várias centenas de anos, e contava com muitos animais exóticos capturados de seus ambientes naturais ou dados como presente por governantes de outros países. Em épocas variadas, esses animais incluíam elefantes africanos, leopardos, leões, camelos e até um urso polar, sem dúvida solitário e muito distante de casa.

Por fim, o zoológico particular real inglês tornou-se a exibição contínua de animais mais duradoura do mundo, mas teve coleções reais concorrentes por toda a Europa. Por exemplo, nos anos de 1660, o palácio de Versalhes de Luís XIV abrigava uma das mais exóticas coleções de animais do mundo. Zoológicos particulares se transformaram em espetáculos itinerantes — no início de 1700, coleções de animais que apresentavam bichos que impressionavam pelo tamanho ou ferocidade, como elefantes e tigres, eram transportadas de cidade a cidade pela Europa e Estados Unidos.

Embora os aristocratas tivessem condições de manter animais exóticos e, às vezes, abrissem essas coleções para exibição pública — o preço da entrada, na Inglaterra, era menos de três centavos, ou um gato ou cão vivo para alimentar os leões —, zoológicos e circos se tornaram o lugar mais comum no qual as pessoas podiam ver esses animais. Arqueólogos encontraram vestígios de detritos circenses datando de 1.200 a.C. ou antes, mas circos com animais, ao estilo posterior, só tiveram início em meados do século XVIII, quando o cavaleiro acrobata inglês Philip Astley aprendeu como se equilibrar de pé em um cavalo. Com a contratação de um palhaço e um picadeiro circular para o cavalo galopar (o "circo de um só picadeiro"), o circo passou a ser a base do entretenimento em família.

Números incomuns ficaram populares nessas exibições dos anos de 1800. O norte-americano Isaac Van Amburgh foi supostamente a primeira pessoa a entreter a multidão colocando sua cabeça dentro da boca de um leão — ou, pelo menos, a primeira que continuou viva depois disso. Seu número também incluía um leão e um cordeiro deitados tranquilos um ao lado do outro. O mais famoso desses empresários de circo foi o norte-americano P. T. Barnum que, em 1841, inaugurou o primeiro, assim chamado, museu, que continha não apenas animais selvagens estranhos, mas humanos — incluindo uma mulher com quatro pernas, um homem com cara de leão e gêmeos siameses. Espectadores de circo preferiam os animais selvagens aos humanos bizarros. Esses últimos passaram a ter menos destaque conforme circos com animais cresciam em popularidade ao longo do século XX. Hoje, no entanto, o maior circo dos Estados Unidos, o Ringling Bros. Barnum & Bailey Circus, baixou as lonas após receber a maior multa da história circense por violações aos cuidados dos animais, decorrentes de mortes de bichos causadas por negligência. Restam menos de 30 espetáculos itinerantes com animais na América do Norte. Isso se deve, em parte, aos altos custos de manutenção circense, ao surgimento de outras formas de entretenimento (incluindo circos como o Circo Vargas, que apresenta apenas acrobatas e trapezistas humanos) e, em parte, ao trabalho de protetores dos animais que revelaram ao público como esses bichos são maltratados.

Como consequência de todas essas várias transgressões, em 2018, 19 países, entre eles a Suécia, Áustria, Costa Rica, Índia, Finlândia e Singapura, restringiram o uso de animais selvagens em circos. Os parlamentos galês e escocês recentemente baniram certos animais selvagens de espetáculos itinerantes. Nos Estados Unidos, leis de proibição ao uso de aguilhão em elefantes e, também, a espetáculos itinerantes com animais selvagens agora estão ganhando força.

ZOOLÓGICOS DE BEIRA DE ESTRADA, AQUÁRIOS E PARQUES DE DIVERSÃO MARINHOS

A maioria das pessoas que vai a zoológicos presume que os bichos, ao contrário dos animais de circo, são bem tratados. Não é o caso, sobretudo em zoológicos de beira de estrada, quase todos terríveis. Mesmo sob as melhores circunstâncias, o cativeiro não é capaz de reproduzir os habitats dos animais selvagens, algo que até zoos maiores estão admitindo enquanto tomam, cada vez mais, a decisão ética de acabar com exibições de elefantes.

Animais em cativeiro não podem correr livres, procurar comida, escolher um parceiro de que goste ou, com frequência, criar os próprios filhotes, vistos como bens para vender ou trocar. Filhotes fofos atraem multidões, mas crias "excedentes", e que não são necessárias para reprodução, são vendidas, às vezes para circos, laboratórios de pesquisa ou outros estabelecimentos. Zoológicos já venderam animais até mesmo para reservas de caça, para serem confinados em uma área cercada e abatidos como troféu em troca de uma taxa. Em algumas atrações de parque de ursos, esses animais foram mortos por sua carne. Animais podem morrer, e realmente morrem, pelo tratamento que recebem do público espectador, como quando as pessoas jogam coisas dentro de seus cercados, levando-os a ingerir substâncias tóxicas. Às vezes os animais são mortos enquanto tentam fugir, como aconteceu com um gorila em um zoo de Dallas, em 2004. E, contrariando a sabedoria popular de que animais cativos vivem mais que seus colegas em liberdade, uma pesquisa com 4.500 elefantes, na natureza e em cativeiro, revelou que o tempo de vida médio de um elefante africano cativo não chegava nem a 17 anos; elefantes africanos em uma reserva natural morriam de causas naturais com uma idade média de 56 anos.

Por fim, às vezes os zoológicos simplesmente abatem — um eufemismo para matar — os animais quando ficam sem espaço. Em 2017, por exemplo, um zoológico sueco admitiu ter feito eutanásia em nove filhotes saudáveis de leão, ao longo de vários anos, só porque não havia lugar para colocá-los.

Igualmente importante, a mensagem oculta dos zoológicos é de que é aceitável forçar animais a viver em cativeiro, longe de seus lares naturais e vidas normais. Só que não. Virginia McKenna, que estrelou no filme clássico *A História de Elza*, e recebeu uma Ordem do Império Britânico, em 2003, pelo seu trabalho em prol dos animais cativos, diz que sua participação no filme fez com que ela percebesse que "Animais selvagens pertencem à natureza, não a jaulas de zoos... A liberdade é um conceito precioso, e animais selvagens sofrem física e mentalmente pela ausência de liberdade que o cativeiro impõe".[82]

Aquários e parques de diversão marinhos impõem restrições semelhantes. Eles também datam de tempos antigos: os romanos, frequentemente, montavam tanques com uma parede de vidro que permitia às pessoas observarem seres aquáticos incomuns. Mas o aquário que conhecemos não apareceu até meados do século XIX. O termo foi cunhado pelo inglês Philip Henry Gosse, que em 1853 criou o primeiro aquário no Zoológico de Londres, conhecido simplesmente como "casa dos peixes". Hoje, parques de diversão marinhos norte-americanos, como o SeaWorld, tema do devastador documentário *Blackfish*, são parte de uma indústria bilionária. Ric O'Barry, que foi treinador de golfinhos na série televisiva *Flipper*, popular nos anos de 1960, mas que, desde então, tornou-se um ativista ferrenho pela liberdade desses animais, disse que ninguém apoiaria esses lugares se soubesse o que acontece nos bastidores. Por exemplo, golfinhos são forçados a aprender truques por meio de métodos de treinamento cruéis, como privação de comida e isolamento; grupos familiares são separados; e os tanques minúsculos em que eles são mantidos são limpos com produtos químicos que têm efeitos colaterais perigosos nos animais. Alguns treinadores relataram que golfinhos batem várias vezes a cabeça na lateral de suas celas aquáticas ou, simplesmente, não emergem para tomar um ar — o que o biólogo marinho Jacques Cousteau acreditava ser uma tentativa de cometer suicídio.

Richard Donner, coprodutor do filme *Free Willy*, afirmou: "Tirar esses mamíferos majestosos de seu ambiente natural para fins comerciais é obsceno... Decididamente, essas capturas horríveis têm que virar coisa do passado."[83] Não são somente os golfinhos que estão ameaçados de extinção — todos os animais, desde polvos até tubarões, arrancados de seu ambiente natural e reduzidos a entretenimentos vivos para os humanos, merecem coisa melhor.

OUTROS TIPOS DE ENTRETENIMENTO COM ANIMAIS

Exibições com animais são diversões passivas para espectadores, que se limitam a olhar. Há vários outros tipos de entretenimento envolvendo animais em que humanos participam ativamente — por exemplo, rodeios, em que bastões elétricos, esporas e "saltos" são usados para deixar os animais irritados e com raiva. O salto descontrolado que o público vê não acontece porque os animais estão se divertindo; uma corda muito apertada ao redor do abdômen os leva a se mexer com força para se livrar do tormento, e uma "arma de choque" espetada em seus flancos é, normalmente, o que os faz disparar portão afora para as arenas. É comum os animais sofrerem queimaduras, estiramento de ligamentos, fraturas de ossos e ruptura de discos, e quando ficam feridos demais para uso em rodeios, eles são vendidos para o abate.

Outra forma ativa de entretenimento com animais, a corrida de cães, pode parecer menos nociva. Não é. A corrida de Iditarod, no Alaska, equivale a colocar seu cachorro para correr de Orlando até Nova York, privando-o de sono até completar o percurso o mais rápido possível enquanto transporta, aproximadamente, 180 quilos. Cerca de 1.500 cães começam o Iditarod, contudo mais de um terço fica doente, machucado ou exausto por ser forçado a correr durante horas por cadeias de montanhas, rios congelados, tundras desertas sob ventos cortantes, tempestades de neve ofuscantes e oscilações extremas de temperatura. Alguns morrem no trajeto; muitos são chutados, socados e mortos por não serem fortes ou rápidos o bastante. O colunista do *Orlando Sentinel*, George Diaz, escreveu que o Iditarod "não é nada além de um ritual bárbaro que dá aos caubóis do Alasca uma licença para matar".[84]

Então, há as touradas, um dos mais famosos entretenimentos ativos entre ser humano e animal. Todo ano, milhares de touros morrem nessas touradas, que ainda existem hoje em dia na Espanha, apesar de uma pesquisa recente da Ipsos MORI revelar que menos de 30% dos espanhóis apoiam esses espetáculos sangrentos. Atualmente, mais de cem cidades espanholas proibiram touradas. Mesmo assim, ainda há, na Espanha, mais de 1.200 corridas de touro financiadas pelo governo, e dezenas de escolas de tauromaquia patrocinadas pelo Estado. França, México e Portugal também continuam, ainda, com as touradas — algumas sem sangue, outras não.

Brigas de cães também se mantiveram populares nos últimos seis mil anos. Aqui, as pessoas criam os chamados cães de briga, colocam dois deles, um na frente do outro, e, então, os observam despedaçar o oponente, o tempo todo apostando em quem sairá vitorioso. Cães perdedores são, muitas vezes, encontrados abandonados, sangrando e morrendo em becos ou estradas. A briga de cães é ilegal nos Estados Unidos, e na maioria dos países, e participar de uma briga como essa é considerado crime em todos os estados. Assim como as brigas de galo, em que dois ou mais galos são colocados em um ringue e forçados a lutar até a morte, geralmente com esporas de navalha amarradas nos pés. As rinhas também são ilegais nos Estados Unidos e, ainda assim, como as brigas de cães, elas continuam.

Entre as exibições mais mortais, está uma das menos conhecidas e, talvez, mais supostamente inofensiva: a corrida de pombos. As corridas variam, mas geralmente envolvem soltar pombos "domésticos" que voam de volta para casa partindo de uma distância de, às vezes, centenas de quilômetros. Afastados de seus companheiros de vida e dos filhotes, a quem esses pais dedicados precisam alimentar com o "leite de papo" [secreção epitelial com enzimas que é produzida no papo], que tanto o macho quanto a fêmea produzem, eles disparam para casa. Eles sucumbem não apenas a predadores, fios elétricos, caçadores e à exaustão, mas, em muitas corridas, mais de 80% das aves se perdem ou, em corridas que exigem que eles passem de uma massa de terra para outra, caem no mar e se afogam. Corridas particularmente fatais — na qual apenas uma porcentagem ínfima de aves consegue chegar em casa — são denominadas "corridas da morte": em uma dessas corridas no Queens, em Nova York, apenas 4 de 213 aves voltaram para casa. O golpe de misericórdia é quando uma ave chega em casa por último ou atrasada, ou é encontrada abatida, identificada pela fita no pé, e entregue por uma pessoa bem-intencionada. Conforme um participante contou a um investigador, "A primeira coisa que você tem que aprender sobre corrida de pombos é como matar os perdedores",[85] o que significa torcer seus pescoços.

Corridas de cavalos são um negócio multibilionário no mundo todo, envolvendo maus-tratos a esses animais do nascimento até a morte. Os cavalos são colocados tão jovens nas corridas que seus ossos sequer estão maduros, e são drogados desde cedo — muitas vezes legalmente — para continuar correndo quando seus corpos deveriam estar descansando e se recuperando de lesões e do esforço. Isso resulta em ossos quebrados e morte. Pelo menos três cavalos morrem nas pistas todos os dias na América do Norte, e centenas de cavalos de corrida são lesionados e mortos todo ano em treinamentos. Os que sobrevivem, muitas vezes, ficam machucados demais para correr depois dos cinco anos. O fim da linha para esses cavalos, geralmente, é um "leilão da morte", no qual são enviados em uma viagem extenuante, de vários dias, até abatedouros mexicanos ou canadenses para virar carne. Cavalos vivos também são enviados de navio para o Japão e Coreia do Sul, às vezes, primeiramente, para reprodução, talvez para corridas, mas, frequentemente, para acabar virando carne moída. Antes da PETA persuadir a indústria de corridas a implementar, em 2012, um programa de aposentadoria decente, algumas dezenas de milhares de puros-sangues foram despachadas dos EUA para o abate.

FILMES E TELEVISÃO

"Aiôôô, Silver!" "Lassie, volte pra casa." "Arrasou, porco." "Um cavalo é um cavalo, é claro, é claro." "Ei, Rinnie!"

O que seria dos filmes e da televisão sem os animais?

Em tempos antigos, a resposta era: muito menos divertidos e muito menos bem-sucedidos. Filmar animais veio junto com o início dos filmes em si — de fato, os primeiros filmes em movimento gravados datam de 1878, quando o fotógrafo inglês Eadweard Muybridge usou sua câmera stop-motion em alta velocidade para filmar um cavalo galopando. Diz a lenda que ele ganhou US$25 mil do empresário norte-americano, e fundador da universidade de Stanford, Leland Stanford, por provar que, quando um cavalo corria, em certo ponto todas as quatro patas saíam do chão.

A indústria cinematográfica rapidamente compreendeu as vantagens da exploração animal. Por exemplo, o curta da empresa de cinemas Edison, *Electrocuting an Elephant* [Eletrocutando um Elefante, em tradução livre], de 1903, foi a primeira tentativa conhecida de atrair, com o assassinato de um animal, um público que pagava para assistir a filmes. Em 1902, uma elefanta chamada Topsy, supostamente, esmagou até a morte um espectador circense bêbado, que a queimou com um cigarro aceso. Depois que ela foi vendida ao Sea Lion Park, de Coney Island, sua treinadora (também bêbada) furou-a com um tridente e a soltou nas ruas do Brooklyn. Após despedir a treinadora, o zoológico tentou vender Topsy. Como ninguém quis ficar com ela, o zoo divulgou uma propaganda enganosa "sentenciando-a" à morte por eletrocussão, que a companhia cinematográfica Edison concordou em filmar.

Filmes com animais se tornaram populares imediatamente, com cangurus socando sacos de pancadas ou elefantes forçados a dançar, não muito diferente de atrações de circo. Ovelhas, ursos, burros e macacos também eram populares, embora os filmes logo tenham passado a fazer uso frequente de animais como atores involuntários de todos os tipos, em vez de como artistas de circo. O mais famoso deles foi um pastor alemão chamado Rin Tin Tin, que apareceu em 27 filmes e recebia mais de 10 mil cartas por semana de fãs. Rin Tin Tin morreu em 1932, bem no ano em que um cavalo chamado Black Beauty se tornou uma estrela do cinema norte-americano. Outro cão virou herói nacional: uma collie chamada Lassie, que estreou no filme *Lassie, a Força do Coração*, de 1943. O filme virou programa de rádio, que, por sua vez, virou um programa de televisão que ficou no ar por 17 anos. Pelo menos nove cães diferentes fizeram o papel, todos machos, que tendem a ser mais pesados que as fêmeas (embora algumas dublês de Lassie fossem fêmeas).

Apesar de muitos espectadores adorarem esses animais, Hollywood não adorava. Pelo contrário, suas estrelas de quatro patas eram frequentemente maltratadas, abusadas ou mortas.

Por exemplo, em *Hollywood Hoofbeats: Trails Blazed Across The Silver Screen* [Patadas de Hollywood: Caminhos Trilhados do Outro Lado da Telona, em tradução livre], o autor Petrine Day Mitchum fala sobre o arame, um aparelho usado para simular cavalos sendo baleados ou parados de outra forma. "Arames amarrados nas patas dianteiras do cavalo eram enfiados em um anel na cilha e fixados a pesos mortos enterrados", explica Mitchum, para que "quando o cavalo corresse até o fim dos arames, suas patas dianteiras fossem puxadas".[86] Isso pode ter entusiasmado espectadores, mas geralmente aleijava ou matava os cavalos, como aconteceu nos filmes *No Tempo das Diligências* (1939) e *Jesse James* (1939). Da mesma forma, quatro cavalos foram mortos no set de *O Portal do Paraíso* (1980), dois foram mortos em *Luck* (2012), da HBO, e no filme *Flicka*, de 2005, uma égua quebrou o pescoço depois de supostamente ter se enroscado em uma corda, e outro cavalo sofreu eutanásia após quebrar a perna em um incidente semelhante. De acordo com historiadores do cinema, cinco cavalos foram mortos durante a filmagem de *Ben Hur*, de 1925, e muitos mais na versão de 1959.

Poucos de nós fazem ideia do que acontece nos bastidores. O sorriso doce de chimpanzés que vemos na tela é o que a Dra. Jane Goodall chama de "careta do medo", já que chimpanzés não mostram os dentes por alegria. Isso vem em resposta a um comando. Muitas vezes, esses jovens chimpanzés são surrados com cassetetes ou tacos de bilhar, ou sofrem eletrochoque para ficarem submissos. Alguns têm os dentes extraídos. Quando a primatologista Sarah Baeckler conduziu uma investigação velada de 14 meses sobre uma instalação de treinamento famosa de Hollywood, ela "viu muita violência física. Muitos socos e chutes, e o uso do 'bastão feio', um cabo de vassoura curto, para bater nos chimpanzés", e "todos os tipos de abuso físico para mantê-los atentos e alinhados com o treinador".[87]

Cães e gatos não se saem muito melhor. Por exemplo, em 2007, a Disney enfrentou apelos para interromper os planos de distribuição do filme *Snow Buddies — Uma Aventura no Gelo*, quando 15 filhotes usados na produção ficaram doentes, alguns de forma fatal. Muitas das dezenas de filhotes foram enviados de navio à empresa de produção canadense por um criadouro comercial de Nova York — esses filhotes tinham apenas seis semanas de idade, não as oito exigidas por lei federal. De acordo com um artigo de 2013 no *The Hollywood Reporter*, o tigre de *As Aventuras de Pi* quase se afogou. Durante a filmagem de *O Hobbit: Uma Jornada Inesperada*, delatores no set relataram que 27 animais pereceram, incluindo ovelhas e cabras que morreram de desidratação e exaustão, ou afogadas em canais.

Com mais frequência do que o público se dá conta, animais morrem durante filmagens. Fatalidades também acontecem durante alojamentos, treinamentos e viagens. Em 2018, uma denúncia publicada no *The Dodo* revelou que Sidney Yost, treinador animal de Hollywood e proprietário da Amazing Animals Productions, batia em animais com bastões, chutava-os na cabeça, e os mantinha em recintos imundos, entre outros abusos físicos. Em um período de três anos, a USDA emitiu cerca de 40 autos de infração a Yost por violações ao bem-estar animal. Ainda assim, ele continuou a treinar animais para filmes de sucesso, incluindo *Jogos Vorazes*, *O Mordomo da Casa Branca* e *12 Anos de Escravidão*. Por fim, a USDA aplicou uma multa de US$30 mil a Yost e cassou sua licença, proibindo-o de manipular, fornecer ou exibir animais.

Quase todo espectador de cinema já viu, nos créditos finais, a frase "Nenhum Animal foi Ferido durante a Produção deste Filme". Porém, como a maioria das coisas em Hollywood, a verdade não é bem essa. O grupo que fornece esse aval é a American Humane (AH), uma associação com sede em Los Angeles, formada depois que um cavalo foi propositalmente lançado para a morte no filme *Dias de Jesse James*, de 1939.

Infelizmente, a AH não tem autoridade para fazer cumprir as próprias normas: ela consegue apenas garantir alguma das seis classificações, que variam de "Excelente" e "Circunstâncias Especiais" até "Não Monitorado". Além disso, a AH é financiada pelo Screen Actors Guild [Prêmio do Sindicato dos Atores], o que significa que é paga pela mesma indústria que monitora. A AH baseia suas classificações apenas quando os animais estão no set, mas não quando estão sendo treinados ou embarcados. A diretora da unidade de filmes e televisão da AH, Karen Rosa, disse ao *Los Angeles Times* que "Somos uma ONG. Não temos cacife para fazer esse tipo de supervisão completa. Supor que, quando deixam o set, eles vão tratar os animais de forma diferente não é algo que fazemos".[88] Em 2013, o The Hollywood Reporter publicou uma reportagem aprofundada sobre a subnotificação de incidentes de abuso animal na televisão e em sets de filmagem.

Além de não monitorar o treinamento na pré-produção ou as condições de vida, a AH não leva em consideração delitos ou violações à Lei do Bem-Estar Federal relacionados a animais cometidos por um treinador. Por exemplo, um grupo chamado Predators in Action [Predadores em Ação] foi contratado para fornecer o urso-pardo para o filme *Os Aloprados*, embora a empresa tenha sido citada anteriormente pela USDA por violações ao bem-estar animal, incluindo deixar de manter os alojamentos dos animais em boas condições, colocar um leão em uma caixa minúscula na neve, e deixar de fornecer água potável aos animais. A AH também não criticou os produtores de *A Volta do Todo-Poderoso* por usar a Birds & Animals Unlimited, uma fornecedora de animais alertada várias vezes pela USDA por não cumprir as exigências referentes a cuidados veterinários, alojamento e gaiolas. Ademais, nenhuma agência monitora a separação entre os filhotes e suas mães, e a AH não leva em conta as condições de vida ou o destino dos animais depois que não são mais úteis ao expositor.

Entretenimento sem Animais

No inverno de 2018, um grupo de soldadas britânicas fez algo que lhes rendeu o apelido de Ice Maidens [Moças do Gelo, em tradução livre]: elas atravessaram a Antártida usando apenas a força e a resistência humanas. Em um recorde de 62 dias, as mulheres percorreram mais de 1.500 quilômetros de paisagens traiçoeiras sob temperaturas de até 40 graus abaixo de zero, usando apenas esquis para arrastar trenós com equipamentos que pesavam quase 80 quilos por mulher. O Iditarod pode ser cruel, mas quem precisa de cães quando humanos podem, voluntariamente, chegar lá por conta própria, provar que têm coragem, virar notícia internacional e não ferir um único animal no caminho?

Do polo norte ao polo sul, há um mundo inteiro de possibilidades de entretenimento disponíveis hoje. Por exemplo, se você prefere visitar animais selvagens perto de casa, mas não quer que eles morram em zoológicos, sem problemas. Além de vídeos de qualquer animal sob o sol ou o mar, novas tecnologias como o Oculus Rift, e outros dispositivos de realidade virtual, estão substituindo animais infelizes por cenas interativas de animais selvagens tão reais que só falta sentir seu hálito no rosto, sua pele ou suas penas. Também há réplicas que possuem batimentos cardíacos, que podem bocejar e até mostrar feridas com aparência real para quem quiser aprender como cuidar de animais com segurança e eficácia.

ANIMAIS QUE NÃO ESTÃO AQUI

O Zoológico de Londres está entre os líderes encarregados, tendo criado um leão tão realista que as pessoas acham difícil distinguir a réplica da realidade — uma criatura moldada de argila e camadas de látex, antes que a pele sintética fosse costurada à mão em seu corpo. Os olhos são de vidro. As garras, de plástico. Os bigodes são lâminas de vidro seco. O veredito de quem levou um susto com ele: sua aparência é exatamente igual à de um leão de verdade.

Um animal que não se encontra nem na floresta, nem no zoológico, foi criado no início do ano 2000 pela Royal de Luxe, uma companhia francesa de teatro de rua de marionetes. Uma de suas atrações principais é um elefante mecânico de 12 metros de altura e 8 de largura, feito de 45 toneladas de madeira e aço, que pode levar até 49 passageiros para um passeio de 45 minutos. Da mesma forma, o Heron Tree [Árvore da Garça], da companhia, é uma estrutura de aço de 45 metros de um lado a outro, e 28 metros de altura, com duas garças no topo — visitantes podem subir nas costas ou nas asas de um dos pássaros para uma vista aérea dos jardins suspensos da companhia.

Outra maneira de interagir com os animais sem explorá-los: teatro holográfico. O primeiro do mundo foi inaugurado em Los Angeles no outono de 2017, criado por Alki David, fundador do provedor de TV por internet FilmOn e proprietário da Hologram USA. Todas as apresentações de teatro, humanas ou animais, são holográficas. (E todas as opções de comida são veganas.) David tem planos de implementar mais 150 locais, começando com Chicago. Sem animais de verdade. Sem comida feita deles.

CIRCOS SEM ANIMAIS

Circos livres de animais estão surgindo no mundo todo. Fundado em 1984, em Montreal, o Cirque du Soleil, a maior produtora teatral do mundo, conta histórias por meio de acrobacias humanas espantosas, aparentemente impossíveis, e por meio de teatro, roupas e efeitos especiais — e, na maioria das vezes, sem animais (embora algumas apresentações, de vez em quando, usem animais domésticos). Mais recentemente, na Índia, dois artistas, Romain Timmers e Sharanya Rao, criaram um circo que mistura dança, malabarismo e acrobacias, também sem animais. De acordo com os artistas, as apresentações de Puducherry são muito diferentes da "imagem ultrapassada, empoeirada que ainda predomina aqui, com todo o respeito pela tradição e pelos artistas".[89] E na Alemanha, em 2019, o Circus Roncalli deixou de ser um circo de animais e passou a usar apenas hologramas.

O público aprova. Cada vez menos pessoas frequentam atividades de entretenimento com animais. Após meses de debates e reuniões produtivas com a PETA, o TripAdvisor — o maior site de viagens do mundo — anunciou, em 2016, que não venderá mais ingressos para atividades em que animais selvagens são forçados a entrar em contato com o público, incluindo passeios de elefante, encontros com tigres e excursões para "nadar com golfinhos". Em 2017, a Virgin Holidays anunciou que não venderia ou promoveria novas atrações ou hotéis que mantivessem baleias e golfinhos cativos para fins de exibição, ou outros tipos de entretenimento, e estimularia parceiros já existentes a 'promover os mais elevados padrões de bem-estar para os animais sob os seus cuidados, e ao mesmo tempo eliminar as performances teatrais'. No mesmo ano, a importante agência de viagens Thomas Cook abandonou o SeaWorld e algumas atrações com elefantes e golfinhos na Tailândia, Índia, Cuba, Turquia e República Dominicana, depois que uma reportagem revelou que eles não seguiam os padrões de bem-estar oficiais. Após inúmeras campanhas de grupos a favor dos direitos animais, mais de 160 empresas de viagem pararam de oferecer pacotes turísticos com elefantes e atrações com um só elefante, de acordo com a World Animal Protection [Sociedade Mundial para Proteção de Animais], que também está pressionando companhias de cruzeiro para que reconsiderem passeios a praias que forcem burros, pôneis, camelos e elefantes a levar passageiros montanha acima, e outras atividades que causem sofrimento animal.

Se você realmente quiser ver elefantes de verdade, o Elephant Sanctuary, no Tennessee, oferece uma webcam que lhe permite observar o que seus protegidos, muitos deles resgatados de uma vida no circo, estão aprontando. Dê uma olhada em https://www.elephants.com/elecam [conteúdo em inglês].

E, se quiser ver um elefante incrível que não seja de verdade, procure por empresas como a Circus 1903, um circo norte-americano que viaja com elefantes que ganham vida pelas mãos dos mesmos titereiros que também criaram os animais extraordinários da premiada peça *War Horse* [Cavalo de Guerra, em tradução livre]. Veja-os em https://circus1903.com/ [conteúdo em inglês].

ANIMATRÔNICOS

A junção de menos "atrações" animais e de aprimoramento tecnológico está causando o surgimento de novos tipos de empresas. Uma das mais inovadoras é a Creature Technology Co., que produz "animatrônicos tecnologicamente sofisticados, criativamente inspirados, e realistas, para shows em estádios, parques temáticos, exibições, apresentações em palcos e eventos". Fundada em 2006, em Melbourne, na Austrália, a Creature Technology ganhou muitos prêmios pela criação de animatrônicos para as apresentações *Caminhando com os Dinossauros* e *Como Treinar o Seu Dragão*, e para a apresentação em palco *King Kong*. A Creature Technology Co. também criou os dinossauros animatrônicos que são estrelas de *Jurassic World: A Mostra*, inspirado no filme.

Da mesma forma, a Animal Makers Inc., com sede em Moorpark, na Califórnia, constrói e dá vida a animais e criaturas realistas para filmes, televisão, vídeos de internet, zoológicos, hotéis, restaurantes e até para coleções pessoais de luxo (tomando o lugar dos zoológicos pessoais reais). A empresa oferece mais de 3 mil produtos exclusivos. Seu fundador, Jim Boulden, começou vendendo arte animal original para vitrines de loja e coleções pessoais em 1979. Depois, ele deu início a trabalhos em filmes e na televisão, começando em 1986 com The World's Richest Cat [O Gato Mais Rico do Mundo, em tradução livre] (1986). Desde então, as criações de Boulden apareceram em muitas outras produções, incluindo *Dança com Lobos*, *Nada é Para Sempre* e *Piratas do Caribe: O Fim do Mundo*. Enquanto isso, a Feld Entertainment, ao lado da Universal Brand Development, anunciou, no início de 2018, que estava criando uma turnê com base no filme *Jurassic World*; ela apresentará um bando de dinossauros em tamanho real, com até 12 metros de comprimento.

ANIMAIS VIRTUAIS

A realidade virtual também está criando oportunidades para o entretenimento animal sem animais. Por exemplo, em vez de ir ao zoológico para ver um pássaro vivo, a RV pode lhe dar uma visão muito melhor. Você pode observar, e até sentir, como é ser uma vaca nascida em uma fazenda de gado leiteiro, por meio da experiência de realidade virtual

"I, Calf" ["Eu, Bezerro", em tradução livre], que usa uma combinação de gravações em vídeo e animação computadorizada.

O espectador é virtualmente colocado no corpo de um bezerro jovem cuja mãe (com a voz de Alicia Silverstone, ela própria uma vegana), em segredo, dá à luz gêmeos e, lembrando que os fazendeiros levaram embora seus filhotes anteriores, escondeu um dos recém-nascidos para protegê-lo. Outro programa de realidade virtual e ampliada é o "I, Orca" ["Eu, Orca", em tradução livre], da PETA, que usa os óculos de realidade virtual sem fio da Google para mergulhar os participantes em um mundo em que podem nadar livremente no oceano com sua família de orcas. Eles conhecem uma mãe orca (com a voz de Edie Falco, estrela de *Nurse Jackie*) ainda de luto pelo filhote que lhe foi tirado décadas atrás e enviado ao SeaWorld, onde foi sentenciado a uma vida infeliz no cativeiro.

Os peixes também não precisam mais ser capturados para serem divertidos. A *National Geographic*, há muito tempo na linha de frente das imagens fotográficas, oferece uma exibição na Times Square, de Nova York, que permite aos visitantes um passeio pelo fundo do Oceano Pacífico, interagindo com imensos cardumes de peixes, lulas gigantes, baleias-corcundas e golfinhos. As imagens do espetáculo, chamado *Encounter: Ocean Odyssey* [Encontro: Uma Odisseia no Oceano, em tradução livre], foram criadas pelos SPE Partners, animadores responsáveis pelos efeitos especiais em *Game of Thrones*, da HBO. O público pode interagir com os peixes, andar sob a água, brincar com uma foca, tocar em recifes de corais ou relaxar na escuridão ao som do canto de baleias.

Outro aquário do futuro é o LightAnimal, um sistema japonês de software digital que cria um cenário submarino sem causar danos a animais. O LightAnimal, que se mostrou muito popular no Japão, agora está aparecendo na China e na Coreia do Sul também. Se você, na realidade, prefere o virtual, considere que o vencedor do Webby Award de 2017 em "VR: Gaming, Interactive, or Real-time [RV: Jogo, Interativa ou Tempo Real, em tradução livre]" foi o Virry VR, da Oculus Rift, um safári virtual filmado no Lewa Wildlife Conservancy [Preservação da Vida Selvagem de Lewa, em tradução livre], no Quênia, lar de alguns dos animais africanos com maior risco de extinção no continente, incluindo rinocerontes negros e brancos, leões e elefantes. Com o Virry, a sensação é a de que você está bem perto dessas criaturas enormes, e elas correm, se alimentam e brincam. Você também encontrará outros animais, incluindo zebras, leopardos e macacos-vervet.

IMAGENS GERADAS POR COMPUTADOR

Talvez umas das maiores mudanças no universo do entretenimento sem animais venha de Hollywood, por meio de IGC, ou imagens geradas por computador.

IGC é a utilização de gráficos computadorizados para gerar imagens, seja de filmes, videogames ou quaisquer outros recursos. Em uso desde o filme de 1982 *Tron — Uma Odisseia Eletrônica* (o primeiro a fazer uso amplo de IGC em 3D), às vezes as IGCs são utilizadas para criar animais (ou outras coisas) que não existem na vida real, como o Gollum na série de filmes O Senhor dos Anéis (2001–2003), as criaturas extraordinárias de *Avatar* (2009) ou, talvez os mais famosos, os dinossauros de *Parque dos Dinossauros* (1993). Cada vez mais as IGCs são usadas para criar animais, a fim de que nenhum bicho de verdade tenha que ser utilizado: por exemplo, o urso no filme *O Regresso* (2015), de Leonardo DiCaprio, ou quase todos os animais do filme *Noé* (2014).

Quando o ator/produtor Jon Favreau propôs dirigir o live-action da Disney, *Mogli, o Menino-Lobo*, ele foi encarregado de dar vida aos mais icônicos personagens animais da literatura, do urso Balu ao tigre Shere Khan. Favreau escolheu usar IGC, explicando que "É incrível o que elas podem fazer com [a criação da aparência de] peles e animais em carne e osso, então, a cada dia que vou trabalhar fico surpreendido com o que esses efeitos visuais podem fazer".[90] O resultado é um mundo realista, ainda que mitológico, repleto de animais maiores que os reais, e antropomórficos que vivem, respiram, lutam e fogem em meio a um cenário vívido e exuberante. Por sua vez, o *hit* zumbi do momento, *The Walking Dead*, usa IGC e animatrônicos para criar a tigresa Shiva, incrivelmente realista.

Considerando a longa história entre os animais e o mundo do entretenimento, e como humanos do ramo do entretenimento descobriram os animais e as várias formas como fizemos uso deles para nos fazer rir, é possível nos divertirmos tanto ou até mais sem eles? A resposta, obviamente, é sim.

O que Você Pode Fazer

A atitude mais importante a tomar: não patrocine nenhum tipo de entretenimento que use animais. Aqui estão algumas ações mais específicas para considerar:

Se você vir um filme, programa de televisão ou propaganda que explore qualquer animal, entre em contato com os produtores, o estúdio ou a empresa que estiver divulgando o produto e diga a eles por que você se opõe. Seja articulado, ponderado, educado. Diga ao gerente do cinema que você se recusa a apoiar o abuso de animais. (Você também pode pedir um reembolso.) Escreva ao crítico de cinema de seu jornal local e peça que ele mencione nas resenhas se um filme usa animais ou não.

Se sua escola ou equipe esportiva local ainda explora um animal como mascote, comece uma campanha para mudar para uma pessoa fantasiada de mascote.

Se suspeita que há brigas de cães acontecendo em seu bairro, entre em contato com as autoridades locais de aplicação da lei. Em geral, os donos mantêm os cachorros acorrentados, então você pode impedir brigas de cães tentando aprovar um decreto contra acorrentar animais em sua comunidade.

A briga de galo é um crime que existe em quase todos os lugares. Mesmo assistir a uma delas é ilegal na maioria dos estados, assim como possuir galos para fins de briga. Em 2002, o presidente George W. Bush assinou uma lei que tornava crime federal o transporte interestadual de galos de briga. Em 2007, a Lei do Bem-Estar Animal foi retificada para criminalizar a "compra, venda ou transporte, interestadual ou internacional, intencional de animais para fins de luta". Se você souber de qualquer atividade que envolva rinhas em seu bairro, entre em contato com autoridades locais de aplicação da lei.

Não visite instituições que tenham animais selvagens cativos de nenhum tipo — mesmo aves domesticadas. Relate condições de maus--tratos ao Departamento da Agricultura dos EUA e a organizações de proteção animal, escreva cartas aos editores de publicações locais, e apoie ou sugira a introdução de leis que fechem zoológicos e parques de diversão marinhos.

Não patrocine o Iditarod ou outras corridas de trenó, ou atrações turísticas que incluam passeios do tipo. Se está planejando uma viagem ao Alasca, certifique-se de avisar seu agente de viagens que você não quer nenhum pacote que inclua passeios de trenós puxados por cães. Informe patrocinadores de corridas de trenó que você não apoia empresas que envolvem uma crueldade dessas. Em vez disso, apoie corridas de trenó com humanos, como as Ice Maidens. Por exemplo, Lowell, em Massachusetts, sedia em fevereiro o National Human Dogsled Championship [Campeonato Nacional de Corrida de Trenó Humana, em tradução livre] como parte de seu Festival de Inverno anual, em que equipes de pessoas usam fantasias e competem para atingir a linha de chegada. Na cidade de Nova York, o "Idiotarod" conta com uns 500 corredores humanos que empurram carrinhos de compras pela ponte do Brooklyn em direção a Manhattan.

Se um rodeio chegar à sua cidade, proteste com as autoridades locais, escreva cartas aos patrocinadores, distribua panfletos no portão ou descubra com uma organização local de proteção animal como fazer uma manifestação.

Consulte leis estaduais e locais para descobrir quais tipos de atividades envolvendo animais são ou não são legais em sua região. Por exemplo, depois que um espectador filmou um touro quebrando a perna durante um rodeio, Pittsburgh aprovou uma lei que proíbe correias, bastões eletrificados e esporas afiadas ou fixas. Como a maioria dos rodeios usa cintas nos flancos, a medida baniu com eficácia os rodeios em sua totalidade. Outra forma bem-sucedida de coibir rodeios é instituir uma lei estadual ou local que proíba laçar bezerros, prática exigida por muitos circuitos de rodeio. Eliminá-la pode resultar na eliminação de apresentações de rodeio.

Visite um santuário de animais autorizado pela Global Federation of Animal Sanctuaries [Federação Global de Santuários de Animais] (GFAS). Santuários GFAS nunca criam animais para reprodução ou permitem que sejam usados em atividades comerciais.

Visite um circo sem animais. Entre eles estão o Circus Vargas, nos EUA e no Canadá, que no passado usava animais e, hoje, conta apenas com artistas humanos; o Cirque Italia, um circo aquático itinerante com um palco que contém 35 mil galões de água; o Fern Street Circus, que realiza muitas apresentações em bairros carentes nos EUA; o Flying High Circus, com números de equilibrismo, acrobacias e malabarismos; o Imperial Circus, um dos circos chineses mais impressionantes que se apresenta no mundo todo, e muitos dos espetáculos do Cirque du Soleil.

Participe de uma excursão virtual. Em vez de perturbar vidas animais ou patrocinar o SeaWorld, você pode ver animais bem de perto, e de um jeito menos intrusivo, por meio de câmeras ao vivo instaladas em ambientes naturais que lhe permitem observar animais de maneira segura para todos. Você pode escolher qualquer lugar, das tundras do Ártico e termas na África a laboratórios submarinos com orcas ou uma ilha da costa escocesa na qual aves fazem ninhos e criam filhotes. E você aprenderá mais sobre animais do que se fosse a um zoológico, porque está vendo-os em seu ambiente natural e não em uma jaula ou um tanque.

Pratique mergulho submarino ou com snorkel. Aqui, você pode observar peixes e outros seres aquáticos vivendo em seus habitats de forma natural.

Faça um safári em um refúgio natural de animais, como o sueco Glasriket's Moose Park [Parque de Alces de Glasriket], no qual é possível observar alces em seu lindo habitat natural.

Passe suas horas de lazer em:

Jardins botânicos e parques, que são encontrados na maioria das cidades e nos quais é possível observar a fauna local, de esquilos a aves, em um ambiente bonito e natural.

Passeios para observação de baleias. Em ambas as costas norte-americanas, e em todos os outros lugares do mundo, passeios credenciados lhe permitem observar baleias a uma distância adequada. Certifique-se de pesquisar a reputação da agência de passeios antes de reservar, já que algumas foram indiciadas por perturbar baleias e seus filhotes.

Museus de história natural: uma das melhores maneiras de ver animais em seu habitat natural são os dioramas destes museus, que oferecem não apenas imagens aproximadas de animais contemporâneos, como também de bichos que existiram ao longo da história da Terra.

Para ficar realmente próximo dos animais, torne-se um voluntário! Muitos santuários de animais de criação têm programas de voluntariado, e hoje, só nos Estados Unidos, há uma porção deles, assim como em vários outros países. Há boas chances de você encontrar um perto de você ou de seu destino de viagem. Você pode encontrar uma lista abrangente em https://www.vegan.com/farm-sanctuaries/ ou em http://www.sanctuaries.org [conteúdo em inglês].

Seja Gentil ao Viajar pelo Mundo

Não faça passeio de elefante — não importa quão amigáveis eles pareçam. Esses animais foram torturados até a submissão para obedecer aos treinadores. Passeios de elefante podem, inclusive, ser perigosos para você — em 2016, um turista britânico foi morto na Tailândia quando seu elefante, por ter sido provocado e açoitado, perdeu a cabeça e pisoteou o homem de 36 anos até a morte. Muitos elefantes são infectados com a cepa humana da tuberculose. Elefantes não foram feitos para ficar acorrentados entre um passeio e outro, ou para carregar grandes quantidades de peso nas costas, ou subir colinas íngremes, como muitos elefantes cativos são obrigados a fazer, desde o Forte de Amber, em Jaipur, às florestas de Burma.

Diga não à natação com golfinhos. Claro, parece um jeito divertido de passar o dia, mas os animais disponíveis para a atividade geralmente foram capturados em seus lares e forçados a interagir com humanos em celas, privando-os do direito de nadar grandes distâncias, conhecer correntes oceânicas e criar seus filhotes.

Não tire selfies com animais. Em 2016, um bebê golfinho raro foi morto por um grupo de pessoas que o passaram de mão em mão enquanto tiravam selfies, na Argentina (embora uma testemunha tenha dito que o animal já estava morto, o que também não é algo desejado). Outros animais morreram recentemente enquanto pessoas tiravam selfies, incluindo um cisne arrancado de um lago, pavões, tubarões e tartarugas-marinhas.

Não participe de touradas. São extremamente cruéis para os touros, que podem estar enfraquecidos por laxantes e parcialmente cegos com gel, antes de serem enviados à arena.

Evite comidas de origem animal, mas tome um cuidado especial com iguarias que não parecem ter sido feitas de animais. Por exemplo, kopi luwak é uma bebida feita de grãos de café que foram comidos e excretados por civetas-de-palmeira asiáticas — esses animais são, com frequência, retirados de seus habitats na floresta e aprisionados em jaulas minúsculas, e são alimentados somente de café até o pelo cair, e muitos morrem.

Evite suvenires feitos de partes de animais, como enfeites de casco de tartaruga, brinquedos ou chapéus cobertos de pele, óleo de tartaruga e brincos de pena.

Para mais informações, consulte:

GigSalad.com [conteúdo em inglês], que permite aos usuários procurar diversões de viagem por código postal. (Repare que nem todos os números listados no site são livres de animais, mas muitos são.)

Lista de Destinos Amigos dos Animais da PETA, incluindo visitas a santuários de animais credenciados pela Global Federation of Animal Sanctuaries (GFAS) e muitas outras atividades divertidas.

Site da *National Geographic* (www.nationalgeographic.com), em que você pode descobrir como saber se um santuário de animais é um santuário de verdade, se uma instalação permite interagir com animais selvagens ou os cria para reprodução etc.

O "Find a Sanctuary" [Encontre um Santuário], da Global Federation of Sanctuary [Federação Mundial de

Santuários], no Facebook, lhe permite pesquisar GFAS credenciadas e instalações certificadas. A GFAS mantém padrões rigorosos de administração de santuários e cuidados animais. Os santuários membros não criam animais para reprodução, nem os usam para atividades comerciais, e proporcionam cuidados excelentes durante a vida toda.

O blog Vegans UK's Ten Alternatives to Animal "Entertainment" [Dez Alternativas à "diversão" com Animais de Veganos do Reino Unido] (http://vegans.uk/cruelty-free-living/ten-alternatives-to-animal-entertainment/ [conteúdo em inglês]) lista alternativas a atividades cruéis, como circos com animais, touradas e carroças puxadas por cavalos, com opções sem animais, como circos apenas com pessoas, pugilismo e passeios de bicicleta.

Alimentação

Feche os olhos. Volte no tempo. Cinquenta mil anos atrás. Você vive no período Paleolítico. Você e sua família estão voltando à caverna onde moram, após um longo dia procurando comida nas florestas vizinhas. Está bem frio lá fora, mas cada dia parece mais gelado que o anterior. Você entra na caverna, onde encontra os outros membros da família, doentes ou jovens demais para procurar comida, aninhados ao redor do calor do fogo. Todo mundo está com fome e ansioso por uma boa refeição.

O que tem no cardápio?

Esqueça a imagem popular de grupos de homens das cavernas carregando lanças e abatendo gazelas e tigres. A maioria das coisas no seu prato é o que você encontra na floresta: alimentos de origem vegetal. As refeições comuns dos primeiros seres humanos provavelmente eram compostas de alimentos ricos em amido, como tubérculos, rizomas (com raízes crescendo na horizontal), milho, sementes, frutas e vegetais. Havia pouca — se é que havia — carne no prato, principalmente porque humanos do Paleolítico não eram fortes ou rápidos o suficiente para caçar outros animais. Se e quando eles comiam carne, ela provinha de sobras devoradas de presas de carnívoros maiores.

As dietas de nossos parentes mais próximos — chimpanzés — nos dão uma ideia dos principais alimentos de nossos ancestrais. A alimentação desses primatas consiste em frutas, folhas, flores, cascas de árvore, nozes e insetos. Mesmo que os chimpanzés às vezes comam carne, eles o fazem de uma forma oportunista, geralmente após um leopardo ou outro carnívoro grande deixar para trás os restos de sua caça. Ao todo, a carne mal chega a 3% da dieta dos chimpanzés selvagens. Considerando que compartilhamos 99% de nosso DNA com os chimpanzés, faz muito mais sentido nos basearmos nas pistas nutricionais de nossos companheiros primatas do que em anúncios de televisão.

Nossos intestinos, assim como os de nossos parentes primatas, são longos e sinuosos, o que significa que são ideais para digerir frutas e vegetais. Chimpanzés e humanos também têm estômagos pequenos, abrangendo cerca de um quarto do trato digestório, o que torna difícil comer uma grande quantidade de comida de uma só vez.

Animais Veganos

Você pensa que comer carne o torna grande e musculoso? Considere esses gigantes do reino animal, que comem principalmente frutas, brotos e folhas.

Gorilas podem pesar mais de 180 quilos e medir quase 2 metros de altura.

O maior dinossauro do mundo era o *Amphicoelias fragil-limus* — que pesava até, em média, 122 toneladas. Como esse dinossauro ficava tão grande? Comendo, literalmente, toneladas de vegetais.

Elefantes adoram amendoim, mas esse não é o único alimento vegetal que eles comem. Elefantes indianos e africanos vivem de grama, plantas, arbustos, frutas, ramos, cascas de árvore e raízes.

Veloz e forte, o bisão pode correr a uma velocidade de até 56km/h, e prefere uma dieta à base de grama, capim, frutos silvestres e líquen.

As morsas, mais conhecidas como vacas-marinhas, desfrutam de uma dieta fixa de algas marinhas, das quais comem até 86 quilos por dia.

Com uma dieta turbinada por grama, junça e ervas, o iaque selvagem, musculoso e forte, tem 2 metros de altura e pesa até 900 quilos.

A PRIMEIRA DIETA HUMANA

Nossa jornada alimentar através do tempo começa há cerca de 65 milhões de anos, com um mamífero do tamanho de uma ratazana chamado *Purgatorius*, geralmente considerado o primeiro primata. Ele era um vegano comprometido, alimentando-se de frutas tropicais, sementes e nozes. Por milhões de anos seus descendentes mantiveram uma dieta semelhante, composta sobretudo de frutas, flores e, eventualmente, insetos. Cerca de 15 milhões de anos atrás, eles acrescentaram nozes e sementes duras, mas a primeira grande mudança ocorreu há seis milhões de anos, com o *Sahelanthropus*, um dos primeiros primatas a andar ereto sobre duas pernas. Ele também dispunha de caninos menores e esmalte dentário grosso, sugerindo que preferia mastigar a triturar a comida.

Há uns 4 milhões de anos, um ancestral humano decisivo, o *Australopithecus*, começou a perambular pelas selvas, florestas ribeirinhas e planícies fluviais sazonais da África, alimentado por uma dieta a base de plantas. Conforme indicam as mandíbulas enormes usadas para esmagar matéria vegetal, a dieta do *Australopithecus* se parecia com a do chimpanzé. *Australopithecus* podem ter sido necrófagos oportunistas que, às vezes, comiam carne, embora seu trato digestivo não fosse equipado para fazer isso com regularidade. De maneira semelhante, o paleoantropólogo Dr. Richard Leakey acredita que seres humanos só procuravam carne animal quando os suprimentos de nozes, sementes e grãos escasseavam. De acordo com o Dr. Leakey: "Considera-se que os hominídeos eram necrófagos oportunistas quando conseguiam encontrar carne, embora dependessem de dietas à base de vegetais."[91]

Há 2,6 milhões de anos, a carne passou a ser mais comum na dieta humana primitiva. Estudos sobre os dentes do *Homo habilis* — conhecido como Homem Habilidoso, ou como o primeiro fabricante de ferramentas de pedra — revelam uma dieta de alimentos duros, como folhas, plantas lenhosas e alguns tecidos animais. Cerca de 1,8 milhão de anos atrás surgiu o *Homo erectus* (conhecido como o Homem Ereto, o primeiro humano conhecido a andar sobre duas pernas, não quatro), que vivia em grupos de caçadores-coletores, também é o primeiro a fazer comida com fogo controlado. Às vezes o *Homo erectus* comia carne, mas subsistia, principalmente, de raízes de vegetais crocantes, como tubérculos. Finalmente, cerca de 200 mil anos atrás, surgiu a espécie humana como a conhecemos hoje — o *Homo sapiens*. Nossos ancestrais modernos buscavam sementes de grama, raízes, junça e suculentas, ao mesmo tempo que consumiam carne de animais mortos.

Ao longo do século XX, a maioria dos cientistas acreditava que a proteína extra de restos de carne foi crucial para nossa evolução, principalmente em relação ao crescimento do cérebro humano. No entanto, pesquisas recentes sugerem que outras inovações foram mais importantes — sobretudo a invenção do cozimento. Em seu livro *Pegando Fogo — Por que Cozinhar nos Tornou Humanos*, o Dr. Richard Wrangham afirma que o cozimento aumentou a digestibilidade da carne e dos vegetais, fornecendo mais calorias e mais crescimento ao cérebro.

Cerca de 12 mil anos atrás, a vida humana passou por uma reviravolta revolucionária com a introdução da agricultura. Graças a mudanças climáticas, maior densidade populacional, caça excessiva e uso de ferramentas, durante os sete mil anos que se seguiram, os humanos cultivaram alimentos em todos os continentes, com exceção da Austrália e da Antártida. Isso também significou que os animais que utilizavam como complemento à dieta tiveram de ficar em um só lugar, dando início à história da domesticação animal.

Talvez os muflões tenham sido os primeiros animais de fazenda domesticados. Ancestrais da ovelha moderna, os muflões têm estatura pequena. Os machos (e algumas fêmeas) possuem chifres belos e curvados que se enrolam formando um círculo quase completo. Atualmente, eles vivem em regiões montanhosas do Iraque, do Irã e da Armênia, embora sua variedade e população fossem muito maiores há dez mil anos. No início, humanos criavam esses ancestrais primitivos da ovelha por conta da carne, do leite e da pele. No ano 3.500 a.C., quando os muflões foram criados seletivamente e ficaram mais parecidos com as ovelhas de hoje, eles eram valorizados pela lã, que podia ser fiada e transformada em roupas. (Para mais sobre a história dos animais usados para roupas, veja a página 167).

Por volta de 9.000 a.C., os primeiros porcos foram domesticados na China a partir do javali (que ainda existe). Javalis são uma espécie extremamente adaptável. Apesar da destruição de seus habitats, os javalis, na verdade, expandiram seus territórios pela Ásia e, até, a partes da Europa, Austrália e EUA. Eles vivem juntos em bandos, conhecidos como manadas, e usam os focinhos musculosos para procurar fungos, samambaias, raízes, folhas, rãs e insetos pelo solo. Ninguém sabe ao certo como seres humanos conseguiram domar esses animais ferozmente independentes, mas talvez gerações de javalis mais amigáveis e menos prudentes tenham vagado por habitats humanos e vasculhado restos de comida, encontrando tanta coisa para comer que acabaram ficando.

Humanos domesticaram os auroques há cerca de 10.500 anos, na Mesopotâmia. Ancestrais dos bois atuais, os auroques eram animais musculosos com chifres que vagavam por grande parte da Europa, Ásia e África do Norte (tornando-se extintos no século XVII a.C.). Por volta de 5.400 a.C., os auroques haviam sido domesticados o suficiente para serem usados como animais de trabalho na antiga cidade suméria de Eridu, principalmente para arar campos, puxar carroças e arrastar barcos contra a corrente. Gerações de criações seletivas, por fim, deram início a duas raças de gado de corte: o gado zebu, encontrado sobretudo no subcontinente indiano; e o gado taurino, encontrado na Eurásia.

Nossa outra principal fonte de alimento domesticada, os frangos, descende do galo-banquiva, que ainda subsiste nas florestas de bambu do sudeste da Ásia e da Índia. Os machos têm penas douradas e lindas cristas vermelhas que adornam a cabeça como se fossem coroas, enquanto as fêmeas possuem penas camufladas que lhes servem de proteção, já que cuidam dos ovos e dos pintinhos recém-nascidos. É mais provável que humanos tenham domesticado galos-banquiva por volta do ano 2.000 a.C. na Ásia. Milênios de criação seletiva mudaram drasticamente a aparência dos frangos: enquanto galos-banquiva pesam, no máximo, 1,2 quilo quando adultos, os frangos de hoje podem chegar ao peso de abate de 2,2 quilos em apenas cinco semanas.

Os Humanos São Carnívoros?

Seres humanos possuem unhas curtas, flexíveis e dentes caninos pequenos. Em contrapartida, carnívoros (como leões e tigres) têm garras afiadas e caninos grandes que são capazes de rasgar a carne. As mandíbulas dos carnívoros se movem apenas para cima e para baixo, obrigando-os a rasgar nacos de carne da presa e engoli-los inteiros. Humanos e outros herbívoros podem mover as mandíbulas para cima e para baixo e de um lado a outro, permitindo que triturem frutas e vegetais com os dentes posteriores. Assim como outros dentes de herbívoros, os molares humanos são achatados para triturar vegetais fibrosos. Como resume o Dr. Richard Leakey: "Não se pode rasgar carne ou pele com as mãos. Nossos dentes anteriores não são feitos para rasgar carne ou peles. Não temos caninos grandes, e não teríamos sido capazes de lidar com fontes de alimentos que exigem esses caninos grandes."[92] Animais carnívoros engolem a comida inteira, e dependem de sucos estomacais extremamente ácidos para decompor a carne e matar bactérias perigosas. Ácidos estomacais humanos são muito mais fracos, já que os fortes não são necessários para digerir frutas e vegetais pré-mastigados; esse é o motivo por que geralmente não podemos consumir carne crua e devemos cozinhá-la primeiro. Carnívoros possuem tratos intestinais e cólons curtos que permitem que a carne passe relativamente rápido por seus corpos. O trato intestinal humano é bem mais longo, permitindo ao corpo mais tempo para decompor as fibras e absorver os nutrientes de alimentos de origem vegetal. Mas comer carne crua é muito arriscado para nós: as bactérias na carne têm um tempo extra para se multiplicar durante a longa viagem pelo sistema digestivo, aumentando o risco de intoxicação alimentar. Além disso, a carne, na verdade, começa a apodrecer durante sua lenta jornada pelo intestino humano, aumentando o risco de câncer de cólon e outras doenças intestinais. O Dr. William C. Roberts, editor do *American Journal of Cardiology* [Diário Americano de Cardiologia], escreve: "Embora pensemos que somos, e nos comportemos como se fôssemos, seres humanos não são carnívoros naturais. Quando matamos animais para comê-los, eles terminam por nos matar, porque sua carne, que contém colesterol e gordura saturada, nunca foi feita para seres humanos, que são herbívoros naturais."[93]

A COMPLEXA INDÚSTRIA DA CARNE

Até os anos de 1950, muitos fazendeiros proporcionavam uma vida mais humana para seus animais, embora mais cedo ou mais tarde eles fossem abatidos e consumidos. Fazendeiros viviam, em grande parte, dos rebanhos que criavam, bem como dos ovos e leite dos animais. Enquanto isso, o esterco de vacas e porcos eram usados para manter os campos ricos de nutrientes.

Hoje, o norte-americano médio devora 100 quilos de carne, vermelha e branca, todo ano — comparados aos 62 quilos em 1950. Em pouco tempo, pequenas fazendas familiares não conseguiram mais dar conta do apetite (e da cintura) crescente dos norte-americanos, sobretudo com a explosão de restaurantes de fast-food no início dos anos de 1960. Atualmente, quase dez bilhões de animais terrestres são criados e mortos para consumo humano apenas nos Estados Unidos. No mundo, esse número se aproxima de 50 bilhões. A morte dos peixes é medida por tonelada. Até você acabar de ler este parágrafo, dezenas de milhares de animais terão sido abatidos.

Matar nessa escala exige uma pecuária industrial massiva. Os anos de 1930 testemunharam novos sistemas de criação de frangos com incubadoras, permitindo aos fazendeiros conduzir operações em larga escala. No final dos anos de 1940, a Tyson Food introduziu a integração vertical na criação de frangos, permitindo à empresa ser dona e exercer rígido controle em toda a cadeia de fornecimento. Ao consolidar as propriedades, a Tyson, e outros conglomerados, conseguiram, em síntese, transformar a agricultura animal em uma linha de montagem.

Subsídios para Carne e Laticínios

A persistência e o crescimento da pecuária industrial, e de produtos animais baratos, no último século, não é coincidência; eles foram marcados por subsídios governamentais e pela assistência a produtores de leite ao longo dos séculos XIX e XX. Enquanto as diretrizes do MyPlate, do Departamento de Agricultura dos Estados Unidos (USDA), apelam aos norte-americanos que comam mais frutas e vegetais, e menos carne, o governo ainda gasta US$38 bilhões a cada ano com subsídios para as indústrias da carne e laticínios. Quando se trata de realmente comprar os alimentos recomendados, os consumidores são seduzidos por carnes e laticínios baratos.

A relação entre o governo federal e a indústria de laticínios é especialmente problemática. Um relatório recente da Grey, Clark, Shih and Associates revelou que, em 2015, 73% dos rendimentos recebidos por produtores de leite norte-americanos provinham de subsídios do contribuinte. Em parte estimulados por essa ajuda, os produtores têm lançado mais laticínios do que os norte-americanos podem consumir. Em junho de 2018, o *Washington Post* informou que os EUA haviam atingido o maior estoque de queijos em um século — quase 63 milhões de toneladas. Isso dá 2 quilos para todos os homens, mulheres e crianças. Ainda assim, a indústria provavelmente não está muito preocupada: quando o excedente atingiu mais de um milhão de toneladas em 2016, o Tio Sam concordou em salvar o setor, comprando US$20 milhões em queijo para distribuir a bancos alimentares e despensas. Esses relacionamentos estreitos se estendem até as escolas: entre 2010 e 2014, a Domino's convenceu 3 mil escolas, em 38 estados, a servir sua pizza em refeitórios.

Subsídios governamentais também ajudam a financiar campanhas para persuadir norte-americanos a comprar mais carne e laticínios. Você se lembra das campanhas "Got Milk?" [Tem leite?, em tradução livre] dos anos de 1990? E da "The Incredible Edible Egg" [O incrível e comestível ovo,], "Beef. It's What's for Dinner" [Carne. É o que Tem para o Jantar], e "Pork. The Other White Meat" [Porco. A Outra Carne Branca]? Graças a esforços intensos de grupos de interesse, e políticas adequadas, as indústrias da carne e de laticínios estabeleceram uma linha direta de influência com o consumidor norte-americano.

Quanto mais rápido os animais de fazenda atingem seu peso de abate, maior o lucro. Um método comum de fazer os animais ganharem peso rapidamente é enchê-los de antibióticos. Na verdade, cerca de 70% a

80% de todos os antibióticos nos Estados Unidos não são dados a pessoas doentes, mas a bois, porcos e frangos, a fim de fazê-los crescer mais rápido. Alguns resíduos desses antibióticos persistem depois que o animal é abatido e cozido. Como consequência, a resistência humana a antibióticos tem crescido a uma taxa alarmante, levando a superbactérias que são resistentes a todos os medicamentos. Em uma conversa com um repórter no *New York Times*, o Dr. Martin J. Blaser, presidente do Presidential Advisory Council on Combating Antibiotic-Resistant Bacteria [Conselho Consultivo Presidencial de Combate a Bactérias Resistentes a Antibióticos], disse: "Ficamos viciados em antibióticos. Estamos fazendo uso deles como se não houvesse nenhum custo biológico ao utilizá-los. E há custos."[94]

Para maximizar a eficácia, fazendas industriais geralmente se especializam em um só tipo de animal, sejam bois, porcos, frangos ou peixes.

Gado bovino. Vinte e nove milhões de vacas, bois e bezerros são abatidos nas indústrias de carne e laticínios todos os anos, somente nos EUA. O gado de corte geralmente passa um ano em ranchos. Embora consigam um certo grau de liberdade, normalmente eles são marcados com ferro quente ou gelado pelos rancheiros, enquanto os machos, em geral, são castrados sem anestesia. Eles são deixados do lado de fora em meio a tempestades e inundações e, no inverno, muitos congelam até morrer em estados como Nebraska, Dakota do Sul e Wyoming. Durante o verão, frequentemente privados de sombra, eles morrem de calor em estados como Kansas e Texas. Após mais ou menos um ano, as vacas são levadas a um leilão e, então, podem ser enviadas a centenas de quilômetros de distância a currais cheios de fezes e lama, conhecidos como pátios de alimentação, em que são amontoadas aos milhares e vivem em meio aos próprios dejetos. Ao chegar, várias estão doentes e morrem muito pouco tempo depois.

Talvez você presuma que vacas leiteiras tenham vidas melhores. Não têm — a vida delas é pior que a das vacas de corte. Para dar conta da demanda por leite, iogurte e queijo, as vacas são emprenhadas artificialmente, por meio de uma mão humana enfiada dentro delas, repetidas vezes, para injetar esperma, a fim de manter a produção e os lucros elevados. Depois que uma vaca dá à luz, seu filhote querido (a quem o leite se destinava) é levado embora logo depois, ou com um ou dois dias de nascimento. Em geral, as novilhas são condenadas a ser vacas leiteiras como suas mães, enquanto os machos servem para um fim mais imediato: eles ficam confinados em um engradado minúsculo, que restringe seus movimentos, e são alimentados com um mingau indutor de anemia para assegurar que sua carne continue macia. Com apenas alguns meses de idade, os machos são abatidos e vendidos como vitela. E, quando o corpo de uma mãe não consegue mais produzir leite o bastante no ritmo frenético exigido pelas fazendas industriais (por volta dos cinco anos de idade), ela também é enviada de caminhão até o matadouro, geralmente para ser transformada em produtos bovinos de qualidade inferior, como ração canina ou carne seca.

Por anos, a indústria de laticínios insistiu em dizer que todos devemos tomar leite — não porque seja bom para nós, mas porque é lucrativo. O cálcio do leite de vaca é do tipo com menor absorção, dentre aqueles que você pode consumir — vegetais verdes folhosos são a melhor fonte desse mineral que fortalece os ossos. Ao contrário da crença popular, o leite, na verdade, pode prejudicar seus ossos. Uma série de estudos publicados pelo The British Medical Journals, que analisaram milhares de pessoas durante cerca de 20 anos, revelou que o leite pode aumentar as chances de fratura nos ossos ou nos quadris. Isso talvez explique por que algumas das taxas mais altas de osteoporose são encontradas em países que possuem as taxas mais elevadas de consumo de leite. Norte-americanos consomem mais cálcio de produtos derivados do leite do que qualquer outro país, e também têm uma das incidências mais altas de osteoporose.

Porcos. Porcos possuem sistemas complexos de comunicação e habilidades cognitivas amplas. Eles são animais sociáveis, brincalhões e protetores que criam laços, reconhecem os próprios nomes, aprendem truques e adoram demonstrar afeto a todos ao seu redor. Aproximadamente 115 milhões deles são mortos para fazer costeletas, bacon, presunto e outros itens de carne de porco, todos os anos. As leitoas são mantidas em celas de gestação — jaulas tão minúsculas que elas sequer conseguem se mover. Após, no máximo, dez dias, seus leitões são levados a currais apertados e superlotados para serem criados por conta da carne.

Quando chega a época do abate, porcos assustados são obrigados a entrar em caminhões de transporte que viajam muitos quilômetros sob condições climáticas extremas. Muitos porcos morrem devido ao calor excessivo no verão ou, por terem a pele semelhante à humana, com poucos pelos, chegam a congelar no interior do caminhão durante o inverno. De acordo com relatórios da indústria, mais de um milhão de porcos morrem em trânsito a cada ano, e pelo menos mais 40 mil chegam feridos ao abatedouro.

Frangos "de Corte" e Galinhas Poedeiras. A cada ano nos EUA, aproximadamente 9 bilhões de frangos são criados e mortos pela carne — sim, bilhões, com *b* — e outras 305 milhões de galinhas têm seus sistemas reprodutores explorados para a produção de ovos. Para atender à demanda em massa por ovos, que são ingredientes de todas as receitas, desde biscoitos e bolos até gemada e macarrão, as galinhas são mantidas em gaiolas de arame com bateria. Cada gaiola contém pelo menos cinco galinhas em condições de superlotação que, frequentemente, levam a doenças respiratórias, por elas serem obrigadas a inalar a amônia de seus desejos acumulados. As gaiolas ficam empilhadas de uma forma que faz com que as galinhas urinem e defequem nas outras abaixo delas. Galinhas poedeiras têm sido geneticamente modificadas há décadas, a ponto de produzirem uma quantidade anormal de 300 ovos, ou mais, por ano. Em comparação, o descendente das galinhas atuais, o galo-banquiva, bota entre dez e 15 ovos por ano. Pintinhos machos nascidos de galinhas poedeiras são inúteis à indústria porque não botam ovos. Eles são imediatamente mortos por asfixia em massa, atirados vivos em um triturador ou jogados em um "estripador", que os rasga vivos.

"Frango de corte" é o nome da galinha criada especificamente por sua carne. Essas aves têm sido continuamente criadas para ganhar o máximo de peso possível, e atingir seu tamanho ideal em até seis semanas.

Essa criação intensa para produzir mais carne de peito, por exemplo, além da adição de hormônios de crescimento artificiais e antibióticos, causa problemas graves de saúde. Muitos frangos ficam com um peito tão grande que não conseguem andar e muitos sofrem de ataque cardíaco, apesar de terem apenas semanas de vida. Eles são amontoados aos milhares em galpões imensos sem janelas. Embora os frangos consigam viver bem em grupos pequenos, nos quais cada ave entende seu lugar na ordem hierárquica, é impossível, para eles, estabelecer uma estrutura social em quantidades tão grandes. As aves mais agressivas e frustradas bicam, com frequência, as mais submissas, causando ferimentos e até morte.

Para sugerir um "quê" de compaixão, a indústria de frangos usa, muitas vezes, rótulos como "livre circulação", "livre acesso" ou "criação em pastagens", e coloca, nas embalagens, imagens falsas da fazenda, que não são nem um pouco parecidas com a realidade. De acordo com a USDA, a fim de se qualificar como uma instalação de acesso livre, uma fazenda precisa tão somente provar que o "frango foi autorizado a acessar o lado externo". Essa linguagem é propositalmente vaga, e pode significar que os frangos têm apenas um buraco para acessar um pequeno pedaço de terra fora do galpão, se é que conseguirão abrir caminho entre milhares de galinhas. Como demonstrou uma investigação secreta da Nellie's Free Range Eggs [Ovos de Galinhas Livres da Nellie], mesmo que o buraco ficasse fechado no inverno, durante a noite, e com o mau tempo, — ou seja, na maioria dos dias —, nem as galinhas que ficavam bem perto da abertura conseguiam sair. Por sua vez, o termo "sem gaiolas" significa que as galinhas são "abrigadas em uma construção, recinto ou área fechada que permite acesso ilimitado à comida e água, e dá liberdade para andar pelo local durante o ciclo de postura". Na realidade, em geral não é esse o caso, com as aves ainda tentando sobreviver em galpões grandes e totalmente lotados que têm, às vezes, um único metro quadrado de espaço, ou menos, e nenhum lugar para "andar". Da mesma forma, termos como "criação em pastagens" implica que o animal possui "livre acesso contínuo à área externa por um mínimo de 120 dias por ano". Isso leva à questão: o que acontece nos outros 245 dias do ano?

Peixes. Fazendas industriais não são um fenômeno apenas terrestre: quase metade de todos os peixes consumidos a cada ano, nos Estados Unidos, é criada, hoje, em recintos de fabricação humana chamados viveiros, encontrados em rios, lagos e oceanos. De modo muito semelhante a animais terrestres, os peixes são submetidos a superlotação severa, ferimentos, fome e contaminação. Eles acabam infestados de lêndeas, e são feridos ao se esfregarem em outros peixes presos. No entanto, os viveiros não impediram a redução dos peixes de água salgada. Os peixes são pegos a taxas tão elevadas que dezenas de espécies comuns no passado podem se tornar extintas em décadas.

Viveiros descartam resíduos, pesticidas e outros produtos químicos direto nas águas costeiras ecologicamente frágeis, destruindo ecossistemas locais. Fazendas de viveiros que criam peixes diretamente em áreas delimitadas de águas naturais também exterminam os habitats nativos, superlotando-os muito além de sua capacidade. Os detritos das populações excessivas de peixes podem estimular a formação de grandes lençóis de algas na superfície da água, esgotando o oxigênio e matando boa parte da vida aquática. No Brasil, a destruição causada pela aquicultura modificou tanto o clima local que algumas instalações do gênero foram forçadas a fechar.

Criar uma tonelada de peixes para fins comerciais exige muitos litros de água. A produção intensiva de camarão exige dez vezes mais água. De acordo com um estudo publicado na revista Science, uma fazenda de salmão de dois hectares produz a mesma quantidade de resíduos que uma cidade pequena de 10 mil pessoas. Descobriu-se que fazendas de salmão na Columbia Britânica estavam produzindo a mesma quantidade de resíduos que uma cidade de meio milhão de habitantes.

ORIGENS DO MOVIMENTO DE PROTEÇÃO ANIMAL

Mesmo que nossos ancestrais talvez não tenham conseguido imaginar o que acontece nas fazendas de criação intensiva de hoje, por muito tempo os seres humanos consideraram os animais como meras ferramentas. O filósofo francês René Descartes (1596–1650) resumiu bem essa relação em seu *Discurso do método*, escrevendo que os animais eram basicamente máquinas incapazes de pensar e de sentir — ou, como ele os chamava, "autômatos sem alma". As fazendas industriais, portanto, representariam, meramente, a lógica extrema da relação humano-animal, conforme ela persistiu por gerações.

Enquanto a maioria das pessoas ao longo da história se importou com muito pouco além do gosto da carne, dos ovos e do leite dos animais, algumas se dedicaram a assegurar um arremedo de compaixão por animais de fazenda cujas vidas, aliás, são desprovidas disso. Um dos primeiros pensadores ocidentais a defender publicamente os direitos dos animais foi o filósofo francês Michel de Montaigne (1533–1592), que argumentava que era errado ser cruel com eles. Montaigne também questionava a supremacia do ser humano sobre os animais: "Com base em qual comparação entre eles e nós, ele [o ser humano] infere a estupidez que atribui a eles [os animais]?", perguntou. "Quando brinco com minha gata, quem pode saber se é ela que mais está me usando como passatempo ou se sou eu que a estou usando?"

Um século mais tarde, o famoso filósofo inglês, e fundador do liberalismo político, John Locke (1632–1704), afirmou que adultos deviam impedir as crianças de abusar de animais porque "Aos poucos, o costume de atormentar e matar bichos endurecerá seus espíritos, inclusive em relação a seres humanos". Locke nunca negou que os animais eram inferiores aos homens; mesmo assim, ele visava evitar que crianças crescessem à vontade com a violência porque, um dia, elas poderiam direcioná-la contra humanos. Fazendo eco a esse pensamento, o filósofo alemão Immanuel Kant (1724–1804) escreveu que "A crueldade com os animais é contrária ao dever do homem para consigo mesmo, porque amortece nele o sentimento de compaixão pelo seu sofrimento e, portanto, uma tendência natural muito útil à moralidade em relação aos seres humanos se enfraquece."

Um dos primeiros filósofos que, sem dúvida, defendeu os animais foi Jeremy Bentham (1748–1832), mais conhecido por ser o fundador do Utilitarismo, que postula que as ações são justas se promovem felicidade e bem-estar entre a maioria das pessoas — e, conforme argumentaria, dos animais. Para Bentham, a inteligência relativa de todos os seres da Terra não importava. Quem liga se os animais não podem falar como seres humanos?, indagava Bentham. Eles são seres vivos mesmo assim. "A questão", destacou ele, em *Uma Introdução aos Princípios da Moral e da Legislação,* "não é se eles podem raciocinar ou se podem falar, mas se podem sofrer".

Suas palavras comoveram apenas uma pequena minoria. Porém, no início do século XIX, a Câmara dos Comuns da Inglaterra começou a apresentar projetos de lei proibindo algumas formas de crueldade animal. A força por trás da lei era o Colonel Richard Martin, chamado de "Humanity Dick" pelo rei George IV, devido ao seu apoio incansável aos animais e aos pobres. Uma reportagem do *The Times* de Londres contou que, quando Martin "sugeriu proteger os [cavalos], houve explosões de risos... Quando o presidente repetiu essa proposta, a gargalhada aumentou. Outro membro disse que Martin logo legislaria para cães, o que causou um alarido de risadas, e um grito de 'E para gatos!' fez a casa se contorcer de gargalhadas".

No entanto, Martin teve êxito em aprovar o "Ill Treatment of Horses and Cattle Bill [Projeto de Lei para Tratamento de Cavalos e Bois]", o primeiro projeto de lei do mundo sobre direitos animais. Daí em diante, "bater, abusar ou maltratar qualquer cavalo, égua, capão, mula, burro, touro, vaca, bezerra, novilho, ovelha ou outros" era punido com até cinco libras ou dois meses de prisão. Preocupado com o não cumprimento da lei, Martin e outros membros do Parlamento fundaram a Society for the Prevention of Cruelty to Animals [Sociedade pela Prevenção à Crueldade Animal] em 1824, encarregando-a de inspecionar abatedouros e promover ações judiciais contra infratores. Três décadas mais tarde, a França deu prosseguimento à *Loi Grammont*, que proibia crueldade contra animais domésticos. Uma série de leis semelhantes se seguiram em vários estados nos EUA, inclusive Maine, Nova York, Massachusetts, Connecticut e Wisconsin.

Juntamente com as leis pelos direitos animais, vieram as primeiras organizações pelos direitos deles. A primeira nos Estados Unidos foi a American Society for the Prevention of Cruelty to Animals (ASPCA) [Sociedade Americana pela Prevenção à Crueldade Animal], fundada em 1866 por um rico nova-iorquino chamado Henry Bergh. A missão da ASPCA era proporcionar cuidados a animais sem abrigo e maltratados — ou "esses mudos servos da humanidade", como Bergh os chamava. A organização disponibilizava ao público informações sobre direitos animais e trabalhava em conjunto com agentes da lei para levar agressores de animais à justiça. (Conforme mencionado anteriormente, nove anos depois o escritor irlandês e reformador social Frances Power Cobbe fundou o que se tornaria a National Anti-Vivisection Society [Sociedade Nacional Antivivissecção], a primeira organização do mundo voltada para o fim das pesquisas com animais.) Em 1910, o autor Rupert Wheldon publicou o que se acredita ser o primeiro livro de receitas veganas da história, *No Animal Food* [Sem Alimentos de Origem Animal, em tradução livre], que incluía ensaios sobre a abstinência de alimentos de origem animal e, também, cem receitas.

Porém, a ideia de abolir todos os produtos animais era rara no ocidente. Mesmo os vegetarianos eram céticos em relação a abandonar ovos e laticínios. Donald Watson (1910–2005), professor de marcenaria britânico, tinha outras ideias. Ainda criança, após testemunhar o abate violento de um porco na fazenda de seu tio, Watson desistiu da carne. Aos 32 anos, ele percebeu que aprisionar vacas por conta do leite não era menos cruel que matá-las, e abandonou os laticínios. Mais tarde, ele escreveu: "Podemos ver, com muita clareza, que nossa civilização atual tem como base a exploração de animais, assim como as civilizações anteriores tinham como base a exploração de escravos, e acreditamos que o destino espiritual do homem é tal que, com o tempo, ele verá com horror a ideia de que no passado os seres humanos se alimentavam de produtos animais."[95]

Em 1944, Watson, junto com a esposa, Dorothy, e quatro amigos, fundaram uma organização voltada para acabar com a dependência da humanidade em produtos animais. Como nome, Watson sugeriu "vegano" porque o termo continha as três primeiras e as três últimas letras de *vegetariano*. "O veganismo começa com o vegetarianismo", refletiu ele, mais tarde, "e realiza sua extensão lógica".[96] Eles chamaram a nova entidade, que ainda existe hoje, de Vegan Society [Sociedade Vegana].

Ninguém conhece a quantidade exata de veganos no mundo, mas os números estão crescendo de forma exponencial. De acordo com um relatório de 2017, "Top Trends in Prepared Foods" [Principais Tendências em Alimentos Preparados], 6% dos norte-americanos agora se identificam como veganos, comparados com apenas 1% em 2014. Restaurantes e empresas veganas estão bombando: dados encomendados à Nielson revelam que a indústria de alimentos de origem vegetal cresceu 8.1% desde 2017. A quantidade de excelentes organizações de proteção animal também aumentou substancialmente. Não há espaço suficiente aqui para mencionar todas elas, mas algumas que valem a pena conferir (além da PETA) são a Animal Legal Defense Fund [Fundo Legal pela Defesa Animal], Animal Rights Foundation of Florida [Fundação pelos Direitos Animais da Flórida], Compassion Over Killing [Compaixão em vez de Matança], Direct Action Everywhere [Ações Diretas em Todos os Lugares], Northwest Animal Rights Network (WA) [Rede do Noroeste pelos Direitos Animais], Performing Animal Welfare Society Sanctuary [Santuário da Sociedade Atuante pelo Bem-Estar Animal], Physicians Committee for Responsible Medicine [Comitê de Médicos pela Medicina Responsável], Sea Shepherd Conservation Society [Sociedade de Preservação Pastores do Mar], The Save Movement [Movimento de Defesa] (mais conhecidos como Pig Save [Salvem os Porcos] e Cow Save [Salvem as Vacas]), Vegan Outreach [Expansão Vegana] e Zoocheck (do Canadá).

Alimentação sem Animais

O maior passo que você pode dar para acabar com o sofrimento animal é adotar uma dieta vegana. Ao desistir de produtos de origem animal, você pode, pessoalmente, evitar o abate de 200 animais por ano. Felizmente, é muito mais fácil virar vegano hoje em dia do que foi para Donald e Dorothy Watson nos anos de 1940.

Virar vegano não significa desistir de seus alimentos favoritos. Enquanto meio século atrás isso, talvez, tenha exigido um sacrifício como esse, hoje significa apenas escolher versões novas deles. Você pode encontrar uma adaptação de origem vegetal de praticamente todos os alimentos que cresceu comendo, desde macarrão, queijos e bolos gelados até coquetéis de "camarão". Ao escolher uma opção vegana, você comerá um bolo sem laticínios, e consumi-lo também satisfará seu paladar e, ao mesmo tempo, ajudará animais, o meio ambiente e sua própria saúde.

Todos os nutrientes que seu corpo necessita são facilmente obtidos com uma dieta vegana. Os três principais nutrientes que consumimos são carboidratos, gorduras e proteínas. Você precisa de todos para viver, sem exceção. Mas a carne animal contém apenas dois — gordura e proteína — e, com frequência, em quantidades perigosamente elevadas. Os carboidratos, principal fonte de energia do seu corpo, estão totalmente ausentes. A maioria dos vegetais é rica em carboidratos saudáveis e não processados, que fornecem uma liberação lenta de energia durante o dia todo. E a gordura vegetal geralmente é rica em ácidos ômega-3 e ômega-6, que estão relacionados à redução de riscos de cardiopatias, diabetes e muitos tipos de câncer.

Uma das primeiras perguntas que as pessoas fazem aos veganos é "Mas de onde você tira sua proteína?". Isso provém do mito de que vegetais não contêm proteína. Na verdade, quase todos os alimentos, desde um bife de filé mignon a brócolis e bolinhos, contêm proteína. (Os brócolis contêm mais proteínas por caloria do que um bife.) De fato, a desnutrição proteica é uma condição tão rara que o idioma inglês, para defini-la, teve de emprestar um termo, *kwashiorkor*, da língua Ga, de Gana. De acordo com a National Academy of Medicine [Academia Nacional de Medicina], precisamos de 0.8 gramas de proteína por quilograma de peso corporal. Isso dá cerca de 56 gramas para uma pessoa que pesa 70 quilos. Mas, em média, homens e mulheres norte-americanos estão consumindo muito mais que o necessário: 102 gramas e 70 gramas de proteína por dia, respectivamente.

Dietas de origem estritamente vegetal podem ser tão proteicas que muitos atletas de enorme sucesso mudaram para uma alimentação à base de vegetais para dar uma turbinada na carreira, incluindo o campeão de ultramaratonas Scott Jurek, o lutador de UFC Nate Diaz, o lutador de MMA Mac Danzig, as superestrelas do tênis Venus e Serena Williams, e o astro da NBA Kyrie Irving.

Para todos nós, uma dieta à base de vegetais é crucial para uma vida-longa e saudável. Apesar dos avanços contínuos na medicina, os norte-americanos estão mais doentes do que nunca. Em 2017, sua expectativa de vida caiu pelo segundo ano seguido. Mais de sete em cada dez norte-americanos tomam pelo menos um medicamento sob prescrição, 50% tomam mais de dois e 20% tomam pelo menos cinco. Desde estatinas redutoras de colesterol até remédios para pressão arterial e diabetes, farmacêuticos estão preenchendo mais de 4 bilhões de receitas por ano para ajudar os norte-americanos a lidar com inúmeros problemas de saúde.

Os maiores problemas são as cardiopatias, matando mais de 600 mil pessoas por ano nos EUA. "Não há dúvida de que a dieta tem um impacto enorme sobre doenças do coração", explica o Dr. Walter Willett, professor de epidemiologia e nutrição da Faculdade de Saúde Pública de Harvard. O Dr. Willett chama atenção para um estudo de 2014, publicado no *The Journal of Family Practice* [Diário da Medicina Familiar], que acompanhou quase 200 pessoas com doenças cardíacas graves durante vários anos. Os pacientes foram criados à base da dieta padrão norte-americana — caracterizada pelo alto consumo de carnes processadas, frituras, laticínios ricos em gordura, grãos refinados, ovos e bebidas açucaradas. No estudo, os pacientes foram solicitados a cortar a maioria dos produtos de origem animal e acrescentar alimentos à base de vegetais, como grãos, frutas, verduras e legumes. Das 21 pessoas que não persistiram na dieta, 13 tiveram outro evento cardiovascular, como ataque cardíaco ou AVC. Porém, entre as outras 177 que mantiveram alimentos de origem animal fora da dieta durante uma média de quatro anos, apenas uma pessoa teve um evento do tipo (um pequeno AVC). Conclusão do estudo: "Embora tratamentos médicos e cirúrgicos atuais controlem doenças arteriais coronarianas, eles fazem pouco para evitá-las ou impedi-las. A intervenção nutricional, conforme demonstrado no nosso e em outros estudos, interrompeu e, até mesmo, reverteu a Doença Arterial Coronariana."[97]

Uma dieta à base de vegetais reverte o diabetes tipo 2, que assola 30 milhões de norte-americanos. Em um estudo-piloto publicado na *Open Journal of Preventive Medicine* [Revista Aberta de Medicina Preventiva], pesquisadores solicitaram a 13 homens e mulheres diabéticos que reestruturassem suas dietas de modo a incluir, sobretudo, saladas, sopas de legumes, nozes, sementes, muitas frutas, verduras cozidas e grãos integrais, e ao mesmo tempo evitar a maioria dos produtos de origem animal e alimentos processados. No início do estudo, os diabéticos estavam com um nível médio de A1c [hemoglobina glicada] — a medida de como o corpo controla o açúcar no sangue — de 8.2. Um A1c abaixo de 5.7 é considerado normal e, com a medicação, é comum os médicos terem como objetivo levar seus pacientes diabéticos a 6.0, na melhor das hipóteses. Porém, após sete meses à base de uma dieta predominantemente vegetal, os diabéticos do estudo levaram seus níveis de A1c a uma pontuação não diabética de 5.8. A maioria parou totalmente de tomar os remédios e todos perderam bastante peso sem ter que cortar calorias de forma drástica.

No caso do câncer, um estudo conjunto de 2013 da Universidade Loma Linda e do Instituto Nacional do Câncer revelou que mulheres veganas possuem uma taxa 34% menor de cânceres especificamente femininos, como de mama, cervical e de ovário. Uma meta-análise abrangendo sete estudos individuais e quase 125 mil participantes concluiu que "vegetarianos possuem uma mortalidade significativamente baixa de cardiopatias isquêmicas (29%) e incidência de cânceres de modo geral (18%), em relação a não vegetarianos".[98] Enquanto isso, um estudo com mais de 63 mil participantes, publicado na *American Journal of Clinical Nutrition* [Revista Americana de Nutrição Médica], revelou que "a incidência de todos os cânceres combinados era menor entre vegetarianos do que entre quem comia carne".[99]

Em alguns casos, uma dieta vegetal pode até reverter o câncer. Cerca de 15 anos atrás, o Dr. Dean Ornish, presidente e fundador da ONG Preventive Medicine Research Institute [Instituto de Pesquisa de Medicina Preventiva], recrutou 93 homens com câncer de próstata na fase inicial de "observar e esperar". Metade do grupo continuou com a dieta costumeira, enquanto a outra metade adotou uma dieta vegetariana rica em verduras, frutas, leguminosas e grãos integrais. No fim do estudo, os índices PSA do primeiro grupo — que indicam evolução do câncer de próstata — dispararam para 6%. Mas o grupo que adotou uma dieta vegetariana viu seus índices PSA *caírem* 4%, o que significa que os tumores regrediram.

A ciência é clara: evitar produtos de origem animal é um dos passos mais significativos que você pode dar para evitar doenças crônicas com uma idade mais avançada. Mas livrar-se de um hábito ruim exige determinação. Assim como fumantes são viciados em nicotina, pessoas criadas à base da dieta padrão norte-americana às vezes têm dificuldade em se privar de quantidades grandes de sal, açúcar e gordura, que as mantêm viciadas em alimentos não saudáveis.

Felizmente, as opções atuais de alimentos vegetarianos tornam simples dizer adeus a produtos animais de uma vez por todas.

NÃO É O HAMBÚRGUER VEGETARIANO DE SEU PAI

Hambúrgueres vegetarianos e substitutos da carne têm sido, há muito tempo, produtos básicos da dieta livre de animais, com marcas como a Gardein, Field Roast, Neat Meat, Sweet Earth, Yves e Amy's Kitchen oferecendo produtos veganos e vegetarianos, de sabores parecidos, em mercados nos EUA. Hoje em dia, há um substituto vegano para quase todos os seus alimentos favoritos, desde nuggets de "frango" de soja e bolinhos de "caranguejo" de grão-de-bico até carnes à base de cereais. Um relatório da MarketsandMarkets estima que, em 2023, o mercado de substitutos da carne será avaliado, mais ou menos, em US$7 bilhões. Mesmo que esses produtos sejam saborosos e populares, eles não foram criados para imitar a carne — eles foram criados para dar opções a vegetarianos.

Conheça o Beyond Burger [Além do Hambúrguer]. Lançado em maio de 2016, esse hambúrguer vegetariano repleto de proteínas (20 gramas, para ser exato) não leva glúten, antibióticos, hormônios, organismos geneticamente modificados ou crueldade em sua fabricação. Em vez disso, a equipe por trás do Beyond Burger desenvolveu seu hambúrguer com gosto de carne usando proteína de ervilhas e outros ingredientes de origem vegetal. Ele até solta um líquido vermelho, graças ao suco de beterraba. De acordo com seu fabricante, o Beyond Meat é elaborado por meio de um "sistema exclusivo que aplica calor, resfriamento e pressão para alinhar proteínas vegetais nas mesmas estruturas fibrosas encontradas nas proteínas animais". Em outras palavras, ele usa ingredientes vegetais para imitar a estrutura, a textura e o sabor da carne — um hambúrguer que frita e doura na frigideira como se fosse feito de carne animal. A missão da empresa é criar "soluções para mercados de massa que substituam, com perfeição, a proteína animal pela vegetal. Nós nos dedicamos a melhorar a saúde humana, causar impacto positivo na mudança climática, conservar recursos naturais e respeitar o bem-estar animal".[100]

Investidores da Beyond Meat — que entrou com um pedido inicial de oferta pública de US$100 milhões no fim de 2018 — incluem o ator Leonardo DiCaprio, os cofundadores do Twitter Evan Williams e Biz Stone; o fundador da Microsoft, Bill Gates, e até mesmo um ex-CEO do McDonald's, Don Thompson. Seus produtos são fáceis de achar: as principais varejistas, como Kroger Stores, Whole Foods, Safeway, Stop & Shop, e mais de 5 mil redes de supermercados no país, já têm o Beyond Burger, e o número está crescendo. Redes de restaurantes como o TGI Fridays, A&W Restaurants e Veggie Grill também oferecem seus produtos. (A Beyond Foods também produz as linhas Beyond Sausage, Beyond Chicken e Beyond Beef Crumbles [Além da Linguiça, Além do Frango e Além da Carne Moída, respectivamente].)

Se você prefere comprar carne vegetal em um mercado, tente uma das várias lojas de hambúrgueres veganos, incluindo a The Herbivorous Butcher, de Minneapolis, que oferece versões veganas de frios clássicos, entre elas, bacon de nozes, copa, rosbife, pastrami, peru, filé de alcatra, chouriço, linguiça e carne seca; ou a Monk's Meats, com sede no Brooklyn, cujo cardápio inclui bifes de seitan [carne de glúten] e almôndegas sem carne. Outros açougues vegetarianos incluem o The Butcher's Son (Berkeley, CA); The Very Good Butchers (Columbia Britânica, Canadá); No Evil Foods (Asheville, NC); Cena Vegan (Los Angeles, CA); The Abbot's Butcher (Costa Mesa, CA); e YamChops (Toronto, Canadá).

CARNE LIVRE DE CRUELDADE

Em seu ensaio de 1932, "Daqui a 50 anos", publicado na *Popular Mechanics*, Winston Churchill previu: "Não cometeremos mais o absurdo de criar uma galinha inteira para comer o peito ou as asas, criando separadamente essas partes por meio de um meio adequado."[101] Cinquenta anos podem ter sido otimista demais, mas talvez a previsão de Churchill finalmente se torne realidade em menos de dez anos — por assim dizer.

Para aqueles que ainda adoram carne, mas não querem prejudicar animais, empreendedores têm desenvolvido carne produzida em laboratório — também conhecida como carne in vitro ou carne limpa — ao longo da última década. Os métodos variam, mas a ideia básica é "criar" carne de verdade a partir de células animais, por meio do cultivo de tecidos.

Nada de fazendas industriais, caminhões de transporte ou abatedouros. Nada de nivelar florestas para produzir comida para o gado. Nada de poluição à medida que seus dejetos se infiltram nos lençóis freáticos e nas vias navegáveis. E, por serem feitos em laboratório, não haverá nenhum surto de E. coli, salmonela ou campilobacteriose.

Em 2013, o professor Mark Post e pesquisadores da Universidade Maastricht, financiada pelo cofundador do Google Sergey Brin, apresentaram o primeiro hambúrguer de carne bovina feito em laboratório, agrupando 10 mil tiras de músculo de vaca produzidos individualmente em seu laboratório. Desse avanço surgiu a companhia MosaMeat, que está trabalhando para "transformar a engenharia de tecidos em uma tecnologia que possa produzir carne acessível em massa".

Ainda que a produção desse primeiro hambúrguer tenha custado US$300 mil, a MosaMeat está simplificando rapidamente seu processo e espera ter seu hambúrguer em restaurantes de alta categoria no início de 2020, além de querer concorrer, logo em seguida, com carnes tradicionais de supermercado. Outros produtores, inclusive, podem ser mais rápidos no gatilho. A carne limpa está obtendo patrocinadores rapidamente: em um acordo comercial de US$300 milhões, em 2017, o governo da China investiu em três empresas israelitas — SuperMeat, Future Meat Technologies e Meat the Future — para se juntar à inovação. De olho na chance de lucrar com a carne limpa, empresas de investimento, incluindo a New Crop Capital e a Stray Dog Capital, também investiram milhões em companhias similares. Como explica Christopher Kerr, parceiro da New Crop Capital: "Sob uma perspectiva financeira, essa é, potencialmente, uma oportunidade de mercado trilionária."[102]

Empresas de alimentos tradicionais de origem animal sabem que há mudanças no horizonte. Em 2018, a Tyson Foods, a segunda maior processadora e comerciante mundial de carne de frango, boi e porco, investiu na startup Memphis Meats, que produz carne por meio de células animais regeneradas em grandes tanques de aço, sem necessidade de alimentar, criar e abater animais de verdade. A explosão de alimentos produzidos em laboratório não se limita a animais terrestres — uma empresa chamada Finless Foods está desenvolvendo peixes criados em laboratório.

Empreendedores, inclusive, estão estudando formas de converter fazendas animais tradicionais em fazendas de células da nova era. Yaakov Nahmias, fundador e cientista-chefe da Future Meat Technologies, planeja fornecer aos fazendeiros pequenas coleções de células e o equipamento necessário para transformá-las em peitos de frango, costelas e carne moída. "Esses modelos de distribuição nos permitem fazer cultivos de maneira orgânica e, basicamente, substituir galinheiros por esses biorreatores",[103] explicou ele à *Fast Company* em 2018.

OVOS

Hoje em dia, há várias marcas de ovos veganos. Talvez a mais conhecida seja a VeganEgg, da Follow Your Heart [Siga seu Coração], que é perfeita para um café da manhã rápido com ovos mexidos. A Starbucks está lançando um sanduíche de ovos veganos, e saladas com esse tipo de ovos podem ser encontradas na maioria das lojas de comidas saudáveis que tenham uma seção de delicatéssen. E, se você quer a gema mole, há a Vegan Egg Yolk [gema de ovo vegana] da Vegg, que é, como todos os alimentos veganos, 100% livre de colesterol.

Para bolos e pães, há inúmeros substitutos para o ovo, como purê de maçã, tofu macio, purê de bananas e farinha de linhaça, e até substitutos para os ovos embalados, como Vegan Egg, Vegg e o Egg Replacer da Bob's Red Mill. Ou, então, é só tirar a aquafaba de uma lata de ervilhas: composta dos termos em latim *aqua* (água) e *faba* (grão), a aquafaba é o líquido restante encontrado na lata (ou na fervura de ervilhas desidratadas). Acessível e barata, a aquafaba é perfeita para sobremesas de lamber os dedos, incluindo torta de limão com merengue, pavlova, musse de chocolate, macarons e brownies veganos.

Existe um sem-número de novas maneiras de aproveitar suas refeições veganas favoritas à base de ovos. Tofu mexido é um dos principais entre os entusiastas de *brunches* vegetarianos. Para fazê-lo, esmigalhe um pouco de tofu, acrescente temperos como cúrcuma, levedura nutricional ou sal negro indiano, e leve-o à frigideira. Quanto à maionese, feita de gemas de ovo e óleo, é possível encontrá-la na versão vegana de muitos fabricantes, como a Vegenaise da Follow Your Heart, a marca da loja Trader Joe, e agora a Hellmann's. Ou faça a sua, misturando óleo de canola, leite de soja, suco de limão e mostarda.

LEITE

Leites vegetais se tornaram tão populares que muitas pessoas não veganas os preferem ao leite bovino. Um estudo de 2016 da MarketsandMarkets revelou que o Dairy Alternatives Market [Mercado de Alternativas a Laticínios] — com foco em leite de amêndoa, soja, coco, aveia, arroz e cânhamo — está projetado para valer mais de US$14 bilhões em 2022. Outras variedades incluem caju, avelã, amendoim, linhaça, ervilhas, macadâmia, pistache e banana. Cada leite sem lactose tem suas próprias qualidades e benefícios particulares. Por exemplo, o leite de caju é encorpado, cremoso e uma excelente base para molhos; o de amêndoas é ideal para cereais, o de aveia vai bem com café; o de coco é perfeito para curry; e o leite de arroz vai bem em sobremesas e bebidas. Recentemente, o leite de aveia ecologicamente correto se tornou tão popular que pode ser difícil de encontrar, gerando queixas e reclamações na internet.

QUEIJO

Muita gente que passa bem sem carne, ovos ou peixe estabelece um limite em eliminar o queijo da dieta. Conforme pesquisadores demonstraram, isso pode ser consequência das casomorfinas concentradas do queijo, que são os mesmos compostos químicos que tornam as pessoas dependentes de outras drogas, inclusive heroína. Por sorte, várias alternativas podem substituí-lo.

As primeiras tentativas de queijo falso geralmente eram tudo, menos cremosas. Hoje, inúmeras empresas recriam — e até superam — queijos à base de laticínios. Algumas das mais amplamente acessíveis incluem a Daiya Cheese, Follow Your Heart, Chao, Kite Hill e Miyoko's Creamery — todas disponíveis na Whole Foods, e outros mercados, em todo os EUA. Para clientes mais conscientes dos custos, muitos supermercados também oferecem marcas genéricas de queijos sem laticínios.

Quer esteja com vontade de comer pizza, nachos ou queijo grelhado, o queijo vegano, hoje em dia, é tão versátil que você pode elaborar quase qualquer prato com a mesma textura cremosa e flexível que a dos queijos lácteos. O mais notável: queijos artesanais recém-criados, que rivalizam com os queijos tradicionais mais requintados em consistência e sabor, agora também são comuns. Por exemplo, a marca Kite Hill faz queijos veganos cremosos, macios e duros usando métodos clássicos de produção de queijos. O renomado chef vegano Tal Ronnen é um dos cofundadores, assim como Jean Prevot, que supervisionou operações nas principais instalações produtoras de queijo nos EUA e na França — onde você pode obter vários queijos veganos de tradição francesa, incluindo um que se chama Camembert. Outras marcas populares são a Ste Martaen, Treeline, Dr. Cow, Cheezehound (que produz um queijo azul extraordinário) e Violife. Há, inclusive, lojas físicas dedicadas a queijos veganos, como a Riverdel, no Brooklyn, e a lendária empresa de queijos veganos Vtopia, em Portland, Oregon, que oferece de tudo, de queijo de cabra a muçarela.

Também é possível produzir facilmente seu próprio queijo vegano em casa usando ingredientes simples que você provavelmente já tem na despensa, geralmente cajus in natura, levedura nutricional, leite sem laticínios e missô. Há inúmeras receitas online. Por sua vez, os amantes de pizza podem encontrar opções vegetarianas de marcas como Daiya, Amy's, Tofurky, BOLD Organics, Ian's; também há muitas pizzarias veganas surgindo pelo país. Várias pizzarias tradicionais também oferecem pizzas com queijo vegano.

MANTEIGA

Inúmeras alternativas veganas à manteiga feita de leite são vendidas atualmente em refrigeradores de quase todos os mercados. Para um gosto mais próximo ao de manteiga, procure por marcas como a Earth Balance e a I Can't Believe It's Not Butter!, que recentemente lançou um produto "It's Vegan". Essas extensões de manteiga são feitas a partir de uma combinação de óleos vegetais e água, com 40% menos calorias e 70% menos gordura saturada que a manteiga. Algumas opções especiais incluem a European Style Cultured Vegan Butter [Manteiga Vegana Fabricada ao Estilo Europeu] da Miyoko Creamery, feita de óleo de coco, água, caju, óleo de girassol e sal marinho. A manteiga de coco pode ser uma excelente substituta, com marcas como a Nutiva e a Ellyndale Organics encontradas na maioria das lojas de alimentos saudáveis. Se estiver se sentindo ambicioso, você pode até tentar fazer a sua com aquafaba ou óleo de coco, com receitas amplamente disponíveis online.

IOGURTE

Para algumas pessoas, o iogurte é a parte vital da manhã. Não precisa voltar a dormir. Hoje, há muitos sabores de iogurtes veganos deliciosos à disposição, e eles contêm toda a cremosidade e os probióticos dos iogurtes à base de leite. Por exemplo, a Anita's Yogurt, uma marca de iogurtes sem leite com sede no Brooklyn, Nova York, usa leite de coco, água de coco e culturas probióticas para criar um iogurte encorpado e farto. Marcas como Kite Hill e Forager utilizam amêndoa, caju e outras nozes para criar uma textura e sabor estupendos, enquanto a So Delicious e a Trader Joe usam nozes, leite de coco e produtos à base de soja.

SOBREMESAS

Opções veganas de sorvete, raras no passado, hoje são comuns, com novas marcas surgindo sem parar. Empresas de sorvete sem laticínios como a NadaMoo!, Coconut Bliss e So Delicious são as principais no corredor dos produtos congelados. Ao mesmo tempo, opções antigas como a Ben & Jerry's, Breyer's e Häagen-Dazs desenvolveram a própria linha de sorvetes sem leite. A fabricante de sorvetes artesanais Van Leeuwen também possui uma linha deliciosa de sorvetes veganos, com sabores que variam desde chocolate com menta, geleia de morango e pedaços de biscoito até biscoito com gotas de chocolate.

Em geral, sorvetes vegetarianos usam tipos diferentes de leites vegetais como base, como soja, coco, caju, amêndoa e cânhamo. Se sua sorveteria local não tem sorvetes sem leite, peça a eles um estoque e, enquanto isso, opte por sorbet, que quase sempre é livre de laticínios, basta perguntar para ter certeza.

Ao mudar para uma dieta vegetariana, muitas pessoas enfrentam, frequentemente, a terrível pergunta: "Mas... chocolate é vegano?" A resposta é... muitas vezes. E alguns dos chocolates amargos e trufas de chocolate mais deliciosos do mundo também são veganos.

A maioria dos chocolates ao leite contém leite, é claro, mas não todos. O chocolate ao leite também pode ser vegetariano, com muitas fábricas optando por leite de coco e de arroz. Fique de olho na Charm Schools Coconut Milk Chocolate, no Ricemilk Chocolate da Enjoy Life e na barra Coconut Milk da Raaka Chocolate. Mesmo os mundialmente favoritos como a Nutella podem encontrar uma similar vegana com a Organic Dark Hazelnut Spread, da Nutiva, ou o Chocolate Hazelnut Butter Blend, da Justin.

Procure produtos animais ocultos nas etiquetas, sobretudo soro de leite e caseína. Muitas vezes, chocolates de qualidade inferior contêm subprodutos de origem animal, como lecitina e albumina. (Ao contrário do que parece, a manteiga de cacau é vegana, de qualquer modo.) Como regra geral, procure por chocolates com alta porcentagem de cacau — o ideal é mais de 70%. Quanto maior a porcentagem, mais pura é a barra. O verdadeiro chocolate vem da árvore do cacau e suas sementes, que são torradas e moídas. (A expressão latina *Theobroma cacao* significa, literalmente, "alimento dos deuses".) Outros produtos como cana-de-açúcar, manteiga de cacau, baunilha e lecitina de soja são adicionados para gerar o conhecido sabor do chocolate. A boa notícia é que a maioria dos produtos de chocolate amargo já é vegana, assim como o chocolate de cozinha e o pó de cacau. Mesmo gotas de chocolate meio amargo muitas vezes são veganas. Algumas barras de chocolate excelentes e amplamente disponíveis: Lindt Excellence Dark Chocolate, Dark Chocolate Bars da Trader Joe, Theo Chocolate e a série Endangered Species Chocolate Bar. No Reino Unido, é difícil vencer a Gourmet Selection Chocolate Truffles, da Booja Booja.

À Espreita de Ingredientes Animais

Mesmo os produtos mais inocentes podem, sim, conter produtos de origem animal. Uma "culpada" comum é a gelatina, encontrada em produtos como a maioria dos chicletes, vitaminas, marshmallows, xampus, iogurtes, sorvetes, gelatinas de frutas, produtos da Jell-O, pudins, e como um espessante em incontáveis outros produtos. A gelatina é uma proteína obtida pela fervura da pele, tendões, ligamentos, ou mesmo ossos, geralmente de vacas ou porcos. Felizmente, é fácil substituir a gelatina na maioria das receitas por ingredientes como pectina de fruta, ágar-ágar, goma guar (goma vegetal) e carragena. Muitas balas de goma favoritas já são veganas, entre elas, a Sour Patch Kids, Swedish Fish, Skittles, Dots Gumdrops, e as Organic Bunny Fruit Snacks da Annie. Se você não consegue imaginar uma fogueira de acampamento sem marshmallows assados, experimente os veganos, de empresas como Dandies e Trader Joe's, que oferecem marshmallows deliciosos e gelatinosos.

Um ingrediente animal também onipresente é a ictiocola, uma forma pura de gelatina feita da bexiga natatória dos peixes, usada como agente clarificador em cervejas, vinhos e outros produtos. As principais marcas de cerveja, como Guinness, Pabst Blue Ribbon e Samuel Adams mudaram e passaram a usar métodos clarificadores alternativos, mas muitas cervejas ainda utilizam a ictiocola. Para uma lista de cervejas e vinhos que não usam produtos de origem animal, verifique www.barinovore.com [conteúdo em inglês].

Até o açúcar pode ser processado com ossos carbonizados de animais, que agem como filtro descolorante. Em geral, o osso carbonizado é feito de ossos de bovinos do Afeganistão, Argentina, Índia e Paquistão. Os ossos são vendidos para operadores na Escócia, no Egito e no Brasil, que então os vendem à indústria açucareira norte-americana. O açúcar de cana frequentemente é processado com ossos, mas há muitos açúcares no mercado que não são. Os açúcares turbinado, demerara e mascavo nunca são filtrados com ossos carbonizados. Nem os de beterraba e de coco, bem como o açúcar da cana com certificação orgânica.

O Ursinho Puff adorava mel, mas não há motivo algum para comê-lo. O mel é outro produto que prejudica e mercantiliza animais — nesse caso, abelhas, que são bichos fascinantes, inteligentes e comunicativos. Práticas como cortar as asas da abelha rainha, inseminação artificial e execução em massa de colmeias, inclusive queimando-as com as abelhas dentro, são comuns na indústria do mel. No lugar dele, opte por uma das inúmeras opções naturais no mercado, entre eles, melaço, néctar de agave, néctar de coco, melados, xarope de arroz, sorgo, açúcar de cana, malte de cevada, xarope de arroz integral e pasta de tâmaras. Muitas empresas estão produzindo mel com um sabor incrivelmente semelhante ao do verdadeiro, mas sem tirá-lo de animais que trabalham tão duro para produzi-lo. Por exemplo, a Bee Free Honee oferece mel de maçã. De acordo com a marca, uma única garrafa de Bee Free Honee ajuda a salvar 7.500 abelhas.

RESTAURANTES E MARMITAS

Foi-se o tempo em que jantar fora para um vegano significava implorar por um prato de salada sem queijo ou uma massa sem ovos, já que milhares de restaurantes veganos abriram as portas pelo mundo — não que você não consiga comidas veganas excelentes em quase todos os restaurantes étnicos, desde indianos até sichuanos, italianos (inclusive massas e fagioli — sem caldo de galinha —, pasta marinara, pasta arrabbiata), japoneses (sushis de abacate, pepino e daikon), coreanos (bibimbap de vegetais) e mexicanos (certifique-se de que os feijões não são cozidos em banha). Se gosta de vegetais frescos saudáveis e adequadamente cozidos, talvez se surpreenda ao saber que quase todas as churrascarias, incluindo a Ruth's Chris, servem a você espinafre ao alho no vapor, batatas assadas, cogumelos, tomates grelhados, aspargos selecionados etc.

A Veggie Grill, rede que cresce cada vez mais — sem carne, laticínios, ovos, colesterol ou gordura animal em seus produtos — gerencia cerca de 30 restaurantes em todo o país, e anunciou planos para expansão nacional. A rede casual de fast-food By Chloe rapidamente expandiu de seu ponto original em Nova York, com restaurantes em Boston, Providence, Los Angeles e London, e planos para muito mais. O cardápio totalmente vegano da By Chloe apresenta ingredientes locais preparados na hora todos os dias.

Alimentos veganos também fizeram sucesso significativo no mundo da culinária, de restaurantes com estrelas da Michelin e chefs vegetarianos premiados pela James Beard até food trucks veganos. Aplicativos como o HappyCow ajudam você a descobrir restaurantes vegetarianos aonde quer que vá viajar. Alguns dos restaurantes veganos mais renomados incluem o Blossoming Lotus, em Portland, Oregon; o Bouldin Creek Café, restaurante e cafeteria popular em Austin, Texas; o Bulan Thai, de Los Angeles, que serve opções vegetarianas estupendas de pratos tailandeses tradicionais; o Brooklyn Bunna Cafe, um toque vegano da culinária etíope; o Gracias Madre, a adorada base mexicana da Bay Area [área da baía de São Francisco]; e os gastronômicos, e 100% veganos, Chicago Diner e Ground Control, famosos por seus portabella-nugget-stuffed po'boys [sanduíches no pão francês, recheados de tudo que você possa querer]. Essa lista representa apenas uma pequena parte dos excelentes restaurantes novos que servem comida vegana.

Hoje em dia é fácil comer comida vegana até mesmo em redes nacionais como Chipotle (experimente as sofritas, um tipo de "carne de porco" vegana), TGI Fridays, Taco Bell (tacos de feijão e burritos, tire o queijo), Burger King, White Castle e Wendy's, que agora oferecem várias opções veganas em toda refeição.

Nos últimos anos, vários kits de refeições veganas e serviços de entrega entraram em cena, entre eles, Purple Carrot, Veestro, MamaSezz, Healthy Chef Creations, The Vegan Garden, Paleta, Vegin' Out, Kitchen Verde, Takeout Kit e Sun Basket. Os principais serviços de kit de refeições, como Blue Apron e Plated, também oferecem opções veganas.

Atitudes que Você Pode Tomar

Cada vez mais estudos confirmam que uma dieta vegana à base de alimentos integrais e pouco óleo é uma das melhores maneiras de melhorar a saúde e salvar vidas animais.

Por sorte, conforme observado anteriormente, virar vegano é fácil. Com uma fartura de receitas simples e deliciosas disponíveis na internet, e um estoque de produtos veganos em todos os mercados, você pode começar hoje mesmo a fazer mudanças positivas. Quase tudo pode ser veganizado; por exemplo, no café da manhã, troque seu bacon com ovos por mingau de aveia e frutas ou tofu mexido e bacon vegano.

Introduza saladas no almoço, ou escolha um wrap de grão-de-bico ou tacos de feijão, e hambúrgueres vegetarianos em vez de bovinos. Ao fazer o jantar, inicialmente você pode seguir receitas fáceis, como lasanha vegana ou um farto guisado vegano, ou até batatas assadas com brócolis cozidos no vapor e cobertura de queijo de soja; ou, então, abra uma lata de sopa vegana, ponha uma pizza vegana no forno ou uma refeição vegana congelada, como arroz de "frango" tailandês, ou macarrão vegano e queijo de caju, no micro-ondas.

Não pare por aqui! Você tem a oportunidade de se tornar representante do movimento pelo veganismo. Aqui estão várias maneiras de ser representante em sua comunidade:

AJUDE A ACABAR COM OS MITOS

Prepare-se para acabar com alguns dos mitos mais ridículos, porém comuns, sobre alimentação à base de vegetais. Aqui estão três:

Veganos não consomem muita proteína. Esse é um dos mitos mais difundidos, porque muitas pessoas associam, erroneamente, proteína à carne. Estas são as estatísticas pertinentes: absolutamente todos os vegetais contêm proteína. Menos de 3% dos adultos norte-americanos têm deficiência de proteína, a maioria tem excesso proteico nas dietas. Em média, até os veganos consomem 70% a mais de proteína que o necessário. A maioria das organizações nutricionais recomenda um consumo modesto de proteínas, como 0,8 gramas por quilograma do peso corporal, ou 0,36 gramas por meio quilo. Isso dá cerca de 56 gramas por dia para o homem médio sedentário), ou 53 gramas para a mulher. Para determinar sua RDA [Ingestão Dietética Recomendada, em português] de proteínas, você pode multiplicar seu peso em quilos por 0,36, ou experimente este site útil: https://fnic.nal.usda.gov/fnic/dri-calculator [conteúdo em inglês].

Crianças em fase de crescimento não deveriam ser criadas como veganas. É puro mito a necessidade de crianças precisarem de grandes quantidades de gordura e proteína para suprir seus corpos em fase rápida de crescimento. Estudos em larga escala revelaram que crianças criadas à base de uma dieta vegana ficam, em média, 2,5cm mais altas do que as que comem carne.

Além disso, as últimas novidades científicas revelam que as doenças mais fatais começam a afetar o corpo muito mais cedo do que se pensava anteriormente. Por exemplo, placas beta-amiloides, associadas ao Mal de Alzheimer, começam a envolver os neurônios décadas antes dos primeiros sintomas de perda de memória aparecerem. Estudos demonstraram, inclusive, que placas de gordura nos vasos sanguíneos — a primeira fase da doença cardíaca — foram encontradas em quase todas as crianças norte-americanas estudadas com menos de 10 anos. Como explica o Physician's Committee for Responsible Medicine [Comitê de Médicos pela Medicina Responsável]: "Crianças que começam a gostar de nuggets de frango, rosbife e batatas fritas hoje são os pacientes de câncer, cardíacos e diabéticos de amanhã."[104]

A dieta vegana é cara. Mesmo que não haja dúvidas de que restaurantes veganos modernos (e caros) estejam ficando mais populares, comer alimentos veganos mais em conta é tão fácil quanto torta cremosa de tofu. Itens como arroz, batatas, feijões (com molho vinagrete!) e massas são baratos, e podem ficar guardados na despensa por bastante tempo. Há várias maneiras baratas de prepará-los, e também molhos para acompanhá-los. Mesmo que o ideal sejam produtos orgânicos, produtos convencionais de supermercado não são caros. (Apenas se certifique de lavar com cuidado todos eles.) Frutas e vegetais congelados também conservam os nutrientes por tempo indeterminado, e são uma escolha excelente para clientes com orçamento mais limitado que compram grandes quantidades.

PEÇA AOS RESTAURANTES OPÇÕES VEGANAS NO CARDÁPIO

A maioria dos restaurantes está respondendo à demanda dos clientes, oferecendo opções veganas — quase todos os lugares tentarão se adaptar aos seus fregueses. Mas o que acontece quando não há realmente nada apropriado no cardápio? Na maioria das vezes, seu garçom ficará feliz em ajudar, e o cozinheiro pode se sentir animado para criar algo novo. Certifique-se de dar uma boa gorjeta, agradecer ao restaurante depois e demonstrar apreço nas mídias sociais. Peça que eles considerem incluir opções veganas no cardápio, e faça recomendações. Restaurantes são empresas como quaisquer outras, e mais opções veganas significarão mais renda. Se estiver em uma cafeteria, peça leite de soja ou de amêndoas, mesmo que você saiba que a resposta é "não tem". Seja sempre educado, mas ajude a mostrar às empresas locais o que os clientes querem.

ENCONTRE UM MÉDICO ESPECIALISTA EM ALIMENTAÇÃO VEGANA

Médicos costumavam fumar e aparecer em comerciais de TV divulgando cigarros com baixos teores de alcatrão. Hoje, poucos ainda fumam, mas muitos comem carne e laticínios. Infelizmente, nem um quarto das faculdades de medicina oferece sequer um curso de nutrição. Entre as que oferecem, o treinamento típico ocupa apenas 25 horas do programa inteiro de quatro anos, o que significa que muitos médicos, sobretudo os que passaram pelo treinamento anos atrás, não estão cientes de pesquisas que demonstram como uma dieta vegana pode ajudar a prevenir ou reverter muitas das principais causas de morte atuais.

Prepare-se para uma oposição, quando se consultar com o médico, ao fazer a mudança para uma dieta vegana. Na verdade, algumas pessoas dizem: "Pensei em cortar produtos de origem animal, mas meu médico disse que isso não ajudaria." As cirurgias e remédios de ponta de hoje em dia são, sem dúvida, impressionantes, e podem tratar doenças que no passado eram consideradas sentenças de morte, mas evitar doenças crônicas por meio da nutrição ainda é crucial, e não vem com uma enorme lista de efeitos colaterais graves. Não tenha medo de fazer perguntas ao médico e, depois, conferir as respostas dele. Não tenha medo de buscar um médico novo. Se quiser, procure um visitando www.plantbaseddoctors.org [conteúdo em inglês] para uma lista de clínicos que incorporam nutrição vegana em suas práticas.

MÍDIAS SOCIAIS

Mesmo que você não se considere um ativista no sentido tradicional, é possível ajudar a divulgar a mensagem positiva da alimentação vegana em mídias sociais.

Dê ênfase a receitas rápidas e fáceis. Tire fotos de seus pratos e poste-as no Facebook, Instagram e Pinterest. Use fotos de alta qualidade que façam jus às suas seleções e criações maravilhosas. Certifique-se de que as abóboras de verão bem amarelas e as pimentas vermelhas se destaquem.

COZINHE PARA OS AMIGOS, FAMÍLIA E COLEGAS

Talvez a melhor maneira de se tornar representante da culinária vegana seja cozinhar para seus amigos e familiares. Prove a eles que frutas, vegetais, legumes e grãos integrais são mais deliciosos que partes e secreções de corpos de animais.

Se está cozinhando para um grupo especialmente cético, atenha-se ao que eles mais apreciam… com um toque vegano. Pizzas podem ser muito saborosas com vegetais salteados, azeite de oliva e queijo "parmesão" composto de uma mistura de cajus, levedura nutricional e sal. Para festas ao estilo Super Bowl, pense em asas de frango com molho Barbecue da Gardein, presunto caseiro da Beyond Meat ou faça suas próprias asas usando glúten de trigo, tahini e levedura nutricional. Faça de tudo para criar versões veganas dos pratos favoritos de seus convidados — para muitas pessoas, basta apenas uma refeição, como um Wellington ou uma macarronada encorpada veganos, para ser fisgado, para a vida toda, por uma alimentação saudável e livre de crueldade.

Posfácio

Obrigada por ler este livro, que foi capaz de incluir apenas uma pequena parte da enxurrada de novos estudos sobre animais e seus talentos incríveis, bem como do fluxo em constante crescimento de novos produtos que o ajudarão a ser gentil com todos eles. Minha esperança é que a obra tenha estimulado sua jornada pessoal. Há muitas outras descobertas pela frente, incluindo empresas veganas de férias, acampamentos de verão veganos, hotéis veganos, roupas de bebê e livros infantis veganos, garrafas de champanhe de chocolate vegano para enviar como presente e todos os tipos de aulas, desde ioga vegana (experimente o www.jivamukti.com, conteúdo em inglês) a sites de encontros como o veggieconnection.com [conteúdo em inglês] — e até remédios veganos para tratar sintomas da menopausa. Você também pode encontrar mentores veganos a quem é possível recorrer em um momento de indecisão ou confusão, talvez ao encontrar um rótulo e se perguntar se aquele ovo "de livre acesso" é realmente sem crueldade, ou quando quiser saber de onde vem a lanolina, ou quando tiver decidido como seria maravilhoso comprar sapatilhas de balé ou botas de trabalho veganas.

À medida que você se torna o tipo de pessoa que respeita ativamente os animais, em vez de prejudicá-los por descuido, nunca pense que está sozinho, mesmo que não tenha se juntado a um grupo de encontro de veganos. Ser vegano nunca foi tão fácil e tão popular. Então, agora que você sabe o que fazer, é hora de começar a agir e instruir amigos e familiares, as pessoas com quem trabalha — na verdade, todo mundo que você conhece, desde colegas no parque para cães até outros clientes que encontra no mercado. A maioria das pessoas quer saber sobre alimentos novos (e, com certeza, prová-los), compartilhar receitas novas, aprender sobre produtos novos, conhecer hidratantes ótimos e, sim, mesmo coisas como limpadores de chão que são testados na pele humana, não em olhos de coelhos.

As pessoas são ávidas por informações sobre as últimas novidades. Melhore a vida delas apresentando-as a todos os produtos veganos, desde pincéis de barbear e/ou de pintura feitos de materiais sintéticos, que deixam os pelos dos texugos em paz, até roupas esportivas mais leves que lã e penas verdadeiras, e refeições veganas que poderiam acrescentar sete ou mais anos a sua vida. (E não se sinta obrigado a sempre anunciar, logo de cara, que o que você está servindo é vegano. Linda McCartney veganizou o marido, Paul, servindo-lhe pratos com "carne", como espaguete à bolonhesa e molho tártaro vegano coberto de iscas de "peixe", sem lhe dizer que não eram feitos de animais.)

Os animais precisam de todos os amigos possíveis. Você é um deles. A maioria das pessoas não percebe quanta diferença está fazendo ao optar por alternativas gentis, mas muitas vezes essas alternativas podem fazer a diferença entre vida e morte para animais de todos os tipos. Quando você começa a abrir os olhos e ver o que há nos bastidores, é crucial não tentar recuar, mas, como dizia Tolstói, chegar mais perto e tentar ajudar. Ao levar uma vida vegana e estimular os outros a fazer o mesmo, você não ajudará apenas este cão ou aquele elefante, este grilo e aquela galinha, mas será parte de uma revolução no comportamento humano que um dia será a norma. Parabéns por se juntar ao time.

Fontes Selecionadas

Introdução

Jacobson, Rebecca A. "Slime Molds: No Brains, No Feet, No Problem". PBS *News Hour*. 5 de abril de 2012. https://www.pbs.org/newshour/science/the-sublime-slime-mold.

Koerth-Baker, Maggie. "Humans Are Dumb at Figuring Out How Smart Animals Are". *FiveThirtyEight*. 18 de maio de 2018. https://fivethirtyeight.com/features/humans-are-dumb-at-figuring-out-how-smart-animals-are/.

SEÇÃO I
Os Mistérios da Orientação Geológica

Greenwood, Veronique. "How a Kitty Walked 200 Miles Home: The Science of Your Cat's Inner Compass". *Time*. 11 de fevereiro de 2013. http://science.time.com/2013/02/11/the-mystery-of-the-geolocating-cat/.

HowStuffWorks. "6 Pets that Traveled Long Distances to Get Home". https://animals.howstuffworks.com/pets/pet-travel/6-pets-that-traveled-long-distances-to-get-home2.htm.

Orientação Alada

Avakian, Talia. "This Stork Flies Over 8,000 Miles Every Spring to Visit His True Love". *Travel + Leisure*, 23 de abril de 2018. https://www.travelandleisure.com/travel-news/stork-south-africa-klepetan-malena

https://www.sciencealert.com/birds-see-magnetic-fields-cryptochrome-cry4-photoreceptor-2018.

Hopkin, Michael. "Homing Pigeons Reveal True Magnetism". *Nature*, 24 de novembro de 2004. https://www.nature.com/news/2004/041122/full/news041122-7.html.

Notopoulous, Katie. "The Heartwarming Story of Cher Ami, The Pigeon Who Saved 200 American Soldiers". *BuzzFeed*, 3 de janeiro de 2014. https://www.buzzfeed.com/katienotopoulos/the-heartwarming-story-of-cher-ami-the-pigeon-who-saved-200.

https://www.nytimes.com/2018/07/03/science/owls-vision-brain.html.

Pappas, Stephanie. "Are Bats Really Blind?". *Live Science*, 6 de setembro de 2016.

https://www.livescience.com/55986-are-bats-really-blind.html.

"Flight, Food and Echolocation". *Bat Conservation Trust*. http://www.bats.org.uk/pages/echolocation.html.

"How Birds Fly". Journey North. http://www.learner.org/jnorth/tm/FlightLesson.html.

Desbravando os Mares

Mott, Cody, e Michael Salmon. "Sun Compass Orientation by Juvenile Green Sea Turtles (*Chelonia mydas*)". *Chelonian Conservation and Biology* 10: 1 (2011): 73–81.

Bergamin, Alessandra. "Why Do Pacific Salmon Die After Spawning?". *Bay Nature*, 21 de novembro de 2013. https://baynature.org/2013/11/21/pacific-salmon-die-spawning/.

Emerson, Sarah. "We Now Know Why Great White Sharks Gather in a Myste- rious Ocean Void". *Motherboard*, 18 de setembro de 2018. https://motherboard.vice.com/en_us/article/7xjbd9/we-now-know-why-great-white-sharks-visit-the-mysterious-white-shark-cafe.

Geggel, Laura. "Gray Whale Breaks Mammal Migration Record". *Live Science*, 13 de abril de 2015. https://www.livescience.com/50487-western-gray-whale-migration.html.

Osborne, Hannah. "A Fish Just Passed a Test of Self-Awareness by Recognizing Itself in a Mirror". *Newsweek*, 4 de setembro de 2018. https://www.newsweek.com/fish-passes-self-awareness-test-mirror-recognition-1104273.

"Pacific Salmon, (*Oncorhynchus spp.*)". U.S. *Fish & Wildlife Service*. https://www.fws.gov/species/species_accounts/bio_salm.html.

Viagens Pequenas

Anderson, Charles. "Dragonflies That Fly Across Oceans". *TED*. https://www.ted.com/talks/charles_anderson_discovers_dragonflies_that_cross_oceans/transcript.

Bittel, Jason. "Monarch Butterflies Migrate 3,000 Miles — Here's How". *National Geographic*, 17 de outubro de 2017. https://news.nationalgeographic.com/2017/10/monarch-butterfly-migration/.

Castro, Joseph. "Wow! Dung Beetles Navigate by the Sta". *Live Science*, 24 de janeiro de 2013. https://www.livescience.com/26557-dung-beetles-navigate--stars.html.

"Cognitive Dissonance". *Economist*, 12 de junho de 2014. https://www.economist.com/blogs/babbage/2014/06/how-bees-navigate.

Ghosh, Pallab. "Snails 'Have a Homing Instinc'". BBC News, 3 de agosto de 2010. https://www.bbc.com/news/science-environment-10856523.

Smith, Joe. "Dragonfly Migration: A Mystery Citizen Scientists Can Help Solve". *Cool Geen Science*, 16 de setembro de 2013. https://blog.nature.org/science/2013/09/16/dragonfly-migration-a-mystery-citizen-scientists-can-help-solve/.

Williams, Sarah. "Pythons Have Surprising Homing Ability, New Snake Navigation Study Finds (VIDEO)". *Huffington Post*, 23 de março de 2014. https://www.huffingtonpost.com/2014/03/23/python-homing-snake-navigation-study_n_5017132.html.

Young, Stephen. "Science: How Hoppers Keep Their Bearings on the Beach". *NewScientist*, 29 de abril de 1989. https://www.newscientist.com/article/mg12216624-600-science-how-hoppers-keep-their-bearings-on-the-beach.

O Passo do "Elefantinho"

Graham, Sarah. "Internal Compass Helps Blind Mole Rat Find Its Way". *Scientific American*. 20 de janeiro de 2004. https://www.scientificamerican.com/article/internal-compass-helps-bl/.

Helmuth, Laura. "Saving Mali's Migratory Elephants". *Smithsonian Magazine*, Julho de 2015. https://www.smithsonianmag.com/science-nature/saving-malis-migratory-elephants-74522858/.

Ishida, Yasuk, Peter Van Coeverden de Groot, Keith Leggett, Andrea Putnam, Virginia Fox, Jesse Lai, Peter Boag, Nicholas Georgiadis e Alfred Roca. "Genetic connectivity across marginal habitats: the elephants of the Namib Desert". *Ecology and Evolution*, 6: 17 (2016): 6189–6201.

Natural World Safaris. "The Caribou Migration". *Natural World Safaris*, https://www.naturalworldsafaris.com/experiences/natures-great-events/caribou-migration-in-arctic-canada.

"Great Wildebeest Migration". *Maasai Mar.* http://www.maasaimara.com/entries/great-wildebeest-migration-maasai-mara.

Os Canais de Comunicação

Samhita, Laasya e Hans Gros. "The 'Clever Hans Phenomenon' Revisited". *Communicative & Integrative Biology* 6: 6 (2013): e27122.

Os Canais de Comunicação

Hare, Brian. "Opinion: We Didn't Domesticate Dogs. They Domesticated Us". *National Geographic,* 3 de março de 2013. https://news.nationalgeographic.com/news/2013/03/130302-dog-domestic-evolution-science-wolf-wolves-human/.

Hare, Brian e Vanessa Woods. "What Are Dogs Saying When They Bark? [Excerpt]". *Scientific American,* 8 de fevereiro de 2013. https://www.scientificamerican.com/article/what-are-dogs-saying-when-they-bark/.

International Wolf Center. "How Do Wolves Say Hello?". http://www.wolf.org/wolf-info/basic-wolf-info/biology-and-behavior/communication/.

Animais Leitores

CBS News. https://www.cbsnews.com/news/are-we-smart-enough-to-measure-animal-intelligence/.

Yirka, Bob. "Horses Found Able to Use Symbols to Convey Their Desire for a Blanket". *Phys.org,* 26 de setembro de 2016. https://phys.org/news/2016-09-horses-convey-desire-blanket.html?utm_source=nwletter&utm_medium=email&utm_campaign=daily-nwletter.

Papo de Fazenda

Grillo, Robert. "A Revolution in Our Understanding of Chicken Behavior". *Free From Harm,* 7 de fevereiro de 2014. https://freefromharm.org/chicken-behavior-an-overview-of-recent-science/.

Young, Rosamund. *The Secret Life of Cows.* London: Faber & Faber, 2018.

University of Lincoln. "It's not just a grunt: Pigs really do have something to say". *ScienceDaily,* 29 de junho de 2016. www.sciencedaily.com/releases/2016/06/160629100349.htm.

Falatório Submarino

Herzing, Denise. "Could We Speak the Language of Dolphins?". *TED.* https://www.ted.com/talks/denise_herzing_could_we_speak_the_language_of_dolphins/transcript.

Manier, Jeremy. "Dolphin Cognition Fuels Discovery". The University of Chicago. https://www.uchicago.edu/features/dolphincognitionfuels_discovery/.

National Geographic. "Blue Whales and Communication". 26 de março de 2011. http://www.nationalgeographic.com.au/science/blue-whales-and-communi--cation.aspx.

Schneider, Caitlin. "How Scientists Discovered the Song of the Humpback Whale". *Mental Floss*, 11 de Agosto, 201. http://mentalfloss.com/article/67250/how-scientists-discovered-song-humpback-whale.

Weisberger, Mindy. "Frogs 'Talk' Using Complex Signals". *Live Science*, 13 de janeiro de 2016. https://www.livescience.com/53358-brazilian-frogs-complex-communication.html.

Sinais de Primatas

Gill, Victoria. "Chimpanzee Language: Communication Gestures Translated". *BBC*, 4 de julho de 2014. http://www.bbc.com/news/science-environment-28023630.

———. "Chimpanzees' 66 Gestures Revealed". *BBC*, 5 de maio de 2011. http://news.bbc.co.uk/earth/hi/earth_news/newsid_9475000/9475408.stm.

Hale, Benjamin. "The Sad Story of Nim Chimpsky". *Dissent Magazine*, 17 de agosto de 2011. https://www.dissentmagazine.org/online_articles/the-sad-story-of-nim-chimpsky.

Lents, Nathan. "Koko, Washoe, and Kanzi: Three Apes with Human Vocabulary". *The Human Evolution Blog*, 28 de julho de 2015. https://thehumanevolutionblog.com/2015/07/28/koko-washoe-and-kanzi-three-apes-with-human-vocab-ulary/.

Sinfonia no Céu

Callaway, Ewen. "Alex the Parrot's Posthumous Paper Shows his Mathematical Genius". *Scientific American*, 21 de fevereiro de 2012. https://www.scientificam-erican.com/article/alex-parrot-posthumous-paper-mathematical-genius/.

Carey, Benedict. "Alex, a Parrot Who Had a Way With Words, Dies". *New York Times*, 10 de setembro de 2007. http://www.nytimes.com/2007/09/10/science/10cnd-parrot.html.

Chandler, David. "Farewell to a Famous Parrot". *Nature*, 11 de setembro de 2007. https://www.nature.com/news/2007/070910/full/news070910-4.html.

Feltman, Rachel. "These Birds Use a Linguistic Rule Thought to be Unique to Humans". *Washington Post*, 8 de março de 2016. https://www.washingtonpost.com/news/speaking-of-science/wp/2016/03/08/these-birds-use--a-linguistic-rule-thought-to-be-unique-to-humans/?utm_term=.484c8b-4dd8c2.

McClendon, Russell. "Wild Birds Communicate and Collaborate with Humans, Study Confirm". *Mother Nature Network*, 22 de julho de 2016. https://www.mnn.com/earth-matters/animals/blogs/wild-birds-communicate-and-collab-orate-humans-study-confirms.

Mendelson, Zoe. "Traffic is Changing How City Birds Sing". *Next City,* 19 de fevereiro de 2016. https://nextcity.org/daily/entry/noise-pollution-bird-calls-san-francisco.

PLOS. "Goffin's cockatoos can create and manipulate novel tools: Cockatoos adjust length, but not width, when making their cardboard tools". *ScienceDaily,* 7 de novembro de 2018. www.sciencedaily.com/releases/2018/11/181107172905.htm.

University of Zurich. "Bird communication: Chirping with syntax". *ScienceDaily.* 8 de março de 2016. www.sciencedaily.com/releases/2016/03/160308134748.htm.

Analisando a Linguagem do Reino Animal

"Animals are busy having conversations all around us, say scientists", 6 de junho de 2018. http://home.bt.com/news/science-news/animals-are-busy-having-conversations-all-around-us-say-scientists-11364276341883.

Irish Examiner. "Cheetahs don't roar... but the adorable noise they do make will surprise you", 4 de abril de 2018. https://www.irishexaminer.com/breakingnews/discover/cheetahs-dont-roar-but-the-adorable-noises-they-do-make-will-surprise-you-835718.html.

Meeri, Kim. "Chirps, whistles, clicks: Do any animals have a true 'language'?" *Washington Post,* 22 de agosto de 2014. https://www.washingtonpost.com/news/speaking-of-science/wp/2014/08/22/chirps-whistles-clicks-do-any-animals-have-a-true-language/?noredirect=on&utm_term=.3749a1cd837b.

As Complexidades do Amor

Economist. "Animals think, therefore" https://www.economist.com/news/essays/21676961-inner-lives-animals-are-hard-study-there-evidence-they-may-be-lot-richer-science-once-thought.

Sullivan, Ashley. "Wounda: The Amazing Story of the Chimp Behind the Hug with Dr. Jane Goodall". *The Jane Goodall Institute,* 21 de novembro de 2017. http://news.janegoodall.org/2017/11/21/tchimpounga-chimpanzee-of-the-month-wounda/.

Escolhendo um Parceiro

Bates, Mary. "What's This Mysterious Circle on the Seafloor?". *National Geographic,* 15 de agosto de 2013. https://blog.nationalgeographic.org/2013/08/15/whats-this-mysterious-circle-on-the-seafloor/.

Bekoff, Marc. *The Emotional Lives of Animals.* Novato: New World Library, 2007. Castro, Joseph. "Animal Sex: How Sea Turtles Do It". *Live Science,* 5 de maio de 2014.

https://www.livescience.com/45354-animal-sex-sea-turtles.html.

Gorvett, Zaria. "If you think penguins are cute and cuddly, you're wrong". *BBC*, 23 de dezembro de 2015. http://www.bbc.com/earth/story/20151223-if-you-think-penguins-are-cute-and-cuddly-youre-wrong.

National Audubon Society. "Masked Booby". https://www.audubon.org/field-guide/bird/masked-booby.

National Ocean Service. "What causes a sea turtle to be born male or female?". https://oceanservice.noaa.gov/facts/temperature-dependent.html.

Observations of Animal Behaviour. "The Enchanting Pebble", 11 de abril de 2013. http://blog.nus.edu.sg/lsm1303student2013/2013/04/11/the-enchanting-pebble/.

Pomeroy, Ross. "7 Facts You Didn't Know About Elephant Trunk". *RealClearScience*, 13 de outubro de 2013. https://www.realclearscience.com/blog/2013/10/the-most-amazing-appendage-in-the-world.html.

Saad, Gad. "We're just like animals when it comes to finding a date". *Wired*, 30 de março de 2016. http://www.wired.co.uk/article/human-animal-behaviour-courtship-displays-evolutionary-psychology.

Fidelidade

Crane, Louise. "The truth about swans". *BBC*, 4 de dezembro de 2014. http://www.bbc.com/earth/story/20141204-the-truth-about-swans.

Guzman, Sandra. "Think Pigeons Are a Nuisance? Meet New York City's Pigeon Whisperer". *NBC News*, 16 de outubro de 2015. https://www.nbcnews.com/news/latino/pigeons-nuisance-meet-new-york-city-s-pigeon-whisperer-n445506

Incrediblebirds. "Divorces in Birds". http://incrediblebirds.com/sex-life-birds-also-have-penises/divorces-in-birds/.

Keim, Brandon. "What Pigeons Teach Us About Love". *Nautilus*, 4 de janeiro de 2018. http://nautil.us/issue/56/perspective/what-pigeons-teach-us-about-love-rp.

Krulwich, Robert. "Introducing A Divorce Rate For Birds, And Guess Which Bird Never, Ever Divorces?". *NPR*, 22 de abril de 2014. https://www.npr.org/sections/krulwich/2014/04/22/305582368/introducing-a-divorce-rate-for-birds-and-guess-which-bird-never-ever-divorce.

Strycker, Noah. *The Thing with Feathers*. New York: Riverhead Books, 2014

Tucker, Abigail. "What Can Rodents Tell Us About Why Humans Love?". *Smithsonian Magazine*, Fevereiro de 2014. https://www.smithsonianmag.com/science-nature/what-can-rodents-tell-us-about-why-humans-love-180949441/.

Amor de Mãe

Business Report. "Slimy leeches are devoted parents". 2 de julho de 2004. https://www.iol.co.za/business-report/technology/slimy-leeches-are-devoted-parents-216206.

Hamilton, Kristy. "Why You Should Never Squash a Spider". *IFLScience*, 24 de abril de 2015. https://www.iflscience.com/plants-and-animals/mother-wolf-spider-squashed-hundreds-babies-scatter/.

Hogenboom, Melissa. "Are there any homosexual animals?" *BBC*, 6 de fevereiro de 2015. http://www.bbc.com/earth/story/20150206-are-there-any-homosexual-animals

Jenkins, Andrew. "The Protective Mouthbrooding Fish." *PADI*, 30 de julho de 2014. https://www2.padi.com/blog/2014/07/30/creature-feature-the-protective-mouth-brooding-fish/.

Yin, Steph. "Nearly a Decade Nursing? Study Pierces Orangutans' Mother–Child Bond." *New York Times*, 17 de maio de 2017. https://www.nytimes.com/2017/05/17/science/orangutans-weaning-nursing.html.

Young, Rosamund. *The Secret Life of Cows*. London: Faber & Faber, 2018.

Luto e Tristeza

Bekoff, Marc. "Grief in animals: It's arrogant to think we're the only animals who mourn". *Psychology Today*, 29 de outubro de 2009. https://www.psychologytoday.com/us/blog/animal-emotions/200910/grief-in-animals-its-arrogant-think-were-the-only-animals-who-mourn.

Brogaard, Berit. "Can Animals Love?". *Psychology Today*, 24 de fevereiro de 2014. https://www.psychologytoday.com/us/blog/the-mysteries-love/201402/can-animals-love.

Buzhardt, Lynn. "Do Dogs Mourn?". *VCA*. https://vcahospitals.com/know-your-pet/do-dogs-mourn.

Dooren, Thom van. *Flight Ways, Life and Loss at the Edge of Extinction*. Nova York: Columbia University Press, 2014.

King, Barbara. *How Animals Grieve*. Chicago: University of Chicago Press, 2013.

Krumboltz, Mike. "Just like us? Elephants comfort each other when they're stressed out". *Yahoo News*. 18 de fevereiro de 2014. https://news.yahoo.com/elephants-know-a-thing-or-two-about-empathy-202224477.html.

Langley, Liz. "Do Crows Hold Funerals for Their Dead?" *National Geographic*, 3 de outubro de 2015. https://news.nationalgeographic.com/2015/10/151003-animals-science-crows-birds-culture-brains/.

Masson, Jeffrey. *Quando os Elefantes Choram*. São Paulo: Geração Editorial, 1998.

Maxwell, Marius. *Stalking Big Game with a Camera in Equatorial Africa*. Literary Licensing, LLC, 2013.

Parker, Laura. "Rare Video Shows Elephants 'Mourning' Matriarch's Death". *National Geographic*, 31 de agosto de 2016. https://news.nationalgeographic.com/2016/08/elephants-mourning-video-animal-grief/.

PETA. "The Hidden Lives of Ducks and Geese". https://www.peta.org/issues/animals-used-for-food/factory-farming/ducks-geese/hidden-lives-ducks-geese/.

Sheldrake, Rupert. *Cães Sabem Quando Seus Donos Estão Chegando*. Rio de Janeiro: Editora Objetiva, 2003.

Empatia Animal

Yong, Ed. "Empathic rats spring each other from jail". *National Geographic*, 9 de dezembro de 2011. https://www.nationalgeographic.com/science/phenomena/2011/12/09/empathic-rats-spring-each-other-from-jail/.

Resnick, Brian. "Do animals feel empathy? Inside the decades-long quest for an answer", *Vox*. 5 de agosto de 2016. https://www.vox.com/science-and-health/2016/2/8/10925098/animals-have-empathy.

Schelling, Ameena. "Mother Cow Hides Newborn Baby To Protect Her From Farmer". *The Dodo*, 25 de fevereiro de 2015. https://www.thedodo.com/dairy-cow-calf-baby-rescue-1010627123.html.

Cheever, Holly. "A Bovine Sophie's Choice". *All-Creatures.org*, Verão, 2011. http://www.all-creatures.org/articles/ar-bovine.html.

Holland, Jennifer. "Surprise: Elephants Comfort Upset Friends". *National Geographic*, 18 de fevereiro de 2014. https://news.nationalgeographic.com/news/2014/02/140218-asian-elephants-empathy-animals-science-behavior/.

A Alegria da Brincadeira

Choi, Charles. "Gorillas Play Tag Like Humans". *Live Science*. 13 de julho de 2010. https://www.livescience.com/10718-gorillas-play-tag-humans.html.

Brincar para Sobreviver

Blank, David e Weikang Yang, "Play Behavior in Goitered Gazelle, Gazella Subgutturosa (Artiodactyla: Bovidae) in Kazakhstan". *Folia Zoologica* 61: 2 (2012): 161–171.

Coley, Ben. "Why Do Lions Play?". *Africa Geographic*. 18 de janeiro de 2016. https://africageographic.com/blog/why-do-lions-play/.

Fagen, Robert e Johanna Fagen, "Play Behavior and Multi-Year Juvenile Survival in Free-Ranging Brown Bears, *Ursus arctos*". *Evolutionary Ecology Research* 11: 7 (2009): 1053–1067.

Gray, Peter. "Chasing Games and Sports: Why Do We Like to Be Chased?". *Psychology Today*. https://www.psychologytoday.com/us/blog/freedom-learn/200811/chasing-games-and-spor

Remy, Melina. "Why Do Squirrels Chase Each Other?" *Live Science*, 2 de agosto de 2010. https://www.livescience.com/32740-why-do-squirrels-chase-each-other-.html.

Brincadeira Social

Farooqi, Samina e Nicola Koyam. "The Occurrence of Postconflict Skills in Captive Immature Chimpanzees". *International Journal of Primatology* 37: 2 (2016): 185–99.

Kerney, Max, Jeroen Smaers, P. Thomas Schoenemann e Jacob Dunn. "The Coevolution of Play and the Cortico-Cerebellar System in Primates". *Primates* 58: 4 (2017): 485–91.

Koyama, Nicola. "How Monkeys Make Friends and Influence Each Other". *The Conversation*, 17 de setembro de 2016. https://theconversation.com/how-monkeys-make-friends-and-influence-each-other-65906.

Melnick, Meredith. "Monkeys, Like Humans, Made Bad Choices and Regret Them, Too". *Time*, 31 de maio de 2011. http://healthland.time.com/2011/05/31/monkeys-play-rock-paper-scissors-and-show-regret-over-losing/.

Brincando por Diversão

Goldman, Jason. "Why Do Animals Like to Play?". *BBC*. 9 de janeiro de 2013. http://www.bbc.com/future/story/20130109-why-do-animals-like-to-play.

Sharpe, Lynda. "So You Think You Know Why Animals Play…". *Scientific America*, 17 de maio de 2011. https://blogs.scientificamerican.com/guest-blog/so-you-think-you-know-why-animals-play/.

Sharpe, Lynda e Michael Cherry. "Social Play Does Not Reduce Aggression in Wild Meerkats". *Animal Behaviour* 66: 5 (2003): 989–97.

Cachorrinhos Brincalhões

Bekoff, Marc. "The Power of Play: Dogs Just Want to Have Fun", *Psychology Today*, 5 de setembro de 2017. https://www.psychologytoday.com/us/blog/animal-emotions/201709/the-power-play-dogs-just-want-have-fun

Grimm, David. "In dogs' play, researchers see honesty and deceit, perhaps something like morality", *The Washington Post*, 19 de maio de 2014.

https://www.washingtonpost.com/national/health-science/in-dogs-play-researchers-see-honesty-and-deceit-perhaps-something-like-morality/2014/05/19/d8367214-ccb3-11e3-95f7-7ecdde72d2ea_story.html?noredirect=on&utm_term=.759303f99543.

Sommerville, Rebecca, Emily O'Connor e Lucy Asher. "Why Do Dogs Play? Function and Welfare Implications of Play in the Domestic Dog". *Applied Animal Behaviour Science:* 197 (2017): 1–8.

Todd, Zazie. "Why Do Dogs Play?". *Companion Animal Psychology.* 8 de novembro de 2017. https://www.companionanimalpsychology.com/2017/11/why-do-dogs-play.html.

Gatinhos Saltitantes

Caraza, Bianca. "Frisky Felines: Why Cats Play". *Global Animal,* 11 de junho de 2011. https://www.globalanimal.org/2011/06/11/frisky-felines-why-cats-play/.

Johnston, Ian. "How Ancient Egypt's beloved cats helped our feline friends colonise the planet". *Independent.* 19 de junho de 2017. https://www.independent.co.uk/news/science/ancient-egypt-cats-colonise-planet-sacred-animals-a7798021.html.

Diversão na Fazenda

Associated Press. "Goats escape from Idaho rental service. What happened next will not shock you". *Los Angeles Times,* 3 de Agosto de 2018. http://www.latimes.com/nation/la-na-boise-goat-escape-20180803-story.html.

PETA. "The Hidden Lives of Pigs". https://www.peta.org/issues/animals-used-for-food/factory-farming/pigs/hidden-lives-pigs/.

Um Elefante (Não) Incomoda Muita Gente

Kivi, Rose. "How Do Elephants Behave?" *Sciencing,* 24 de abril de 2017. https://sciencing.com/elephants-behave-4567810.html.

Worrall, Simon. "How Burmese Elephants Helped Defeat the Japanese in World War II". *National Geographic,* 27 de setembro de 2014. https://news.nationalgeo-graphic.com/news/2014/09/140928-burma-elephant-teak-kipling-japan-world-war-ngbooktalk/.

Diversão de Aves

Gamble, Jennifer e Daniel Cristol. "Drop-catch behaviour is play in herring gulls, *Larus argentatus*". *Animal Behavior* 63: 2 (2002): 339–45.

Newitz, Annalee. "Scientists investigate why crows are so playful". *Ars Technica*, 19 de outubro de 2017. https://arstechnica.com/science/2017/10/scientists-inves-tigate-why-crows-are-so-playful/.

Moluscos Brincalhões

Borrell, Brendan. "Are octopuses smart?". *Scientific American*, 27 de fevereiro de 2009. https://www.scientificamerican.com/article/are-octopuses-smart/

Courage, Katherine. "Octopus Play and Squid Eyeballs — And What They Can Teach Us About Brains". *Scientific American*. 18 de novembro de 2014. https://blogs.scientificamerican.com/octopus-chronicles/octopus-play-and--squid-eyeballs-mdash-and-what-they-can-teach-us-about-brains/.

Nuwer, Rachel "Ten Curious Facts About Octopuses". *Smithsonian.com*, 31 de outubro de 2013. https://www.smithsonianmag.com/science-nature/ten-curious-facts-about-octopuses-7625828/.

Sorrisos de Crocodilo

Dinets, Vladimir. "Play Behaviour in Crocodilians". *Animal Behaviour and Cognition* 2: 1 (2015): 49–55.

SEÇÃO II
Pesquisa Científica

Animals in Science Policy Institute. "Animals in Testing". https://www.animal--sinscience.org/why_we_do_it/animals-in-testing/.

Canadian Council on Animal Care. "Three Rs: Replacement, Reduction and Refinement". https://3rs.ccac.ca/en/about/three-rs.html.

Clifton, Merritt. "Fewer Dogs & Cats Used in U.S. Labs Than Ever Before". *Animals 24-7*, 24 de junho de 2017. https://www.animals24-7.org/2017/06/24/fewer-dogs-cats-used-in-u-s-labs-than-ever-before/.

———. "U.S. Labs Now Using More Animals Than Ever, Data Review Finds." *Animals 24–27*, 1 de maio de 2015. https://www.animals24-7.org/2015/05/01/u-s-labs-now-using-more-animals-than-ever-data-review--finds/.

———. "Why is Animal Use in Labs Up, Even As Public Moral Approval is Down?". *Animals 24-7*, 18 de maio de 2017. https://www.animals24-7.org/2017/05/18/why-is-animal-use-in-labs-up-even-as-public-moral-approval-is-down/.

Committee for the Update of the Guide for the Care and Use of Laboratory

Animals. *Guide for the Care and Use of Laboratory Animals*. Washington: The National Academies Press, 2011.

Cruelty Free International. "Alternatives to Animal Testing". https://www.cruel-tyfreeinternational.org/why-we-do-it/alternatives-animal-testing

Foundation for Biomedical Research. "Love Animals? Support Animal Research". https://fbresearch.org/love-animals-support-animal-research/.

Franco, Nuno. "Animal Experiments in Biomedical Research: A Historical Perspective". *Animals* 3: 1 (2013): 238–273.

Gluck, John. "Second Thoughts of an Animal Researcher", *New York Times*, 2 de setembro de 2016. https://www.nytimes.com/2016/09/04/opinion/sunday/second-thoughts-of-an-animal-researcher.html.

Hajar, Rachel. "Animal Testing and Medicine". *Heart Views* 12: 1 (2011): 42. Hastings Center. "Alternatives to Animals Fact Sheet". http://animalresearch.thehastingscenter.org/facts-sheets/alternatives-to-animals/.

———. "Animal Research and Pain". http://animalresearch.thehastingscenter.org/facts-sheets/animal-research-and-pain/.

National Anti-Vivisection Society. "Alternatives to Animal Research". https://www.navs.org/what-we-do/keep-you-informed/science-corner/alternatives/alternatives-to-animal-research/#.XIfiPy2ZOne.

———. "The Animal Welfare Act". https://www.navs.org/what-we-do/keep-you-informed/legal-arena/research/explanation-of-the-animal-welfare-act-awa/#.XIfg4y2ZOnc.

National Institute of Environmental Health Studies. "Alternatives to Animal Testing", https://www.niehs.nih.gov/health/topics/science/sya-iccvam/index.cfm

PETA. "Trauma Training 101". http://features.peta.org/TraumaTraining/101.asp.

———. "Alternatives to Animal Testing". https://www.peta.org/issues/animals-used-for-experimentation/alternatives-animal-testing/.

Smith, Jane. "Ethics in Research with Animals". *Monitor on Psychology* 34: 1 (2003): 57.

Vestuário

Alchon, Suzanne. *A Pest in the Land: New World Epidemics in a Global Perspective*. Albuquerque: University of New Mexico Press, 2003.

Backwell, Lucinda, Francesco d'Errico e Lyn Wadley. "Middle Stone Age bone tools from the Howiesons Poort layers, Sibudu Cave, South Africa". *Journal of Archaeological Science* 35: 6 (2008): 1566–1580.

Cartner-Morley, Jess. "Fur flies as Stella McCartney unveils 'skin-free skin' in Paris". *Guardian*, 6 de março de 2017.

https://www.theguardian.com/fashion/2017/mar/06/fur-stella-mccartney-unveils-skin-free-skin-paris-fashion-week.

Conniff, Richard. "Why Fur is Back in Fashion". *National Geographic*, setembro, 201. https://www.nationalgeographic.com/magazine/2016/09/skin-trade-fur-fashion/.

Dindar, Shereen. "World's oldest leather shoe found in Armenia". *National Post*, 9 de junho de 2010. http://news.nationalpost.com/2010/06/09/worlds-oldest-leather-shoe-found-in-armenia-2/.

Grinnell, George. *The Indians of Today*. Whitefish: Kessinger Publishing, 2010. History. "Black Death". https://www.history.com/topics/black-death.

Hodge, Gene Meany. *Kachina Tales from the Indian Pueblos*. Santa Fe: Sunstone Press, 1993.

Holloway, April. "First hemp-weaved fabric in the World found wrapped around baby in 9,000-year-old house." *Ancient Origins*, 6 de fevereiro, 2014. http://www.ancient-origins.net/news-history-archaeology/first-hemp-weaved-fabric-world-found-wrapped-around-baby-9000-year-old.

Kadoph, Sara, e Anna L. Langford. *Textiles*. Upper Saddle River: Prentice Hall, 2006.

Laver, James. *A Roupa e a Moda: Uma História Concisa*. São Paulo: Companhia das Letras, 1989.

Lynch, Alison. "Stella McCartney debuts her 'fur-free fur' at Paris Fashion Week". *Metro*, 9 de março de 2015. http://metro.co.uk/2015/03/09/stella-mccartney-debuts-her-fur-free-fur-at-paris-fashion-week-5095084/?ito=cbshare.

Miller, Michael. "Meet Chris, the insanely overgrown sheep that nearly died for the sake of our fashion". *Washington Post*, 3 de setembro de 2015. https://www.washingtonpost.com/news/morning-mix/wp/2015/09/03/meet-chris-the-insanely-overgrown-sheep-that-nearly-died-for-the-sake-of-our-fashion/?nSarahoredirect=on&utm_term=.8af09ae71717.

Montaigne, Michel de. "Of sumptuary laws". *Quotidiana*. Editado por Patrick Madden. 23 de setembro de 2006. http://essays.quotidiana.org/montaigne/sumptuary_laws/.

Mooney, James. *The Ghost Dance Religion and Wounded Knee*. Mineola: Courier Dover Publications, 1973.

Outwater, Alice. *Water, A Natural History*. New York: Basic Books, 2008.

Schweig, Sarah. "Sheep Decides to Keep Wool, Hides Out in Cave for 6 YEARS". *The Dodo*, 27 de agosto de 2015. https://www.thedodo.com/wooly-sheep-hides-in-cave-1315578823.html.

RSPCA. "What is Mulesing and What Are the Alternatives?". 12 de maio de 2016. http://kb.rspca.org.au/what-is-mulesing-and-what-are-the-alternatives_113.html.

Whitfield, John. "Lice genes date first human clothes". *Nature*, 20 de agosto de 2003. https://www.nature.com/news/2003/030818/full/news030818-7.html.

Entretenimento

Abramowitz, Rachel. "'Every Which Way but Abuse' Should Be Motto". *Los Angeles Times*, 27 de agosto de 2008. http://articles.latimes.com/2008/aug/27entertainment/et-brief27.

Associated Press. "Gorilla's Escape, Violent Rampage Stun Zoo Officials". *NBC News*, 19 de março de 2004. http://www.nbcnews.com/id/4558461/ns/us_news/t/gorillas-escape-violent-rampage-stun-zoo-officials/#.XFs3DC2ZPfE.

———. "The Hobbit: Handlers Claim Deaths of Animals Could Have Been Prevented", *The Guardian*, 19 de novembro de 2012. https://www.theguardian.com/world/2012/nov/20/the-hobbit-animal-deaths-farm.

Bogdanich, Walt. Drape, Joe, Dara Miles e Griffin Palmer, "Mangled Horses, Maimed Jockeys". *New York Times*, 24 de março de 2012. https://www.nytimes.com/2012/03/25/us/death-and-disarray-at-americas-racetracks.html.

Busch, Anita. "Sidney Yost & Amazing Animals Prods Hit With Fines, License Revocation Over Animal Welfare Act Violations; Appealing Government Decision". *Deadline*, 18 de janeiro de 2018. https://deadline.com/2018/01/sidney-jay-yost-amazing-animals-productions-fined-license-revoked-animal-welfare-violations-appealing-decision-order-1202246105/.

Calvo, Amanda. "Tensions Are on the Rise in Spain Over its Bloody Tradition of Bullfighting". *Time*, 19 de julho de 2016. http://time.com/4400516/bullfighting-calls-for-ban-spain/.

Diaz, George. "Iditarod Dog Deaths Unjustifiable". *Orlando Sentinel*, 5 de março de 2000. https://www.orlandosentinel.com/news/os-xpm-2000-03-05-0003050070-story.html.

Donahue, Bill. "Putin's Persian Leopard Project is an Olympic-Size Farce", *Salon*, 9 de fevereiro de 2014. https://www.salon.com/2014/02/08/putins_persian_leopard_project_is_an_olympic_sized_farse_partner/.

Ensley, Gerald. "Case of the 3,600 Disappearing Homing Pigeons Has Experts Baffled". *Chicago Tribune*, 18 de outubro de 1998. https://www.chicagotribune.com/news/ct-xpm-1998-10-18-9810180320-story.html.

Flanagin, Jake. "It's 2015—Time to Pack up the Iditaro". *Quartz*, 11 de março de 2015. https://qz.com/358639/the-iditarod-is-exploitative-and-inhumane/.

Four Paws US. "Bans on Circuses". https://www.four-paws.us/campaigns-topics/topics/wild-animals/worldwide-circus-bans.

Gruttadaro, Andrew. "The Insane Story Behind Disney's 'Snow Buddies,' The Movie That Killed 5 Puppies". *Complex,* 16 de dezembro, 20. Iafolla, Robert. "Ads Pulled After Claims of Chimp Abuse". *Whitter Daily News,* 1 de julho de 2005. https://lists.ibiblio.org/pipermail/monkeywire/2005-July.tx.https://www.complex.com/pop-culture/2016/12/snow-buddies-killed--five-puppies?utm_campaign=popculturetw&utm_source=twitter&utm_medium=social.

Hill, Logan. "The Legacy of Flipper". *New York Magazine,* 13 de julho de 2009. http://nymag.com/movies/profiles/57863/.

Hughes, Dana. "Mugabe's Ghoulish Gift for North Korea's Kim Jong Il". *ABC News,* 14 de maio de 2010. https://abcnews.go.com/International/mugabe-sends-exotic-animals-north-korean-death/story?id=10650497.

Hunt, Julia. "Alan Cumming Seeking Sanctuary for Chimpanzee He Once Starred With". *Independent,* 5 de junho de 2017. https://www.independent.ie/style/celebrity/celebrity-news/alan-cumming-seeking-sanctuary-for-chimpanzee-he-once-starred-with-35792384.html.

McHugh, Jess. "Swedish Zoo Admits to Killing 9 Healthy Lion Cubs". *Travel + Leisure,* 12 de janeiro de 2018. https://www.travelandleisure.com/travel-news/zoo-dead-lion-cubs.

Messenger, Stephen. "Captivated: A Brief History of Animals Exploited for Entertainment". *The Dodo,* 18 de janeiro de 2014. https://www.thedodo.com/captivated-a-brief-history-of—394381912.html.

Mott, Maryann. "Wild Elephants Live Longer Than Their Zoo Counterparts" *National Geographic,* 11 de dezembro de 2008. https://news.nationalgeographic.com/news/2008/12/wild-elephants-live-longer-than-their-zoo-counterparts/.

PETA. "Graveyard Races: Summary". https://www.peta.org/features/graveyard-races/summary/.

Solis, Steph. "Ringling Bros. Circus Closing After 146 Years". *USA Today,* 14 de janeiro de 2017. https://www.usatoday.com/story/news/nation/2017/01/14/ringling-bros-circus-close-after-146-years/96606820/.

World Animal Foundation. "Don't Support Marine Mammal Parks". https://worldanimal.foundation/advocate/don-t-support-marine-mammal-parks/.

Zoological Society of London. "The History of the Aquarium". https://www.zsl.org/zsl-london-zoo/exhibits/the-history-of-the-aquarium.

Alimentação

Allen, Arthur. "U.S. Touts Fruit and Vegetables While Subsidizing Animals That Become Meat". *Washington Post,* 3 de outubro de 2011. https://www.washing-tonpost.com/national/health-science/

us-touts-fruit-and-vegetables-while-subsidizing-animals-that-become-
-meat/2011/08/22/gIQATFG5IL_story.html?utm_term=.8f61c5ba80fe.

Animal Welfare Institute. "Inhumane Practices on Factory Farms". https://awionline.org/content/inhumane-practices-factory-farms.

———. "Subtherapeutic Antibiotics in Agriculture". https://awionline.org/sites/default/files/uploads/documents/fa-antibioticsfactsheet-112511.pdf.

Barber, Nigel. "Do Humans Need Meat?". *Psychology Today*. 12 de outubro de 2016. https://www.psychologytoday.com/blog/the-human-beast/201610/do-humans-need-meat

Bittman, Mark. "Rethinking the Meat-Guzzler", *New York Times*, 27 de janeiro de 2008. http://www.nytimes.com/2008/01/27/weekinreview/27bittman.html.

Boyle, Rebecca. "Eating Cooked Food Made Us Human". *Popular Mechanics*, 22 de outubro de 2012.

Business Wire. "Don Lee Farms Introduces First Organic Raw Plant-Based Burger—Made with Plants, Not with Science". 15 de fevereiro de 2018. https://www.businesswire.com/news/home/20180215006465/en/Don-Lee-Farms-Introduces-Organic-Raw-Plant-Based.

Carrera-Bastos Pedro, Maelan Fontes-Villalba, James O'Keefe, Staffan Lindeberg e Loren Cordain. "The Western Diet and Lifestyle Diseases of Civilization". *Research Reports in Clinical Cardiology* 2011: 2 (2011): 15–35

Chiorando, Maria. "European Meat Alternative Market Spikes by 451% in Four Years", *Plant Based News*, 13 de fevereiro de 2018. https://www.plantbased-news.org/post/european-meat-alternative-market-spikes-451-four-years.

Cordain, Loren, Stanley Eaton, Anthony Sebastian, Neil Mann, Staffan Lindeberg, Bruce Watkins, James O'Keefe e Janette Brand-Miller. "Origins and Evolution of the Western Diet: Health Implications for the 21st Century". *The American Journal of Clinical Nutrition* 81: 2 (2005): 341–354.

Cordain Loren, Stanley Eaton, Janette Brand-Miller, Neil Mann e Karen Hill. "The Paradoxical Nature of Hunter–Gatherer Diets: Meat-Based, Yet Non-Atherogenic". *European Journal of Clinical Nutrition* 56 (2002): S42– S52.

Crawford, Elizabeth. "Vegan is Going Mainstream, Trend Data Suggests". *FoodNavigator-USA*, 17 de março de 2015. https://www.foodnavigator-usa.com/Article/2015/03/17/Vegan-is-going-mainstream-trend-data-suggests#.

Davis, John. "The Origins of the Vegans: 1944–46". *Veg Source*, Setembro de 2016. http://www.vegsource.com/john-davis/origins_of_the_vegans.pdf.

Despain, David. "Why You Can all Stop Saying Meat Eating Fueled Evolution of Larger Brains Right Now". *Evolving Health*, 2 de dezembro de 2012. http://evolving.

Dunn, Rob. "Human Ancestors Were Nearly all Vegetarians". *Scientific American*, 23 de julho de 2012. https://blogs.scientificamerican.com/guest-blog/human-ancestors-were-nearly-all-vegetarians/.

Eden Farmed Animal Sanctuary. "Interview with Jerry Friedman", 4 de julho de 2014. http://edenfarmedanimalsanctuary.com/animal-flesh-human-brain-evolution-dispelling-myths-2/

Evans, Katy. "World's First Lab-Grown Chicken Has Been Tasted and Appar- ently it's Delicious". *IFLScience*, 16 de março de 2017. http://www.iflscience.com/technology/worlds-first-labgrown-chicken-has-been-tasted--and-apparently-its-delicious/.

Food & Water Watch. "Factory Farm Nation". Novembro de 2010. https://www.factoryfarmmap.org/wp-content/uploads/2010/11/FactoryFarmNation-web.pdf.

Food Empowerment Project. "Exporting Factory Farms". http://www.foodispower.org/exporting-factory-farms/.

Eaton, Stanley, Loren Cordain e Staffan Lindeberg. "Evolutionary Health Promotion: A Consideration of Common Counterarguments". *Preventative Medicine* 34: 2 (2002): 119–123.

The Flaming Vegan. "Vegan Mythbusting #2: Eating Meat Gave Our Ancestors Bigger Brains", 8 de setembro de 2014. http://www.theflamingvegan.com/view-post/Vegan-Mythbusting-2-Eating-Meat-Gave-Our-Ancestors-Bigger-Brains.

Freston, Kathy. "Shattering the Meat Myth: Humans are Natural Vegetarians". *Huffington Post*, 17 de novembro, 201. https://www.huffingtonpost.com/kathy-freston/shattering-the-meat-myth_b_214390.html.

Garfield, Leanna. "A Former McDonald's CEO is Teaming up with the Vegan Meat Movement". *Business Insider*, 10 de novembro de 2015. http://www.businessinsider.com/mcdonalds-vet-don-thompson-joins-beyond-meat-2015-11.

———. "Leonardo DiCaprio Just Invested in the Bill Gates–Backed Veggie Burger That 'Bleeds' Like Beef—Here's How it Tastes". *Business Insider*, 17 de outubro de 2017. http://www.businessinsider.com/review-leonardo-dicaprio-beyond-meat-veggie-plant-burger-2017-10.

Gibbons, Ann. "The Evolution of Di". *National Geographic*, Fevereiro de 2013. https://www.nationalgeographic.com/foodfeatures/evolution-of-diet/.

Gowlett, John. "What Actually was the Stone Age Diet?". *Journal of Nutritional & Environmental Medicine* 13: 3 (2003): 143–147.

Haki, Danny. "At Hamburger Central, Antibiotics for Cattle That Aren't Sick". *New York Times*, 23 de março de 2018. https://www.nytimes.com/2018/03/23/business/cattle-antiobiotics.html?rref=collection%2Ftimestopic%2FFactory%20Farming&action=click&contentCollection=timestopics&region=s

tream&module=stream_unit&version=latest&contentPlacement=1&pgtype=collection.

Hardy, Karen, Jennie Brand-Miller, Katherine D. Brown, Mark G. Thomas e Les Copeland. "The Importance of Dietary Carbohydrate in Human Evolution", *Quarterly Review of Biology* 90: 3 (2015): 251–68.

healthscience.blogspot.com/2012/12/why-you-can-all-stop-saying-meat-eating.html.

Humane Society of the United States. "Factory Farming in America". http://www.humanesociety.org/assets/pdfs/farm/hsus-factory-farming-in-america-the-true-cost-of-animal-agribusiness.pdf.

Jha, Alok. "Synthetic Meat: How the World's Costliest Burger Made it on to the Plate". *Guardian*, 5 de agosto de 2013. https://www.theguardian.com/science/2013/aug/05/synthetic-meat-burger-stem-cells.

Johns Hopkins. "History of Agriculture". http://www.foodsystemprimer.org/food-production/history-of-agriculture/.

Kaplan, Hillard, Jane Lancaster e Ana Hurtado. "A Theory of Human Life History Evolution: Diet, Intelligence, and Longevity". *Evolutionary Anthropology* 9: 4 (2000): 156–185.

King, Barbara. "Humans are 'Meathooked' But Not Designed for Meat-Eating". *NPR*, 19 de maio de 2016. https://www.npr.org/sections/13.7/2016/05/19/478645426/humans-are-meathooked-but-not-designed-for-meat-eating.

Kristof, Nicholas. "Our Water-Guzzling Food Factory". *New York Times*, 30 de maio de 2015. https://www.nytimes.com/2015/05/31/opinion/sunday/nicholas-kristof-our-water-guzzling-food-factory.html?rref=collection%2Ftimestopic%2FFactory%20Farming.

Leneman, Leah. "No Animal Food: The Road to Veganism in Britain, 1909–1944". *Society and Animals* 7: 3 (1999): 219–28.

Luca, Francesca. George Perry e Anna Di Rienzo. "Evolutionary Adaptations to Dietary Changes". *Annual Review of Nutrition* 30 (2010): 291–314..

MarketsandMarkets. "Dairy Alternatives Market Worth $29.6 Billion by 2023". Janeiro de 2019. https://www.marketsandmarkets.com/PressReleases/dairy-alternative-plant-milk-beverages.asp.

Morris, Craig. "USDA Graded Cage-Free Eggs: All They're Cracked up to Be". *US Department of Agriculture*, 13 de setembro de 2016. https://www.usda.gov/media/blog/2016/09/13/usda-graded-cage-free-eggs-all-theyre-cracked-be.

Muskiet, Frits e Pedro Carrera-Bastos. "Beyond the Paleolithic Prescription: Commentary". *Nutrition Reviews* 72: 4 (2014): 285–286.

Newkirk, Ingrid. "Will In Vitro Meat Help Put an End to Animal Suffering?". *Newsweek*, 23 de setembro de 2017. http://www.newsweek.com/will-vitro-meat-help-put-end-animal-suffering-669615.

Nicholson, Ward. "Paleolithic Diet vs. Vegetarianism". *Beyond Vegetarianism*, Outubro de 1997. http://www.beyondveg.com/nicholson-w/hb/hb-interview1c.shtml.

O'Keefe Jr., James e Loren Cordain. "Cardiovascular Disease Resulting From a Diet and Lifestyle at Odds With Our Paleolithic Genome: How to Become a 21st-Century Hunter-Gatherer". *PlumX Metrics* 79: 1 (2004): 101–108.

PETA. "Are Humans Supposed to Eat Meat?". https://www.peta.org/features/are-humans-supposed-to-eat-meat/.

PETA., "Factory Farming: Misery for Animals". https://www.peta.org/issues/animals-used-for-food/factory-farming/.

PETA. "10 Things We Wish Everyone Knew About the Meat and Dairy Industries", 6 de dezembro de 2013. https://www.peta.org/living/food/10-things-wish-everyone-knew-meat-dairy-industries/.

Phys.org. "Milk Drinking Started Around 7,500 Years Ago in Central Europe". *Phys.org*, 28 de agosto Briana. "Meat-Eating Among the Earliest Humans". *American Scientist,* Março-Abril de 2016. https://www.americanscientist.org/article/meat-eating-among-the-earliest-humans.

PR Newswire, "Meat Substitutes Market Worth 6.43 Billion USD by 2023". 6 de fevereiro de 2018. https://www.prnewswire.com/news-releases/meat-substi-tutes-market-worth-643-billion-usd-by-2023-672903423.html.

Richards, Michael. "A Brief Review of the Archaeological Evidence for Palaeolithic and Neolithic Subsistence". *European Journal of Clinical Nutrition* 56: 12 (2002): 1270–78

Scheltens, Liz e Gina Barton. "How Big Government Helps Big Dairy Sell Milk." *Vox,* 2 de maio de 2016. https://www.vox.com/2016/5/2/11565698/big-government-helps-big-dairy-sell-milk.

Shapiro, Paul. "Lab-Grown Meat is on the Way". *Scientific American,* 19 de dezembro de 2017. https://blogs.scientificamerican.com/observations/lab-grown-meat-is-on-the-way/.

Shivan, Joshi. "Evolved to Eat Meat? Maybe Not". *The Huffington Post,* 5 de março de 2017. https://www.huffingtonpost.com/entry/evolved-to-eat-meat-maybe-not_us_58bc7e4be4b02eac8876d020.

Simon, David. "Uncle Sam Says: Eat More Meat!". *Meatonomics,* 9 de dezembro de 2014. https://meatonomics.com/2014/12/09/uncle-sam-says-eat-more-meat/.

Smithsonian National Museum of Natural History. "Homo Habilis". http://humanorigins.si.edu/evidence/human-fossils/species/homo-habilis.

———. "Homo Erectus". http://humanorigins.si.edu/evidence/human-fossils/species/homo-erectus.

———. "Homo Neanderthalensis". http://humanorigins.si.edu/evidence/human-fossils/species/homo-neanderthalensis.

———. "Homo Sapiens". http://humanorigins.si.edu/evidence/human-fossils/species/homo-sapiens.

Sorvino, Chloe. "Tyson Invests In Lab-Grown Protein Startup Memphis Meats, Joining Bill Gates And Richard Branson". *Forbes*, 29 de janeiro de 2018. https://www.forbes.com/sites/chloesorvino/2018/01/29/exclusive-interview-tyson-invests-in-lab-grown-protein-startup-memphis-meats-joining-bill-gates-and-richard-branson/.

Strom, Stephanie. "Tyson to End Use of Human Antibiotics in its Chickens by 2017". *New York Times*, 28 de abril de 2015. https://www.nytimes.com/2015/04/29/business/tyson-to-end-use-of-human-antibiotics-in-its-chickens-by-2017.html?rref=collection%2Ftimestopic%2FFactory%20Farming.

———. "What to Make of Those Animal-Welfare Labels on Meat and Eggs". *New York Times*, 31 de janeiro de 2017. https://www.nytimes.com/2017/01/31/dining/animal-welfare-labels.html?rref=collection%2Ftimestopic%2FFactory%20Farming.

Timmins, Beth. "Who Were the World's Very Earliest Vegans?". *Independent*, 6 de abril de 2017. http://www.independent.co.uk/life-style/who-were-the-world-s-very-earliest-vegans-a7668831.html.

Ungar, Peter. "The 'True' Human Diet". *Scientific American*, 17 de abril de 2017. https://blogs.scientificamerican.com/guest-blog/the-true-human-diet/.

University of Hohenheim. "Meat Substitutes and Lentil Pasta: Legume Products on the Rise in Europe". 2 de dezembro, 20. https://www.uni-hohenheim.de/en/press-release?tx_ttnews%5Btt_news%5D=39041&cHash=7d3379678828c2cddf90799cde96b63c.

University of Sydney. "Starchy Carbs, Not a Paleo Diet, Advanced the Human Race". 10 de agosto de 2015. https://sydney.edu.au/news-opinion/news/2015/08/10/starchy-carbs—not-a-paleo-diet—advanced-the-human-race.html.

Vegan Society. "History". https://www.vegansociety.com/about-us/history.

World Wildlife Fund. "Overview". https://www.worldwildlife.org/threats/overfishing.

Wrangham, Richard. "The Evolution of Human Nutrition". *Current Biology* 23: 9 (2013): PR354–R355.

Zaraska, Marta. "How Humans became Meat Eaters". *Atlantic*, 19 de fevereiro de 2016. https://www.theatlantic.com/science/archive/2016/02/when-humans-became-meateaters/463305/.

———. "Lab-Grown Beef Taste Test: 'Almost' Like a Burger". *Washington Post*, 5 de agosto de 2013. https://www.washingtonpost.com/national/health-science/lab-grown-beef-taste-test-almost-like-a-burger/2013/08/05/921a-5996-fdf4-11e2-96a8-d3b921c0924a_story.html?utm_term=.f18052f20c2c.

———. "Lab-grown Meat is in Your Future, and it May be Healthier Than the Real Stuff". *Washington Post*, 2 de maio de 2016. https://www.washingtonpost.com/national/health-science/lab-grown-meat-is-in-your-future-and-it-may-be-healthier-than-the-real-stuff/2016/05/02/aa893f34-e630-11e-5-a6f3-21ccdbc5f74e_story.html?utm_term=.58dd6c22adfc.

Zeng, Spencer. "The Evolution of Diet". *Immpress Magazine*. 13 de maio de 2017. http://www.immpressmagazine.com/the-evolution-of-diet/.

Zimmer, Carl. "How the First Farmers Changed History". *New York Times*, 17 de outubro de 2016. https://www.nytimes.com/2016/10/18/science/ancient-farmers-archaeology-dna.html.

Notas

1. Maggie Koerth-Baker, "Humans Are Dumb at Figuring Out How Smart Animals Are", *FiveThirtyEight*, 18 de maio de 2018, https://fivethirtyeight.com/features/humans-are-dumb-at-figuring-out-how-smart-animals-are/.
2. William Hodos, "Scala Naturae: Why There is no Theory in Comparative Psychology", *Psychological Review* 76: 4 (1969): 337–50.
3. "Slime Molds: No Brains, No Feet, No Problem", *PBS News Hour*, 5 de abril de 2012, https://www.pbs.org/newshour/science/the-sublime-slime-mold.
4. Jane Lee, "New Theory on How Homing Pigeons Find Home", *National Geographic*, 30 de janeiro de 2013, https://news.nationalgeographic.com/news/2013/13/130130-homing-pigeon-navigation-animal-behavior-science/.
5. Peter Brannen, "Tracking the Secret Lives of Great White Sharks", *Wired*, 19 de dezembro de 2013, https://www.wired.com/2013/12/secret-lives-great-white-sharks/.
6. Joseph Castro, "Wow! Dung Beetles Navigate by the Stars", *Live Science*, 24 de janeiro de 2013, https://www.livescience.com/26557-dung-beetles-navigate-stars.html.
7. Pallab Ghosh, "Snails 'Have a Homing Instinct'", *BBC*, 3 de agosto de 2010, https://www.bbc.com/news/science-environment-10856523.
8. Sarah Knapton, "Snails Have Homing Instinct and Will Crawl (Slowly) Back to Motherland if Moved, BBC Wildlife Film Proves", *Telegraph*, 24 de junho de 2017, https://www.telegraph.co.uk/science/2017/06/24/snails-have-homing-instinct-will-crawl-slowly-back-motherland/.
9. Laura Helmuth, "Saving Mali's Migratory Elephants", *Smithsonian Magazine*, Julho de 2005, https://www.smithsonianmag.com/science-nature/saving-malis-migratory-elephants-74522858/.
10. Vlastimil Hart, Petra Nováková, Erich Pascal Malkemper, Sabine Begall, Vladimír Hanzal, Miloš Ježek, Tomáš Kušta, Veronika Nfõmcová, Jana Adámková, Kate≈ôina Benediktová, Jaroslav fåervený e Hynek Burda, "Dogs Are Sensitive to Small Variations of the Earth's Magnetic Field", *Frontiers in Zoology* 10: 80 (2013).
11. Karin Brulliard, "Your Dog Really Does Know What You're Saying, and a Brain Scan Shows How", *Washington Post*, 31 de agosto de 2016, https://www.washingtonpost.com/news/animalia/wp/2016/08/30/confirmed-your-dog-really-does-get-you/?utm_term=.7f008d837514.

12. Brian Hare e Vanessa Woods, "Opinion: We Didn't Domesticate Dogs. They Domesticated Us", *National Geographic*, 3 de março de 2013, https://news.nationalgeographic.com/news/2013/03/130302-dog-domestic-evolution-science-wolf-wolves-human/.
13. "Measuring Animal Intelligence", *CBS News*, 18 de março de 2018, https://www.cbsnews.com/news/measuring-animal-intelligence/.
14. Rosamund Young, *The Secret Life of Cows*. London: Faber & Faber, 2018, 78.
15. University of Lincoln, "It's not just a grunt: Pigs really do have something to say", *ScienceDaily*, 29 de junho de 2016. https://www.sciencedaily.com/releases/2016/06/160629100349.htm.
16. "It's not just a grunt: pigs really do have something to say", *University of Lincoln*, 29 de junho de 2016, http://www.lincoln.ac.uk/news/2016/06/1240.asp.
17. Denize Herzing, "Could We Speak the Language of Dolphins?", *TED*, https://www.ted.com/talks/denise_herzing_could_we_speak_the_language_of_dolphins/transcript#t-178120.
18. Jeremy Manier, "Dolphin Cognition Fuels Discovery", *University of Chicago*, 3 de setembro de 2013, https://www.uchicago.edu/features/dolphin_cognition_fuels_discovery/.
19. Chris Otchy, "The Hypnotic Power of Repetition in Music", *Medium*, 5 de maio de 2017, https://medium.com/@ChrisOtchy/the-hypnotic-power-of-repetition-in-music-8d59ab12b615.
20. Billy McQuay e Christopher Joyce, "It Took a Musician's Ear to Decode the Complex Song in Whale Calls", *NPR*, 6 de agosto de 2015, https://www.npr.org/2015/08/06/427851306/it-took-a-musicians-ear-to-decode-the-complex-song-in-whale-calls.
21. Kenneth Oakley, "The Earliest Tool-Makers", *Antiquity* 30: 117 (1956): 4–8.
22. Frans De Waal, *"Are We Smart Enough to Know How Smart Animals Are?"*,(New York: W.W. Norton & Company), 2016, 62.
23. Benedict Carey, "Washoe, a Chimp of Many Words, Dies at 42", *New York Times*, 1 de novembro de 2017, https://www.nytimes.com/2007/11/01/science/01chimp.html.
24. Victoria Gill, "Chimpanzees' 66 Gestures Revealed", *BBC News*, 5 de maio de 2011, http://news.bbc.co.uk/earth/hi/earth_news/newsid_9475000/9475408.stm.
25. Claire Spottiswoode, Keith Begg e Colleen Begg, "Reciprocal Signaling in Honeyguide–Human Mutualism", *Science* 353: 6297 (2016): 387–89.

26. Zoe Mendelson, "Traffic is How City Birds Sing", *Next City*, 19 de fevereiro de 2016, https://nextcity.org/daily/entry/noise-pollution-bird-calls-san-francisco.
27. Joe Pinkstone, "Animals Take Turns to 'Speak' and Are Having Two-Way Conversations All Around Us, Claim Scientists", *Daily Mail*, 5 de junho de 2018, https://www.dailymail.co.uk/sciencetech/article-5804697/Animals-turns-communicating-wait-turn-just-like-polite-humans-do.html.
28. Ashley Sullivan, "Wounda: The Amazing Story of the Chimp Behind the Hug with Dr. Jane Goodall", *The Jane Goodall Institute*, 21 de novembro de 2017, http://news.janegoodall.org/2017/11/21/tchimpounga-chimpanzee-of-the-month-wounda/.
29. Phillip Staines, *Linguistics and the Parts of the Mind*. Cambridge: Cambridge Scholars Publishing, 2018, 68.
30. Joseph Castro, "Animal Sex: How Sea Turtles Do It", *Live Science*, 5 de maio de 2014, https://www.livescience.com/45354-animal-sex-sea-turtles.html.
31. Christine Peterson, "Ten Strange, Endearing and Alarming Animal Courtship Rituals", *The Nature Conservancy*, 9 de fevereiro de 2016, https://blog.nature.org/science/2016/02/09/ten-strange-endearing-and-alarming-mating-habits-of-the-animal-world/.
32. Noah Stryker. *The Thing with Feathers*. (New York: Riverhead Books, 2014). 248.
33. Ibid.
34. University of Sheffield, "Biased sex ratios predict more promiscuity, polygamy and 'divorce' in birds", *ScienceDaily*, 24 de maio de 2014. https://www.sciencedaily.com/releases/2014/03/140324090324.htm.
35. Sandra Guzman, "Think Pigeons Are a Nuisance? Meet New York City's Pigeon Whisperer", *NBC News*, 16 de outubro de 2015, https://www.nbcnews.com/news/latino/pigeons-nuisance-meet-new-york-city-s-pigeon-whisperer-n445506.
36. Brandon Keim, "What Pigeons Teach Us About Love", *Nautilus*, 11 de fevereiro de 2016, http://nautil.us/issue/33/attraction/what-pigeons-teach-us-about-love.
37. "Slimy Leeches Are Devoted Parents", *Business Report*, 2 de julho de 2004, https://www.iol.co.za/business-report/technology/slimy-leeches-are-devoted-parents-216206.
38. Rosamund Young. *The Secret Life of Cows*. (London: Faber & Faber, 2018). 30.
39. Simon Worrall, "How the Current Mass Extinction of Animals Threatens Humans", *National Geographic*, 20 de agosto de 2014, https://news.nationalgeographic.com/news/2014/08/140820-extinction-crows-penguins-dinosaurs-asteroid-sydney-booktalk/?utm_source=Twitter&utm_medium=Social&utm_content=link_tw20140820news-extinct&utm_campaign=Content&sf4259638=1.

40. Kaeli Swift and John Marzluff, "Wild American Crows Gather Around Their Dead to Learn About Danger", *Animal Behaviour* 109 (2015): 187–97.
41. Konrad Lorenz. *The Year of the Greylag Goose*. (San Diego: Harcourt Brace Jovanovich, 1979), 39.
42. Francie Diep, "How Do Gorillas Grieve?", *Pacific Standard*, 9 de junho de 2016, https://psmag.com/news/how-do-gorillas-grieve.
43. Roger Highfield, "Elephants Show Compassion in Face of Death", *Telegraph*, 14 de agosto de 2006, https://www.telegraph.co.uk/news/1526287/Elephants-show-compassion-in-face-of-death.html
44. Jennifer Holland, "Surprise: Elephants Comfort Upset Friends", *National Geographic*, 18 de fevereiro de 2014, https://news.nationalgeographic.com/news/2014/02/140218-asian-elephants-empathy-animals-science-behavior/.
45. Brian Resnick, "Do Animals Feel Empathy? Inside the Decades-Long Quest for an Answer", *Vox*, 5 de agosto de 2016, https://www.vox.com/science-and-health/2016/2/8/10925098/animals-have-empathy.
46. Ibid.
47. Holly Cheever, "A Bovine Sophie's Choice", *All-Creatures.org*, Verão de 2011, http://www.all-creatures.org/articles/ar-bovine.html.
48. University of Portsmouth, "Great apes 'play' tag to keep competitive advantage", *ScienceDaily*, 14 de julho de 2010. https://www.sciencedaily.com/releases/2010/07/100713191223.htm.
49. Peter Gray, "Chasing Games and Sports: Why Do We Like to Be Chased?", *Psychology Today*, 5 de novmebro de 2008, https://www.psychologytoday.com/us/blog/freedom-learn/200811/chasing-games-and-sports-why-do-we-be-chased.
50. Karl Groos. *The Play of Animals*. (New York: D. Appleton and Company, 1898), 75.
51. Michael Steele, Sylvia Halkin, Peter Smallwood, Thomas McKenna, Katerina Mitsopoulos e Matthew Beam, "Cache Protection Strategies of a Scatter-Hoarding Rodent: Do Tree Squirrels Engage in Behavioural Deception?", *Animal Behaviour* 75: 2 (2008): 705–14.
52. Scott Nunes, Eva-Maria Muecke, Lesley Lancaster, Nathan Miller, Marie Mueller, Jennifer Muelhaus e Lina Castro, "Functions and Conse- quences of Play Behaviour in Juvenile Belding's Ground Squirrels", *Animal Behaviour* 68: 1 (2004): 27–37.
53. Robert Fagen e Johanna Fagen, "Play Behaviour and Multi-Year Juvenile Survival in Free-Rangine Brown Bears, *Ursus Arctos*", *Evolutionary Ecology Research* 11 (2009): 1053–67.
54. Frans de Waal e Angeline van Roosmalen, "Reconciliation and Conso- lation Among Chimpanzees", *Behavioral Ecology and Sociobiology* 5: 1 (1979): 55–66.

55. Samina Farooqi e Nicola Koyama, "The Occurrence of Postconflict Skills in Captive Immature Chimpanzees", *International Journal of Primatology* 37: 2 (2016): 185–99.
56. Lynda Sharpe, "So You Think You Know Why Animals Play", *Scientific American*, 17 de maio de 2011, https://blogs.scientificamerican.com/guest-blog/so-you-think-you-know-why-animals-play/.
57. Zazie Todd, "Why Do Dogs Play?", *Companion Animal Psychology*, 8 de novmebro de 2017, https://www.companionanimalpsychology.com/2017/11/why-do-dogs-play.html.
58. Victoria Allen, "'Here's Looking at You Kid': Goats Can Recognise Happy Humans and are More Drawn to Those With Smiling Faces, Study Finds", *Daily Mail*, 28 de agosto de 2011, https://www.dailymail.co.uk/news/article-6108275/Goats-recognise-happy-humans-drawn-smiling-faces-study-finds.html.
59. "The Hidden Lives of Pigs", *PETA*, https://www.peta.org/issues/animals-used-for-food/factory-farming/pigs/hidden-lives-pigs/.
60. "New Caledonian Crows Can Create Tools From Multiple Parts", *University of Oxford*, 24 de outubro de 2018, http://www.ox.ac.uk/news/2018-10-24-new-caledonian-crows-can-create-tools-multiple-parts.
61. Rachel Nuwer, "Ten Curious Facts About Octopuses", *Smithsonian.com*, 31 de outubro de 2013, https://www.smithsonianmag.com/science-nature/ten-curious-facts-about-octopuses-7625828/.
62. Michael Kuba, Ruth Byrne e Daniela Meisel, "When Do Octopuses Play? Effects of Repeated Testing, Object Type, Age, and Food Deprivation on Object Play in *Octopus vulgaris*", *Journal of Comparative Psychology* 120: 3 (2006): 184–90.
63. Katherine Courage, "How the Freaky Octopus Can Help Us Understand the Human Brain", *Wired*, 1 de outubro de 2013, https://www.wired.com/2013/10/how-the-freaky-octopus-can-help-us-understand-the-human-brain/.
64. Rosemary McTier . *"An Insect View of Its Plain"*, Jefferson: McFarland & Company, 2013), 162.
65. Ingrid Newkirk. *The PETA Practical Guide to Animal Rights*. (New York: St. Martin's Press, 2009). 216.
66. Ibid.
67. Bernice Bovenkerk e Jozef Keulartz, ed. *Animal Ethics in the Age of Humans: Blurring Boundaries in Human–Animal Relationships*. New York: Springer Publishing, 2016. 113.
68. Rachel Hajar, "Animal Testing and Medicine", *Heart Views* 12: 1 (2011): 42.
69. Nuno Franco, "Animal Experiments in Biomedical Research: A Historical Perspective", *Animals* 3: 1 (2013): 238–273.

70. "Experiments on Animals: Overview", *PETA*, https://www.peta.org/issues/animals-used-for-experimentation/animals-used-experimentation-factsheets/animal-experiments-overview/.

71. "8 Expert Quotes Admitting That Testing on Animals is Unreliable", *PETA*, https://www.peta.org/features/expert-quotes-reasons-animal-testing-unreliable/.

72. "PVM Cancer Researcher Collaborates on Creating Device to Identify Risks for Breast Cancer", *Purdue University*, https://vet.purdue.edu/newsroom/2017/pvr-a2017-breast-cancer-research.php.

73. "Trauma Training 101", *PETA*, http://features.peta.org/TraumaTraining/101.asp.

74. Michael Miller, "Meet Chris, the insanely overgrown sheep that nearly died for the sake of our fashion", 3 de setembro de 2015, https://www.washingtonpost.com/news/morning-mix/wp/2015/09/03/meet-chris-the-insanely-overgrown-sheep-that-nearly-died--for-the-sake-of-our-fashion/?noredirect=on&utm_term=.8af09ae71717.

75. "Another Patagonia-Approved Wool Producer Exposed—Help Sheep Now", *PETA*, https://investigations.peta.org/another-patagonia-approved-wool-producer-exposed/.

76. "Dispatches from Paris: Stella McCartney", *Elle UK*, 3 de setembro de 2015, https://www.elle.com/uk/fashion/news/a25155/stella-mccartney-autumn-winter-2015-catwalk-review-rebecca-lowthorpe/.

77. Brooke Bobb, "Donatella Versace Says Fur is Over", *Vogue*, 13 de março de 2018, https://www.vogue.com/article/donatella-versace-fur.

78. Georgina Safe, "Sans Beast: Vegan Accessories Brand Reflects Global Shift to Ethical Fashion", *Australian Financial Review*, 26 de fevereiro de 2018, https://www.afr.com/lifestyle/sans-beast-vegan-accessories-brand--reflects-global-shift-to-ethical-fashion-20180206-h0un3n.

79. Tess Kornfeld, "Eco-Friendly Stella McCartney Reveals 'Skin-Free Skin' Fabric During Fall '17 Show in Paris", *Us Magazine*, 7 de março de 2017, https://www.usmagazine.com/stylish/news/stella-mccartney-reveals-skin- free-skin-fabric-at-fall-17-show-w470838/.

80. Pete Norman, "Pamela Anderson Gives UGGs the Boot", *People*, 23 de fevereiro de 2007, https://people.com/celebrity/pamela-anderson-gives-uggs-the-boot/.

81. Hannah Parry, "EXCLUSIVE: Actor Alan Cumming is pleading for the release of his former chimpanzee co-star Tonka from 'cockroach-infested' Missouri sanctuary", *Daily Mail*, 3 de junho de 2017, https://www.dailymail.co.uk/news/article-4568922/Alan-Cumming-pleads-release-chimp-costar-Tonka.html.

82. "Zoos: Pitiful Prisons", *PETA*, https://www.peta.org/issues/animals-in-entertainment/animals-used-entertainment-factsheets/zoos-pitiful-prisons/.
83. "Marine Animal Exhibits: Chlorinated Prisons", *PETA*, https://www.peta.org/issues/animals-in-entertainment/animals-used-entertainment-factsheets/marine-animal-exhibits-chlorinated-prisons/.
84. George Diaz, "Iditarod Dog Deaths Unjustifiable", *Orlando Sentinel*, 5 de março de 2000, https://www.orlandosentinel.com/news/os-xpm-2000-03-05-0003050070-story.html.
85. "Graveyard Races: Summary", *PETA*, https://www.peta.org/features/graveyard-races/summary/.
86. Petrine Mitchum e Audrey Pavia. *Hollywood Hoofbeats: The Fascinating Story of Horses in Movies and Television*. Los Angeles: i5 Publishing, 2014.
87. "Animal Actors: Command Performances", *PETA*, https://www.peta.org/issues/animals-in-entertainment/animals-used-entertainment-factsheets/animal-actors-command-performances/.
88. Rachel Abramowitz, "'Every Which Way but Abuse' Should Be Motto",*Los Angeles Times*, 27 de agosto de 2008, http://articles.latimes.com/2008/aug/27/entertainment/et-brief27.
89. M. Dimesh Varma, "From Tent to the Stage, Transforming Circus", *The Hindu*, 26 de outubro de 2017, https://www.thehindu.com/news/cities/puducherry/from-tent-to-the-stage-transforming-circus/article19920134.ece.
90. Richard Bowie, "*Jungle Book* Film Awarded for Sparing Animal Lives", *Veg News*, 10 de abril de 2016, https://vegnews.com/2016/4/jungle-book-film-awarded-for-sparing-animal-lives.
91. Beth Timmins, "Who Were the World's Very Earliest Vegans?", *Independent*, 6 de abril de 2017, http://www.independent.co.uk/life-style/who-were-the-world-s-very-earliest-vegans-a7668831.html.
92. "Are Humans Supposed to Eat Meat?", *PETA*, https://www.peta.org/features/are-humans-supposed-to-eat-meat/.
93. Kathy Freston, "Shattering the Meat Myth: Humans are Natural Vegetarians", *Huffington Post*, 17 de novembro de 2011, https://www.huffingtonpost.com/kathy-freston/shattering-the-meat-myth_b_214390.html.
94. Danny Hakim, "At Hamburger Central, Antibiotics for Cattle That Aren't Sick", *New York Times*, 23 de março de 2018, https://www.nytimes.com/2018/03/23/business/cattle-antibiotics.html.
95. Russell Simmons e Chris Morrow. *The Happy Vegan*. New York: Avery, 2015, 166.

96. Bert Archer, "The Ethics, Emotion & Logic Behind Going Vegan", *EverythingZoomer*, 1 de novembro de 2018, http://www.everythingzoomer.com/food/2018/11/01/going-vegan/.
97. Caldwell Esselstyn Jr., Gina Gendry, Jonathan Doyle, Mladen Golubic e Michael Roizen, "A Way to Reverse CAD?", *Journal of Family Practice* 63: 7 (2014): 356–64.
98. Marl Wahlqvist, Tao Huang, Ju-Sheng Zheng, Guipu Li, Duo Li e Young Bin, "Cardiovascular Disease Mortality and Cancer Incidence in Vegetarians: A Meta-Analysis and Systemic Review", *Annals of Nutrition and Metabolism* 60: 4 (2012): 233–40.
99. Timothy Key, Elizabeth Spencer, Paul Appleby e Ruth Travis, "Cancer incidence in vegetarians: results from the European Prospective Investigation into Cancer and Nutrition (EPIC-Oxford)", *American Journal of Clinical Nutrition* 89: 5 (2009): 1620–26.
100. "Frequently Asked Questions", *Beyond Meat*, https://www.beyondmeat.com/faqs/.
101. Kat Eschner, "Winston Churchill Imagined the Lab-Grown Hamburger", *Smithsonian.com*, 1 de dezembro de 2017, https://www.smithsonianmag.com/smart-news/winston-churchill-imagined-lab-grown-hamburger-180967349/.
102. Zara Stone, "The High Cost of Lab-To-Table Meat", *Wired*, 8 de março de 2018, https://www.wired.com/story/the-high-cost-of-lab-to-table-meat/.
103. Adele Peters, "Lab-Grown Meat is Getting Cheap Enough for Anyone to Buy", *Fast Company*, 2 de maio de 2018, https://www.fastcompany.com/40565582/lab-grown-meat-is-getting-cheap-enough-for-anyone-to-buy.
104. Esselstyn, Rip. *Plant Strong: Discover the World's Healthiest* Diet". New York: Grand Central Life & Style, 2015, 95.

Índice

Símbolos

3Rs 139

A

albatroz 81
amor
    de mãe 85–89
    de orangotango 87
    homossexualidade 88–89
    humano 81
animais
    abuso de 211
    agricultura animal 223
    alimentação sem 233–236
    circos livres de 206–207
    coleções de 195
    compaixão animal 98
    comunicação animal 70
    crueldade contra 168–192
    domésticos 54–55
    e a brincadeira 99–124
    educação e treinamento sem 156–157
    empatia animal 95–98
    entretenimento sem 205
    e o amor 73–98
    e o amor de mãe 85–89
    escolhendo um parceiro 76–80
    exóticos 195
    explorados 139
    fidelidade 80–85
    homossexualidade 88–89
    Lei da Crueldade contra Animais 137, 163
    Lei do Bem-Estar Animal 163
    luto e tristeza 90–95
    marcas que testam em 160
    para o próprio entretenimento 194
    pesquisa científica sem 142–166
    pesquisas médicas sem 154–155
    selfies com animais 214
    testando remédios sem usar 153–166
    testes de toxicidade sem 151–166
    testes sem 149–166
    vestuário sem 179–192
    virtuais 208–210
animatrônicos 208
antibióticos 225
aquários 198
aquicultura 229
arganaz-do-campo 80
ativista, torne-se um 166
auroques 221
aves 29
    albatrozes 82
    aves migratórias 30
    brincadeira das 114–117
    cantos de 66
    cegonhas 29
    cérebro das 34
    cisnes 82
    como ela voam 29–30

comunicação 65–66
corujas 33
em cativeiro 116–117
e o amor 81
ferramentas de orientação de voo 31
flamingos 83
frangos "de corte" e galinhas poedeiras 227
melharucos japoneses
sintaxe fonológica 66
migratórias 31
monogâmicas 75
papagaio-cinzento africano 68
pombos 83–84
avestruzes 173
azimute, usado por tartarugas 36

B

babuínos 133
baleias
baleias-azuis 59
barbas de baleia 59
baleias-cinzentas 37
baleias-corcundas 59
cantos das 60
Balu, urso 210
behaviorismo 96
bichos-da-seda 178
bioinformática 152
bioluminescência 153
bisão 218
Blackfish 198
bolor limoso 23
bolo sem laticínios 233
bonobos 89
borboleta-monarca 41
metamorfose 42
border collie, cão 12, 19
Chaser 12
Rico 19
brigas de galos 194, 200, 211

brincadeira 100
cães brincalhões 108–109
das aves 114–117
dos moluscos 117–121
gatos e 109–110
na fazenda 111–114
não social 105–124
para sobreviver 100–124
por diversão 106–108
social 104–107
Buddy, gorila 193

C

cabras 111
cães 19, 50, 108
brigas de 194, 200
brincalhões 108–109
comunicação 50–51
corrida de 199
e o luto 90–91
experimentos com 134
pele de cães 172
relação entre pessoas e 52
canibalismo sexual 76–98
carne in vitro 238
carne vegetal 237
carnívoros 221
casaco de pele 168
castores 171
comércio de castores 171
cavalos 54
corridas de 201
efeito do Hans Esperto 49
Hans, o Esperto 49, 53, 64
células-tronco 151, 155
cérebro
hipocampo 23
instinto de mãe 85
Charles Darwin 20, 74–75
lista de emoções "básicas" 74
chimpanzés 62–63, 203, 217

Buddy 193
    Tonka 193
    comunicação 63
cisnes 82
comunicação animal 70
comunicação humano-animal 50
conjuntos de aprendizagem, Harry Harlow 21
coração-em-frasco 154
corrida
    de cavalos 201
    de pombos 200
    do salmão 36
corvos 115
crocodilos 120, 174
    versus jacarés 122–124

D

damão-do-cabo 69
declaração de Basileia 139
declaração de Bolonha dos 3Rs 139
desreguladores endócrinos 152
Disney 203

E

ecolocalização 34–35
elefantes 94, 113–114, 207, 218
    compaixão entre 95
    do deserto 44
    elefantes africanos 197
        elefante mecânico 206
    passeio de 214
empatia animal 95–98
empresas veganas 232
escada da natureza, Aristóteles 20
esquilos 101

F

fazendas
    brasileiras 173

    de células 239
    industriais 225
fidelidade 80–85
fígado-em-chip 153
frango de corte 227
Free Willy 198

G

gado
    bovino 225
    de corte 225
    taurino 221
    zebu 221
gaivotas 116
galinhas
    comunicação 55
    poedeiras 227
galo-banquiva 221
gansos 93
gatos 109
    histórias de gatos que voltaram para casa 28
gazela 104
gelatina 244
gibões 25
golfinhos 198, 207
    comunicação 56
    memória dos 58
    natação com 214
gorilas 99, 218
guepardo 71

H

Hachikō, akita 90
Hans, o Esperto 49, 53, 64
herbívoros 222
hipocampo 23
    desenvolvimento do 24
Holly, gata 28
Homo erectus 219
Homo habilis 219

Homo sapiens 220
homossexualidade na natureza 88–89
horrores da indústria de peles 167–192
humano-em-chip 146

I
iaque 218
indústria
    da carne 223–229
    de frangos 228
    de peles 171
    do mel 245
insetos
    abelhas 40
    borboleta-monarca 41
    borboleta-monarca, metamorfose 42
    como se orientam 41
    libélula 42
    louva-a-deus 76–98
inteligência animal 22
intestino-em-chip 154

J
jacarés 174
    versus crocodilos 122
javali 220

K
Koko 64
kopi luwak 215
kwashiorkor 233

L
laboratório 133
Lassie, collie 202
laticínios 224
leites vegetais 240

leões 101, 196
linho 182
lobos 52
    comunicação 51

M
macacos-rhesus 96, 105
macacos-vervet 210
manons 70
martas 171
mel 245
métodos alternativos de testes 159
Mogli 210
morcegos
    ecolocalização 34–35
    não são cegos 34–35
morsas 218
movimento de proteção animal 229–233
muflões 220
mulesing 176
musth, período de 84

N
narceja-americana 65
National Geographic 209, 215

O
orangotangos 87
orca 86
organizações de proteção animal 232
órgãos-em-chip 145–146
ovelha 174

P
paleolítico 217
Panchatantra 50
papagaios 68
    papagaio-cinzento africano 67, 69

papagaio-de-nuca-amarela 69
pássaros
    canoros 70
    em cativeiro 116
pecuária industrial 223
peixes 228
    relações mutualistas 39
    têm autoconsciência 39
    teste do espelho 39
penugem 177
perereca-do-pacífico 61
PETA 191
pinguins-de-adélia 79
Plínio 194
    História Natural 194
polvos 117–118
    curiosidades sobre os 119–120
    polvo-venoso 117–118
pombos 83–84
    cérebros 84
    Cher Ami, história do pombo 33
    corrida de 200
    pombos-correios 32
porcos 112, 226
    comunicação 55
    parecidos com humanos 112
primatas 134
probióticos 242
produtos sem crueldade 160

Q
queijo vegano 241

R
rãs 60
    rã-de-corredeira 61
    rã-touro-americana 61
ratos 96, 131
redução, os 3Rs 139
refinamento, os 3Rs 139
reposição, os 3Rs 139
resistência humana a antibióticos 225
restaurantes de fast-food 223
Rico, border collie 19
Rin Tin Tin, pastor alemão 202
rodeio 199, 212
roupas
    de algodão 182–184
    de couro 172–174
    de lã 174–177
    de pele 169–172
    de penugem 177–178
    de seda 178–179
rPET, material de plástico 184

S
Sahelanthropus 219
salmão do Pacífico 36–37
    corrida do salmão 36
    desova 37
santuários de animais 214
sapos 60
Scala Naturae, Aristóteles 20–21
SeaWorld 198
selfies com animais 214
Snow Buddies 203
subsídios governamentais 224
substâncias tóxicas 197
superbactérias 225
suricatos 107

T
tartarugas
    tartaruga-marinha 77
    tartarugas-verdes 35
teatro holográfico 206
técnicas in vitro 144, 150
    organoides 144–145
teste de Draize 149
Topsy 202

tordo-americano 70
touradas 194, 199
tubarões-brancos 38
    White Shark Café 38
tumores customizados 155

U

ursos-pardos 102

V

vacas 97
    leiteiras 225
veganismo
    bolo sem laticínios 233
    carne vegetal 237
    couro vegano 181
    culinária vegana 250
    empresas veganas 232
    estilistas veganos 189
    hambúrgueres vegetarianos 236
    iogurtes veganos 242, 242–243
    leites vegetais 240, 240–241
    mitos sobre veganos 247–250
    movimento pelo 247
    nutrição vegana 250
    ovos veganos 239
    primeiros veganos 181
    queijo vegano 241, 241–242
    sapatos veganos 185
    significado de vegano 232
    sobremesas veganas 242–244
    sociedade vegana 232
vegetarianos 231
vivissecção 134–136
    movimento contra a 136–137

W

Winston Churchill 237

Z

zebu 221
zoológico particular 195

Projetos corporativos e edições personalizadas
dentro da sua estratégia de negócio. Já pensou nisso?

Coordenação de Eventos
Viviane Paiva
viviane@altabooks.com.br

Assistente Comercial
Fillipe Amorim
vendas.corporativas@altabooks.com.br

A Alta Books tem criado experiências incríveis no meio corporativo. Com a crescente implementação da educação corporativa nas empresas, o livro entra como uma importante fonte de conhecimento. Com atendimento personalizado, conseguimos identificar as principais necessidades, e criar uma seleção de livros que podem ser utilizados de diversas maneiras, como por exemplo, para fortalecer relacionamento com suas equipes/ seus clientes. Você já utilizou o livro para alguma ação estratégica na sua empresa?

Entre em contato com nosso time para entender melhor as possibilidades de personalização e incentivo ao desenvolvimento pessoal e profissional.

PUBLIQUE SEU LIVRO

Publique seu livro com a Alta Books. Para mais informações envie um e-mail para: autoria@altabooks.com.br

  /altabooks   /alta-books   /altabooks   /altabooks

CONHEÇA OUTROS LIVROS DA **ALTA BOOKS**

Todas as imagens são meramente ilustrativas.

 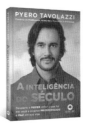

ROTAPLAN
GRÁFICA E EDITORA LTDA
Rua Álvaro Seixas, 165
Engenho Novo - Rio de Janeiro
Tels.: (21) 2201-2089 / 8898
E-mail: rotaplanrio@gmail.com